陶行知教育思想研究新视野丛书

陶行知研究与生活教育新视野

中国陶行知研究会　南京晓庄学院《生活教育》编辑部 编

张策华 主编

河海大学出版社
HOHAI UNIVERSITY PRESS
·南京·

图书在版编目(CIP)数据

陶行知研究与生活教育新视野 / 中国陶行知研究会，南京晓庄学院《生活教育》编辑部编. -- 南京 ：河海大学出版社，2021.10
(陶行知教育思想研究新视野丛书 / 张策华主编)
ISBN 978-7-5630-7213-2

Ⅰ. ①陶… Ⅱ. ①中… ②南… Ⅲ. ①陶行知(1891—1946)—生活教育—教育思想—文集 Ⅳ. ①G40—092.6

中国版本图书馆 CIP 数据核字(2021)第 204968 号

书　　名	陶行知研究与生活教育新视野
书　　号	ISBN 978-7-5630-7213-2
责任编辑	杜文渊
特约校对	李　浪　杜彩平
装帧设计	秦永诚
出版发行	河海大学出版社
地　　址	南京市西康路 1 号(邮编:210098)
电　　话	(025)83737852(总编室)
	(025)83722833(营销部)
经　　销	江苏省新华发行集团有限公司
排　　版	南京布克文化发展有限公司
印　　刷	南京迅驰彩色印刷有限公司
开　　本	718 毫米×1000 毫米　1/16
印　　张	13
字　　数	221 千字
版　　次	2021 年 10 月第 1 版
印　　次	2021 年 10 月第 1 次印刷
定　　价	49.80 元

序

值此纪念陶行知先生诞辰130周年之际，欣闻南京晓庄学院陶行知研究院编著的“陶行知教育思想研究新视野丛书”即将付梓面世，我谨致以学术上的热烈祝贺！

南京晓庄学院是全国知名的“师范特色”应用型高校。学校始于1927年3月由陶行知创办并任校长的晓庄试验乡村师范学校，蔡元培、陈鹤琴、赵叔愚等一批我国近代著名教育家曾于此执教。这里是中国乡村教育运动的试验场，是陶行知“生活教育”理论的发源地。2000年3月，南京师范专科学校、南京教育学院、南京晓庄师范学校合并组建成为全日制公办本科院校；2016年8月，南京幼儿高等师范学校也并入其中。建校90多年来，学校为社会培养输送了近10万名基础教育师资和社会急需的各类专门人才，其间涌现了数百名中小学特级教师和教学名师，被誉为“中小学教师的摇篮”。

研究、实践陶行知教育思想是晓庄发展的历史根基和教育传统。作为以教师教育为办学主体的地方本科高校，学校长期坚持以“大力弘扬陶行知教育思想、传承‘培养百万乡村教师’宏愿”为己任，形成了以“教学做合一”为校训、以“教人求真，学做真人”为校风的特色教育文化，建构了以培育创新意识和实践能力为目标、以“教学做合一”为特征的“以陶育人”的“晓庄模式”。学校开发了以“拜谒一次陶墓、参观一次陶馆、阅读一本陶著、观看一部陶行知影视剧、聆听一次关于陶行知的学术讲座、抒写一篇学陶师陶心得”为主要内容的系列师德教育课程，探索形成了以“坚定理想信念、厚植爱国情怀、传承大爱精神、铸造高尚师魂”为价值追求的师德教育模式。

赓续、弘扬陶行知教育思想是新时代学校事业高质量发展的重要路径。陶行知是我国近现代教育史上一位“大先生”，毛泽东称他为“伟大的人民教育家”，宋庆龄赞其为“万世师表”。习近平总书记在关于教育的许多重要论述中，多次引用陶行知的教育名言。2021年3月6日，习近平总书记在看望全国政协十三届四次会议医药卫生界、教育界委员时指出，要继承发扬老一辈教育工作者“捧着一颗心来，不带半根草去”的精神，以赤诚之心、奉献之心、仁爱之心投身于教育事业。2021 年 4 月 19 日,习近平总书记在考察清华大学时强调:“教师要成为大先生,做学生为学、为事和为人的示范,促进学生成长为全面发展的人。”陶行知教育思想历久弥新,晓庄通过凝练研究方向、汇聚研究队伍、搭建研究平台等举措,进一步总结梳理新时代学陶、研陶、师陶的新经验。

今年 10 月 18 日是陶行知诞辰 130 周年纪念日。学校组织开展了以“陶行知教育思想的传承和创新”为主题的系列研讨活动,形成了诸多学术成果。陶行知研究院以纪念陶行知诞辰 130 周年为契机,以深化陶行知教育思想研究为目的,组织编著了“陶行知教育思想研究新视野丛书”。丛书包括《陶行知乡村教育思想与新时代乡村教育改革》(张济洲 著)、《陶行知美育思想研究》(杨冰、周红 著)、《陶行知劳动教育思想研究——“五育融合”的视角》(董美英、宁本涛 著)、《陶行知德育思想新论——现代性的视域》(徐莹晖 著)、《陶行知研究与生活教育新视野》(中国陶行知研究会、南京晓庄学院《生活教育》编辑部 编)。创建陶行知研究特色,打造陶行知研究高地,是我校的历史责任和时代使命。面对“努力让每个孩子都能享有公平而有质量的教育”的基础教育改革目标,晓庄始终坚持将培育基础教育优质师资为重任,如何在学陶、研陶、师陶的行动研究中,拓展与形成富有时代意蕴的教师教育新理念、新经验、新模式,是我校“十四五”乃至更长时期的重要工作。陶行知研究院组织编著的“陶行知教育思想研究新视野丛书”,既是学校新时代学陶、研陶、师陶的重要成果,也是向陶行知诞辰 130 周年纪念活动的诚挚献礼。

中国特色社会主义进入了新时代,我国教育事业迎来了崭新发展阶段。面对人民群众对教育工作的新期待,面对基础教育发展对师资培养的新需求,我们务必继承陶行知艰苦办学精神,弘扬陶行知教育报国理想,深化陶行知教育思想研究,通过坚持不懈的奋斗,努力开创学术领域新境界,持续推动学校特色发展,培养造就一批批教师教育杰出人才,这是新时代晓庄人义不容辞的责任担当,愿与教育界同仁共勉。

我衷心祝愿南京晓庄学院陶行知研究院各位学者矢志不渝、接续奋战,与国内外陶研界专家多联系、多交流,在陶行知研究领域不断取得新业绩、达成新高度。

张策华

二〇二一年十月三日于南京

目录

CONTENTS

第三篇　晓庄师范篇

第四篇　乡村教育篇

第一篇

陶行知研究篇

永远的陶行知

——在纪念陶行知诞辰 120 周年座谈会上的讲话

朱小蔓*

今天，我们在这里隆重集会，纪念伟大的人民教育家陶行知先生诞辰 120 周年，缅怀他为中国人民的革命事业和中国现代教育作出的杰出贡献，重温他的教育思想和“生活教育”学说，激励人们继承他的事业，实现他未竟的理想。在此，我谨代表中国陶行知研究会向老一辈现代教育家致敬！向已经过世的陶研前辈致敬！向长期以来为传播与弘扬陶行知思想、推动陶研事业发展、支持并参与中陶会工作的各位同仁致敬！

陶行知先生是伟大的人民教育家，他的教育信仰、教育理想、教育思想、教育实践始终与国家、民族的命运，与人民大众的福祉密切相连；他是真正的“一切为了人民的教育家”；他所倡导的“生活教育”学说，富有“中国气派和中国作风”，不仅是中国现代教育思想中最具时代性、革命性、人民性与科学化、本土化鲜明特征的教育思想体系，也是新中国教育学的重要源泉之一，与中国共产党在新民主主义革命时期和社会主义建设时期所提出的教育方针高度一致。他的思想与学说，从“人”自身的改造与解放开始，培养“自主”“自立”和“自动”的国民，实现推进社会改造与进步的目标，使教育成为民族解放和人类解放的武器。他是“五四”以来中国老一辈现代教育家群体的杰出代表；他是中国现代教育的伟大旗帜。

---

* 朱小蔓(1947—2020.8)，女，时任中国陶行知研究会会长，北京师范大学教育学部教授，博士生导师，联合国教科文组织国际农村教育研究与培训中心主任。

在中国历史上，不乏忧国忧民的教育家与“传道”“解惑”“修身”“明德”的教育学说，然而像陶行知先生这样，将中华民族解放作为中国教育唯一目的，用思想与行动点燃中华民族生命之火焰，放出中华民族生命之光明的教育家却是仅有的。他的“生活教育”学说，用最朴素而生动的语言阐明了“生活”与“教育”、“社会”与“学校”、“知”与“行”、“劳心”与“劳力”之间对立统一的关系；他的“教学做合一”，是实现“生活教育”和普及人民大众教育最实用、最有创造性的基本方法论；他创办晓庄师范、育才学校，实验探索育人之道；他倡导“生活教育运动”“工学团运动”“科学下嫁运动”“国难教育运动”等具有强烈震撼力与感召力的教育运动，成为时代和青年的灯塔，为中国的新教育指引方向。

陶行知先生的伟大之处，还在于他宽阔的视野与深刻的思想，在于他坚定的信仰与持续不懈的行动，在于他高尚的人格与挚爱的心灵；他的以“生活教育”为基石的全部教育学说，他一切为了人民、为了民族解放、为了中国社会的现代化竭尽生命最后一息的传奇般的实践，为后世矗立了不朽的丰碑。陶行知先生不愧为中国的“教育之光”“万世师表”。

中国陶行知研究会自 1985 年成立以来，一直得到各级领导的支持厚爱。二十多年来，在刘季平、钱伟长、方明等老一辈教育家的带领下，中国陶行知研究会在研陶、学陶方面开展了大量工作，一批有学识、有远见、有深度的专家学者先后编辑出版了《陶行知全集》(共 12 卷)、《陶行知传记》以及一大批相关研究成果，使陶行知及其“生活教育”学说成为中国本土现代教育家与民族化、科学化、大众化教育理论体系的标志。中陶会及各地各级陶研组织积极践行陶行知教育思想，培植、推广农村教育先进典型，培训农村教师，开展“科教兴乡”“科教兴县”“科教兴市”实验，总结、推广师范生“顶岗支教”经验，其中不少调研报告和经验总结受到中央领导同志的高度重视。中陶会各专业委员会也努力开展工作，推动陶行知思想在不同教育行业、机构、人群里的传播。在我们的行列中，还有一批志愿者，由他们组成的讲师团，常年奔走于偏远的基层学校，在广大师生中播撒“陶种”，使陶行知教育思想如春雨般滋润基层教师，尤其是农村教师的心田。目前，中陶会的实验基地、实验学校遍布许多省市，“乡村田园教育”“爱的教育”“创造教育”“人格教育”“小先生制”等带动了许多学校的教育教学改革。我也想特别指出，关注和支持农村学校教育、农村职业教育，重视农村教师培养，关心女子教育、困难学生教育等，不仅是陶行知教育思想本身最丰富的精华，也是中国陶行知研究会建会以来一贯的工作重点与组织特色。我们将继续发扬这一工作传统，也期待各级领导、社会各界更多人士支持我们的事业，有更多志愿者加入我们的队伍。

在这次大会上，我们将首次颁发“陶行知教育奖”，这是中国陶行知研究会追求多年的愿望，意在表彰长期以来为陶行知研究付出毕生精力的陶研前辈，表彰在教学第一线锐意改革、辛勤奉献的优秀教师。希望通过表彰活动感召更多的人走近陶行知、愿意以陶行知思想与伟大人格为楷模；希望激励更多的年轻人研究陶行知，使陶行知思想在当代生活中充满活力、代代相传。

当代中国教育面临着迫切而复杂的变革使命。社会需求、人民愿望与人的培养质量的不相适应，是激发教育自身变革与改造的强大动力。陶行知当年曾将生活教育的目标归纳为：康健的体魄；农人的身手；科学的头脑；艺术的兴趣；改造社会的精神；要用前进的生活来引导落后的生活。他为育才学校制定的办校方针是：创造健康之堡垒；创造艺术之环境；创造生产之园地；创造学术之气氛；创造真善美之人格。他提出“把学生的基本自由还给学生”和著名的“六大解放”，即解放他的头脑，使他能想；解放他的双手，使他能干；解放他的眼睛，使他能看；解放他的嘴，使他能谈；解放他的空间，使他能到大自然大社会里去取得更丰富的学问；解放他的时间，不把他的功课表填满，要给他一些时间消化所学，并且学一点他自己渴望要学的学问，干一点他自己高兴干的事情。这些都使我们从中感受得到陶先生心目中现代学校的基本轮廓。比之于陶行知生活的时代，如今国家在教育普及方面取得了巨大成就，整体完成了规模扩张任务，开始走向全面追求质量提升的历史阶段，但今天的学校向“现代学校”转型的任务还远未完成。一年前颁布的《国家中长期教育改革和发展规划纲要(2010—2020年)》要求“关心每个学生，促进每个学生主动地、生动活泼地发展，尊重教育规律和学生身心发展规律，为每个学生提供适合的教育”。现实告诉我们，陶行知先生的办学境界与培养人的标准和方法在今天看来依然完整透彻，依然科学且有前瞻性，依然是所有办学者、校长和教师学习的楷模。

我们深信，陶行知是永远的！陶行知的思想与学说在中国教育现代化进程中永放光芒！中国陶行知研究会将团结和联合一切尊敬、景仰陶行知思想与人格的同仁，高举中国特色社会主义伟大旗帜，继承、弘扬陶行知精神，继续深入研究他的宝贵思想遗产，为进一步改善农村教育、提高教师道德与专业素质、促进教育公平、实施素质教育，为中华民族的伟大复兴作出新的贡献。

（本文原载于《生活教育》2011年第21期）

陶行知:现代终身教育思想的先驱

周洪宇*

陶行知是现代终身教育思想的先驱。陶行知的终身教育思想,是世界教育思想宝库里一颗璀璨夺目的明珠。研究陶行知的终身教育思想,对于了解现代终身教育思想的起源与发展,丰富现代终身教育思想的内涵与外延,完善现代终身教育思想的理论体系,推动终身教育运动的深入开展,特别是对于新世纪、新形势下贯彻科学发展观,加快教育改革和发展,形成完善的终身教育体系,建设学习型社会,构建社会主义和谐社会,具有重要的理论价值与现实意义。对于增强民族自豪感和凝聚力,坚定弘扬民族优秀文化传统,创立具有中国特色的社会主义理论体系,也大有裨益,值得深入发掘和研究。

一、陶行知终身教育思想产生的背景与思想渊源

陶行知终身教育思想,是他在反传统教育和洋化教育的斗争中,为适应近代中国社会政治、经济、文化发展的需要,通过充分借鉴古今中外教育思想的精华和总结自己教育实践的宝贵经验而提出来的。

1840年以后,随着帝国主义列强侵略的日益加剧,古老的中国由一个独立的封建社会逐渐沦为一个半殖民地半封建社会。中华民族面临着亡国灭种的空前危机。中国的每一个老百姓,包括幼儿和成人,都要接受一定的教育,具备起码的文化水平,能够看书读报,了解国事,养成终身学习的习惯,才有可能在反帝反封建的斗争中发挥巨大的力量,去建立一个真正自由、民主、独立、富强的新

---

* 周洪宇,男,现为华中师范大学教育学院教授、博士生导师,长江教育研究院院长,民进中央常委,全国人大代表,第十三届全国人大常委会委员,中国陶行知研究会副会长。

中国。

然而，近代中国的教育，不论是传统的还是洋化的，都还不能满足这样的需要。传统教育将人生划分为彼此分离毫不相关的三个阶段，即学龄前、学龄中及学龄后，只重视学校教育，忽略学前教育和成人教育。这种教育的主要弊端是严重的形式化和划一化，脱离人民群众，脱离社会实际生活，难以适应近代中国社会政治、经济和文化发展的需要。陶行知的终身教育思想就是在这样一种历史背景下产生的。

同时，陶行知的终身教育思想，也是他批判地继承古今中外优秀教育遗产的产物。一方面，它是对美国现代著名哲学家、教育家杜威“连续性”的教育观念的直接扬弃。杜威认为，“教育是经验的继续不断的改组或改造”[1]，经验的获得又总是和社会生活实践分不开的，因而，“教育是生活的过程，而不是将来生活的预备”[2]。既然教育是一个过程，那就不会是学校教育之前和之后的中断。陶行知创造性地发展了这一“连续性”的教育观点，并将之转化为终身教育的思想，这是陶行知对杜威学说的继承与超越。另一方面，它也是对中国古代“活到老，学到老”思想的丰富和发展。

更为关键的是，陶行知的终身教育思想是对自己长期教育实践宝贵经验的科学总结。1917 年，陶行知由美归国后，便致力于人民大众的教育普及事业。其间，他除了积极从事学校教育改革外，还对幼儿教育和成人教育作了许多科学实验和理论探索，得出了不少宝贵经验。在此基础上，他了解并认识到终身教育的重要性与必要性，从而在中国（也可以说是在世界）最早明确揭橥了终身教育的要义，这是他对中华民族乃至整个人类的一大贡献。

二、陶行知终身教育思想形成和发展的过程

陶行知的终身教育思想经历了一个萌芽、形成和发展的过程。

1917—1926 年，是陶行知终身教育思想的萌芽阶段。1918 年，陶行知发表《生利主义之职业教育》，已看到了生活与教育相一致的方面，孕育着生活即教育思想的胚胎。这就为其终身教育思想的提出奠定了初步的理论基石。次年 7 月，他在一次题为“新教育”的演说中讲道：“教育的作用，是使人天天改造，天天进步，天天往好的路上走；就是要用新的学理、新的方法，来改造学生的经验。”[3]“天天变动，就是天天受教育，差不多从出世到老，与人生为始终的样子”。这时

候，陶行知已开始萌发了终身教育的思想。值得注意的是，早在20世纪20年代前后，他就意识到终身教育的问题，这的确是一个了不起的发现，是对世界教育的卓越贡献。

1927—1935年，陶行知的终身教育思想逐渐得以形成。随着陶行知教育实践的进一步开展，他对传统教育和洋化教育的弊端认识得更加清楚了。为了真正适合中国的具体国情和人民大众的现实需要，他于1927年3月在南京郊区劳山脚下的晓庄创办试验乡村师范学校，推行生活教育，突破了人只是在一定的学龄阶段接受正规学校教育的"一次性教育"的观念。这样，他就在总结自己教育实践宝贵经验和充分借鉴古今中外有关教育思想精华的基础上，初步形成了其终身教育思想。1934—1935年，他在《生活教育》《从穷人教育想到穷国教育》《中国普及教育方案商讨》等文中，进一步提出了"整个寿命现代化"的主张，初步揭示出"终身教育"的本质涵义，即教育必须贯彻人生的始终，从出世到进棺材，人人都必须接受教育[4]。不仅如此，陶行知还对教育必须贯彻人生始终的原因作了深刻分析，他指出，一方面由于学问没有止境，社会的进步没有止境，一个人的进步也没有止境；另一方面，由于人只有"活到老，做到老，学到老"，才能做一个"与时代俱进"的"长久的现代人"，才能"保证川流不息的现代化"[5]。由此可见，早在20世纪二三十年代，陶行知对终身教育已作了相当全面而深刻的论述，只不过尚未正式使用"终身教育"这一概念而已。

20世纪40年代，陶行知的终身教育思想得到了丰富和发展，并正式使用了"终身教育"的概念。抗日战争爆发后，陶行知进一步认识到，要想使教育更加适合眼下救亡斗争的需要，就必须扩大教育的对象，使每个年龄层次的人都能受教育。他认为："从教育的对象说：不只着重青年教育，而且要顾到老年人和小孩子的教育。"[6]这与传统教育体制下只注重青年教育、忽略小孩子和老年人教育，只注意学校教育、忽略家庭教育和社会教育，是截然不同的。这既是教育观念的变革，又是政治观念的更新。抗日战争结束后，为争取真正的民主、平等和自由，陶行知积极提倡"民主教育"，创办多种成人教育机构和中心，特别是社会大学和夜大学等。这一过程中，他的终身教育思想得到了初步发展。1945年5月，他发表了著名的《实施民主教育的提纲》，指出："无论老少，也应该受教育。生活教育很早就提出活到老、学到老。"[7]同年9月，他在《全民教育》一文中首次明确使用了"终身教育"这个概念，亦将之界定为："培养求知欲。学习为生活，生活为学习。只要活着就要学习。一旦养成学习习惯,个人就能终生进步不断。”[8]这是对他过去终身教育思想的重新概括和明确表述,不仅表明了陶行知终身教育思想日趋成熟,也显示出其生活教育理论的日臻完善。同年12月,他还在《民主教育之普及》一文中进一步指出:“古人云:学然后知不足。一个人感到不足,他便要向高处追,向深处追,是不会有止境了。因此民主教育不但可能做到全面普及,并且可能做到立体的普及。”[9]终身教育的实施,有助于教育从全面普及走向立体普及。这表明包括了终身教育思想在内的陶行知的生活教育理论,实质上是一种现代的“大教育观”。

三、陶行知终身教育思想的基本内容

作为陶行知生活教育理论的重要内容,终身教育在总体上是受生活教育理论支配和制约的。同时,其终身教育思想本身又具有相对的独立性,有它独特的涵义和思想内容,值得我们深入地发掘和探讨。

陶行知的“终身教育”概念主要包含以下两层基本意思:

其一,教育“与人生为始终”。

陶行知从“生活教育”的观点出发,认为“生活即教育”,生活与教育是同一过程,教育不是在学校教育结束后就算完事的。它应贯穿于人生的全过程,包括贯穿于人的一生不同阶段的学前、小学、中学以及成人教育等,应是一种“整个寿命的教育”。他主张不同阶段的教育应从纵的方面相互连接,构成一个完整系列,使人们永远“与时代俱进”。

其二,“家庭、店铺、工厂、机关、寺庙、民团、军队及现有学校做下层之教育场所”。

根据陶行知生活教育理论的观点,终身教育应是各种正规教育和非正规教育的总和。他还要求家庭教育应尊重儿童个性,注意培养儿童的创造力。

陶行知也很重视社会教育。从某种意义上说,他的生活教育理论就是一种广义的社会教育理论。他是根据“社会即学校”的原则,倡导“动员社会上现有的一切可能动员的力量、学校及个人尽力为民众服务。庙宇、茶馆、监狱、兵营、商店、工厂、残废士兵医院、普通学校不上课时空出的教室,都应给识字小组及训练中心使用。八千万受过一段时间再教育的识字成人可以作为教师,帮助家人及邻居进步”[10]。在他看来,这些地方或机构实际上都是一种教育机构和渠道,都有教育意义，对人的发展都有重要影响。因此，他希望把各种正规的和非正规的教育机构和渠道，通过横向的连接，构成一个有机的整体，以促进人的全面和谐的发展。

概括起来，陶行知的终身教育思想，核心是强调教育的"终身化"与"一体化"，即在纵向上，要实现从零岁开始直到老年，包括学前教育、学校教育、成人教育三个层次的一体化；在横向上，要实现家庭教育、学校教育、社会教育三个方面的一体化，以克服现存教育体制的弱点，培养和造就适应社会需要的各种人才，适应近代中国社会政治、经济、文化发展的需要，保证"川流不息的现代化"。

那么，陶行知又是如何论述终身教育的对象、内容与途径的呢？

如前所述，陶行知的终身教育思想是从其生活教育理论派生出来的一种重要的教育主张，是对其生活教育理论的丰富和发展。它在对象、内容与途径等方面，既有与生活教育理论相一致的地方，又有其自身的特质。在对象方面，它既主张"不论宗教信仰、种族、财富及所属阶级有何不同，男孩与女孩机会均等，男子与女子机会均等，成人与儿童机会均等"[11]，又特别强调成人与儿童的教育问题，与之相适应，在内容方面，特别强调以儿童和成人的生活为教育的中心，主张围绕着儿童和成人的生活来开展教育。他着重指出："我们要用前进的生活来引导落后的生活，要大家一起来过前进的生活，受前进的教育。"在途径方面，陶行知的终身教育思想和生活教育理论虽然是互相包容的，但终身教育思想更加强调家庭教育和社会教育，把家庭教育和社会教育看成与学校教育同等重要。他主张对传统教育制度加以彻底改造，主张"根据民主思想从根本上重建学校及学制，使民有、民治、民享的教育在中国蓬勃发展"[12]。他一方面提倡家庭教育和社会教育，另一方面又积极改造学校教育，以求让灵活机动、富有弹性的教育体制，代替千篇一律、僵化不变的教育体制。为使更多的幼儿和成人受教育，他还在教育实践中为实施终身教育创造出一些崭新的教学组织形式与方式，主要有幼稚园、中心学校、工学团、旅行团、社会大学以及小先生制、传递先生制、自动进修制等。这些都丰富和发展了他的生活教育理论。

四、陶行知终身教育思想的历史作用与现实启示

陶行知的终身教育思想，萌芽于20世纪20年代，形成于20世纪30年代，发展于20世纪40年代。它的出现，丰富和发展了其生活教育理论，对近代中国

教育的改革和发展产生了积极作用,并对当今我国形成终身教育体系、构建学习型社会,具有重要的现实启示,是世界教育思想宝库里一颗璀璨夺目的明珠。

首先,陶行知的终身教育思想丰富和发展了其生活教育理论。

他早期的生活教育理论主要由“生活即教育”“社会即学校”“教学做合一”等基本命题和若干范畴组成。其终身教育思想提出后,极大地丰富了生活教育理论的内容。它主张教育是一个终身的全过程,又主张教育应包括各种正规的和非正规的教育的机构或形式。在重视学校教育的同时,不忽略学前教育和成人教育,在抓好学校教育的同时,又强调家庭教育和社会教育。这就使生活教育理论的“教育”概念,在时间和空间方面有了进一步延伸和扩展,使“生活即教育”“社会即教育”的思想更为具体和丰富。总之,它是对生活教育理论的重大发展和突破。

其次,陶行知的终身教育思想推动了近代中国的教育改革和发展。

近代中国的教育,只重视学校教育,忽略学前教育和成人教育,忽略家庭教育和社会教育,陶行知终身教育思想的提出,对于改变这种局面产生了巨大作用。具体来说,主要体现在以下几个方面:其一,促进了成人教育的发展。成人教育是陶行知终身教育思想的主要组成部分。从 20 世纪 20 年代起,他就把成人教育视为近代中国教育改革的突破口之一。20 世纪 40 年代,为使广大工农受教育,他积极推行普及教育、国难教育、战时教育和全面教育。特别是在抗日战争胜利以后,为解决广大青年失学问题,他又倡办了社会大学,独创了成人教育的新的组织形式,还设想今后的社会大学要更为丰富多样,除了“无形的”社会大学之外,还应有夜大学、早晨大学、函授大学、新闻大学、旅行大学、电播大学等等。这些主张和设想,不仅促进了近代中国成人教育的发展,就是在今天仍具有重要的理论价值和现实意义,值得引起人们的高度重视。其二,促进了学前教育的发展。他把幼儿教育视为基础教育的基础,强调关注儿童的个性,重视培养儿童的创造力,主张对儿童实行“六大解放”(解放儿童的眼睛、头脑、双手、嘴、空间和时间)。他在儿童教育理论方面,有重大建树,彻底改造了近代中国的学前教育,并为我国未来学前教育的发展指明了方向。其三,促进了学校教育的变革。他集中探讨了学校教育的阶级属性和服务对象,主张教育系人民大众生活所原有,无论贫富贵贱男女老幼都有受教育的权利和机会,要建立更为灵活机动的新型学校教育体制,强调学校教育的内容要以生活为中心,而不是以文字为中心;

主张学校教育的方法和手段要多样化，要使学生自觉主动，学会学习，发展学生的创造力，而不是强迫灌输；他改变了传统的学校观念，提出了一种崭新的现代学校观等。所有这些对学校教育理论和实践的发展，为当代中国的教育改革提供了重要的理论借鉴。其四，促进了学校教育以外的教育形式的发展。陶行知把推进终身教育视为一个宏大的社会工程，它的实施需要通过家庭教育、学校教育、社会教育诸方面的协同合作。为此，他在改革学校教育的同时，注重利用一切可以利用的因素，开展各种形式的社会教育。他倡导在学校教育之外，实行各种形式的教育，对我国社会教育的发展产生了积极影响。

再次，陶行知的终身教育思想对当今我国在新形势下推进终身教育实践、形成终身教育体系、构建学习型社会，具有重要的借鉴意义。

陶行知主张教育"与人生为始终"和"家庭、店铺、工厂、机关、寺庙、民团、军队及现有学校做下层之教育场所"，强调教育"终身化"与"一体化"，特别强调成人与儿童的教育问题，特别强调以儿童和成人的生活为教育的中心，重视家庭教育和社会教育，把家庭教育和社会教育看成与学校教育同等重要，主张对现行教育制度加以彻底改造，以更加灵活机动、富有弹性的教育体制，来代替千篇一律、僵化不变的教育体制等，都有着深远的意义。陶行知为实施终身教育，创造出社会大学、小先生制等一些崭新的教学组织形式与方式，以及函授大学、电播大学(即今天我们常见的广播电视大学)。他还主张利用广播、电影、幻灯等现代技术作为教育的手段，使终身教育在中国的每一个角落、每一个层面扎下根，并推广开来。这些主张和设想，在今天仍具有重要的理论价值和现实意义，对当今我国在新形势下贯彻科学发展观，加快教育改革，形成以现代远程开放教育为主要形式，以社区教育、成人教育、继续教育等教育形式为重要辅助的终身教育体系，构建学习型社会，无疑具有重要的现实意义，值得很好地吸取和借鉴。

最后，陶行知的终身教育思想还是世界教育思想宝库里的一颗璀璨夺目的明珠。陶行知是现代终身教育思想的先驱。他的终身教育思想，不只在中国教育思想史上，就是在世界教育思想史上，也占有突出的地位。长期以来，人们一般认为法国教育家保尔·郎格朗(Paul·Lengrand)是现代终身教育的最早倡导者。其实，这种看法是不符合历史事实的。陶行知1945年发表的《全民教育》，原是一篇英文论著。在这篇英文论著中，"终身教育"被译为"Education for the whole life"意即"整个人生过程的教育"。这与今天通行的英文名词"Life long education"("终身教育")实际上就是一回事。陶行知的这篇《全民教育》的英文论著,当时曾作为一份宣传材料,向西方有关民间援华组织和人士广为散发。由此可见,早在20世纪40年代中期,陶行知的终身教育思想就已开始传播到国外。应该说,陶行知是世界上最早提出和阐述"终身教育"概念和思想的人,而郎格朗则是第一个系统论述"终身教育"并使之开始成为国际性的教育思潮的人。他们都是世界终身教育思想发展史上具有里程碑意义的卓越人物。

当然,正如任何一种伟大的思想在提出之初都不可避免地存在一些不足一样,陶行知的终身教育思想自然也不是完美无缺的。从总体上看,陶行知还只是初步提出、阐述了"终身教育"的概念和思想,许多有价值的观点并没有充分展开,这就使得他的终身教育思想还没有一套比较严密完整的理论。之所以如此,主要是由于近代中国是一个半殖民地半封建社会,现代的政治、经济、文化还未充分发育生长,历史赋予他那一代教育工作者的使命是以教育作为拯救民族危亡的武器,客观现实不允许他有充分的时间去思考终身教育所有方面的问题,这是时代使然、环境使然,我们不能离开具体的历史条件和环境来对此加以苛求。列宁有句名言:"判断历史的功绩,不是根据历史活动家有没有提供现代所要求的东西,而是根据他们比他们的前辈提供了新的东西。"对待陶行知的终身教育思想,也应作如是观。

参考文献:

[1] (美)杜威.杜威教育论著选[M].赵祥麟,王承绪,译.上海:华东师范大学出版社,1981:159.

[2][3][4][10][11][12] 陶行知.陶行知全集(第一卷)[M].成都:四川教育出版社,1991:4,123,634－645＋804,555,288,554.

[5][7][8][9] 陶行知.陶行知全集(第二卷)[M].成都:四川教育出版社,1991:782,554,573.

[6] 陶行知.陶行知全集(第三卷)[M].成都:四川教育出版社,1991:541.

(本文原载于《生活教育》2007年第3期)

陶行知的艺术教育思想

金林祥*

我们所说的艺术教育，是以文学、音乐、美术等为艺术手段和内容的审美教育活动，其形式有课堂教学和课外兴趣活动之分。它属于美育范畴，是学校实施美育的重要内容和途径。

在中国近代教育史上，著名学者王国维（1877—1927）最早提出美育应该成为教育方针的重要内容。1903 年，他在《论教育之宗旨》一文中指出：教育宗旨在于“使人为完全之人物”，而完全之人物包括体育、心育两个方面。其中心育包括智育、德育和美育。继王国维之后，著名教育家蔡元培（1868—1940）也大力提倡美育，主张美育应该成为教育方针的重要内容之一。1912 年初，他在《对于新教育之意见》一文中，从“养成共和国民健全之人格”的思想出发，提出军国民教育、实利主义教育、公民道德教育、世界观教育和美感教育“五育”并举的教育方针。蔡元培时任中华民国临时政府教育总长（即今日之教育部长），他的思想为民国教育部所接受。1912 年 9 月，教育部公布民国教育方针：“注重道德教育，以实利教育、军国民教育辅之，更以美感教育完成其道德。”在中国教育史上，美育第一次成为政府教育方针的重要内容。

陶行知也十分重视艺术教育，并创造性地从事艺术教育实践探索，成绩斐然，形成了颇具特色的艺术教育思想，对于我们当下的艺术教育颇有启迪。陶行知的艺术教育思想主要有以下内容：

---

* 金林祥，男，华东师范大学教授、博士生导师，中国陶行知研究会副会长，中国陶行知研究会实验学校分会会长。

一、艺术教育是学校培养目标的重要内容

我们知道,陶行知创办晓庄师范是为了培养乡村小学教师。他认为一个合格的乡村教师应该具备五个条件:"一、康健的体魄;二、农人的身手;三、科学的头脑;四、艺术的兴趣;五、改造社会的精神。""艺术的兴趣"成为学校培养目标的重要内容。1945 年 11 月 1 日,在《民主教育》一文中,他又认为艺术教育是和谐教育不可或缺的重要组成部分。他说:"民主教育应该是健康、科学、艺术、劳动和民主织成之和谐的生活,即和谐的教育。"由此可见,重视艺术教育,并将艺术教育列为学校培养目标的基本组成部分,是陶行知艺术教育思想的一个重要内容。

二、依据"生活力"确定艺术教育内容

关于艺术教育的内容,陶行知的基本思想是依据培养"生活力"的需要,从而来确定编写什么教材,学习什么内容。在《教学做合一下之教科书》一文中,他"随手所举"了七十种生活力,以及相应的七十种教科书,他称之为"生活用书或教学做指导"。在这七十种生活力中,有九种是艺术生活力,相应的要编写九种教科书,也就是要学习这九方面的内容。它们分别是:编剧指导、演戏指导、布景指导、唱歌指导、画水彩画指导、画油画指导、写诗文指导、雕刻指导、弹琴指导。在创办育才学校从事艺术专门人才培养的实践中,艺术教育的内容更丰富,也更具体。例如,育才学校戏剧组的课程设置:表演、发音、化装、舞蹈、排演、戏剧讲话、舞台技术。后来又逐步增设戏剧艺术、艺术概论、中国戏剧历史、表演艺术论、世界戏剧史纲、导演艺术论、剧作概论、心理学等。此外,陶行知还提倡诗教。他一生写了许多诗歌,其中许多富有教育作用。如著名的《自立立人歌》:"滴自己的汗,吃自己的饭,自己的事自己干,靠人、靠天、靠祖上,不算是好汉!"《手脑相长歌》:"人生两个宝,双手与大脑。用脑不用手,快要被打倒。用手不用脑,饭也吃不饱。手脑都会用,才算是开天辟地的大好老。"这些诗,经赵元任先生谱曲成歌,唱遍大江南北,影响极为深远,发挥了无可估量的教育作用。

三、重视建立学生文艺社团和创造学校"艺术之环境"

陶行知认为,建立学生文艺社团是进行艺术教育的重要途径。1929 年 1 月

中旬，著名戏剧家田汉(1898—1968)领导的南国剧社应邀到晓庄公演，演出田汉创作的《湖上的悲剧》《苏州夜话》以及莎士比亚的《约翰的头》和萧伯纳的《卖花女》等剧目。在陶行知看来，戏剧可以"培养艺术的兴趣"，所以，晓庄学校师生成立了"晓庄剧社"，公推陶行知为社长。陶行知以农民生活为背景，自己动手编写了《香姑的烦恼》《爱的命令》《生之意志》《死要赌》等独幕剧，还亲自登台演出。

学生长期在学校环境中生活和学习，学校环境对人的精神状态、思想感情的陶冶有重大意义。因而陶行知强调学校要"创造艺术之环境"，所谓"艺术之环境"，就是"要教整个的环境表现出艺术的精神，使形式与内容一致起来。"具体而言，就是校容要井然有条，秩然有序，凛然有不可侵犯之威仪。

陶行知还认为，学校"艺术之环境"绝非全赖天工，而重在改造。1923 年，他在《南京安徽公学办学旨趣》中说："我们对于四周的环境，最忌是苟安，同流合污，听天由命，不了了之。有进取性的人，对于环境总想加以改造。"改造环境的基本要求是："秉着美术的精神，去运用科学发明的结果，来支配环境，使他们现出和谐的气象。"

四、成功开展艺术教育的实践探索

这种实践探索就是 1939 年 7 月在重庆创办的育才学校。该校是一所难童学校，办学条件相当艰苦，但是办得很成功，育才学生中的许多人后来成为新中国的艺术人才和其他领域的专门人才。所以就艺术教育而言，该校有许多成功经验值得认真研究。我认为以下四点很重要：

一是学生"有特殊才能"。即有艺术细胞和艺术兴趣，并有一定的艺术专长。

二是名师执教。如音乐家贺绿汀任音乐组主任，戏剧家章泯任戏剧组主任，舞蹈家戴爱莲任舞蹈组主任等。

三是专业和课程设置。学校设立文学、音乐、戏剧、绘画、舞蹈、社会、自然七个专业组。课程分为必修课(基础课)和特修课(专业课)两类。前者四门：国文、数学、外文、科学方法；后者依据各组培养目标设置。例如，绘画组的课程：素描、漫画、水彩、木刻、野外实习、艺术概论、画理、社会科学概论。后为逐步增设人体解剖、透视学、美术概论、国画、广告画、美术史等。

四是在教学中重视发挥学生的主体性，充分调动学生的学习积极性，鼓励学生大胆创作，走向社会，参加各种艺术实践活动。

五、陶行知艺术教育思想的“四性”特征

一是人民性。陶行知认为，艺术原本来源于民间，只是因为后来文化被集中到少数人手中，艺术才被私有了，老百姓变成了缺乏艺术性而枯干地生活。他大声疾呼艺术要调转方向，回归百姓，一切以人民为本位，一切走向人民。他要求“为老百姓而画”“为大众而唱”。

二是中国性。在陶行知生活的年代，学校艺术教育存在着严重的崇洋媚外之风。早在 1922 年，他针对时弊，明确指出“此风宜矫正”。比如绘画，不可盲目“模仿外国美术”，对于“中国本国的美术，应该特别注重倡存”。他说：“我不是反对学习外国美术，而是痛恨生搬硬套。”他殷切期望“全国画家抱着‘文艺复兴’的宏愿为国画开一新纪元”“更希望全国艺术教员还是自寻路走，不要蒙起头来跟人瞎跑”。

三是实践性，而且是走出校门的社会实践。例如，在晓庄学校时期，晓庄剧社于 1929 年 11 月到镇江、无锡、苏州、常熟、宝山、上海、杭州、萧山等地演出一个多月，共演出 34 场。演出的《卖花女》《香菇的烦恼》等悲剧常常打动了观众，很多观众深受感动而流泪，当地报纸也曾评述说：“晓庄剧社赚了许多观众的眼泪。”陶行知欣喜地指出：艺术社会实践活动，不仅产生了广泛的社会影响，而且“演员对于音乐、文学、国语、应对以及种种人生艺术，都可藉以一日千里的前进”。育才学校艺术教育实践成绩更是突出。当时，特别是音乐组、绘画组、戏剧组和舞蹈组的师生十分活跃，经常举办画展、公演，对人民群众起了巨大的教育和鼓舞作用，育才学生的艺术才能也得到锻炼和提高。需要反复不断地练习和实践，这是艺术教育的一个重要特点。陶行知艺术教育思想中的实践性特征，真实地反映了艺术教育的这个特点。

四是战斗性。在日本帝国主义发动对中国的侵略战争之后，陶行知艺术教育思想中的战斗性日益显露。它集中表现为把艺术和艺术教育作为一种武器，唤醒和教育民众，团结起来抗日救亡。他发出了“世界上最伟大的音乐是战斗的音乐，最伟大的文学是战斗的诗歌”的时代强音。它从一个侧面反映了陶行知艺术教育思想是爱国的和革命的。

（本文原载于《生活教育》2018 年第 1 期）

陶行知的儿童观论析

熊贤君*

摘　要：陶行知特质独异的儿童观，由本土文化、以卢梭和杜威为代表的欧美教育家儿童观、对苦难儿童的爱和时代需要等因素建构而成。从生命实体角度划分，儿童是活人、是人才幼苗；从学习的角度划分，小孩不小不笨、有创造力、有发展潜力；从社会成员的角度划分，儿童是社会的小主人、是普及教育的小先生、是教师的导师、是反侵略的小战士。陶行知的儿童观具有强烈的反传统性质，充盈着民主精神，与时俱进，是对欧美儿童观的继承和发展。

关键词：陶行知；儿童观；儿童教育

儿童观是成人对儿童的认识和看法，是儿童教育的出发点。陶行知独树一帜的儿童观，是他儿童教育思想形成的基础和发展指向，深刻地影响着中国近现代儿童教育的理论和实践，是新教育和传统教育的分水岭。

一、陶行知儿童观的形成

陶行知的儿童观形成，贯穿于青少年时期的学习和赴美留学的经历，学成归国后的教育实践和教育理论研究的全过程。青少年生活和学习经历为他的儿童观打上底色，恢宏的教育实践和精深的教育理论研究为其儿童观定下思想内容和特色。而随着实践和研究的深入，陶行知又根据时代需要进行修正、改进和凝练，再反过来指导儿童教育实践和理论研究。陶行知的儿童观形成经历了这样一个循环往复的过程。

---

* 熊贤君，男，杭州师范大学教育学院教授，博士生导师。

（一）青少年时期本土文化的熏陶

陶行知，光绪十七年(1891年)九月十六日生于安徽歙县黄潭源村。其时，由于列强的入侵和军阀混战的不断扩大，农民苛捐杂税层出不穷，兵差拉夫，人为荒灾，以及地租和高利贷的加重，使得农民进一步破产，流离失所，生活在水深火热之中。儿童的生活更无法言状。歙县和祁门县有《前世不修》《天光下饶州》的童谣："前世不修，生在徽州。十三四岁，往外一丢。"儿童们处在自生自灭状态，缺衣少食，能活下来已经是万幸，上学受教育更是奢侈的事情。这使陶行知对中国儿童的遭际产生深深的同情。

陶行知6岁时，旸村塾师方秀才发现陶行知聪颖过人，动员陶父，不收束脩，代为开蒙。开蒙后，陶父亲自教子识字读书。相传"陶行知的识记能力特别强，三刻钟内能熟读并背诵《左传》四十三行"[1]。他在私塾读书的具体情形，无资料记载，不得而知，但6岁孩童即使识记能力再强，对深奥晦涩文字记诵定是索然无味的，私塾学习当感苦不堪言。这通过与他同是徽州又同一年出生的胡适私塾肄习的情形可以推知。胡适在私塾诵读的次序是《孝经》《小学》(朱熹)"四书"("比连注文读")《诗经》《周易》《礼记》。胡适回忆说："《诗经》起初还好懂，读到《大雅》就难懂了；读到《周颂》更不可懂了。……《盘庚》三篇我总读不熟……害我挨了一次打。"[2]陶行知对那个时代盛行的死记硬背深恶痛绝，痛斥传统教育脱离儿童生活，"死读书，读死书，读书死"[3]。孩提时代五味杂陈的私塾读书生活直接影响了他的儿童观形成。

宣统二年(1910年)，陶行知考入南京汇文书院(后改为金陵大学)文科。在校时"他专攻王阳明的学说"[4]。王阳明反对对儿童"督以句读课仿""鞭挞绳缚，若待拘囚"，主张通过"精神宣畅""拜起屈伸"，以"动荡其血脉"，教育"量其资禀""随人分限所及""必使其趋向鼓舞，中心喜悦"，以达到"自然日长月化"[5]的教育方法，引起他强烈共鸣。他还将最为欣赏的一段译为现代语言[6]。从这里他看到了传统教育的弊端，新的儿童观也在萌芽滋长。

（二）欧美教育家儿童观的影响

陶行知留学美国，欧美教育家对他儿童观形成产生了深远影响，以思想家教育家卢梭和杜威为代表的教育观对他的影响最为显著。卢梭主张要重新评价儿童，要将儿童看作儿童，认为"在万物的秩序中，人类有它的地位；在人生的秩序中，童年有它的地位。应当把成人看作成人，把孩子看作孩子。"[7]不能将他们当作成人或小大人,“世界上还有哪一种生物比他更柔弱,更可怜,更受他周围的一切的摆布,而且是如此的需要怜惜、关心和保护呢?”[8]童年时期有童年时期的思想和情感,对此不可视而不顾。“儿童是有他特有的看法、想法和感情的,如果想用我们的看法、想法和感情去代替他们的看法、想法和感情,那简直是最愚蠢的事情。”[9]卢梭愤懑地指出:“我们从来没有设身处地地揣摩过孩子的心理,我们不了解他们的思想,我们拿我们的思想当作他们的思想;而且由于我们始终是按照自己的理解去教育他们,所以当我们把一系列的真理告诉他们的时候,也跟着在他们的头脑中灌入了许多荒唐和谬误的东西。”[10]卢梭“儿童中心”的儿童观明显地打上了自然主义的烙印,对陶行知儿童观的形成产生了直接影响。

杜威的儿童观与卢梭有着千丝万缕的联系。他肯定了卢梭儿童观的积极价值和对西方教育发展与改革的影响,进而提出“唯一的真正的教育是通过对儿童能力的刺激而来的”“儿童自己的本能和能力为一切教育提供了素材,并指出了起点”的主张[11]。在教育就是促进儿童本能生长和教育目的应当来自教育过程本身认识的基础上,杜威将卢梭“儿童中心”观和儿童本位观进行整合,形成了二者兼顾的儿童观。他批评传统教育“消极地对待儿童,机械地使儿童集合在一起,课程和教学法的划一。概括地说,重心是在儿童以外,重心在教师,在教科书以及在你所喜欢的任何地方和一切地方,唯独不在儿童自己的直接的本能和活动。在那个基础上,儿童的生活就说不上了。关于儿童的学习,可以谈得很多,但学校不是儿童生活的地方”[12]。强调教育必须站在儿童的立场上,并且以儿童为自己的出发点。他坚决要求将立场转换到儿童方面来,断言“我们的教育中正在发生的一种变革是重心的转移,这是一种变革,一场革命,一场和哥白尼把天体的中心从地球转到太阳那样的革命。在这种情况下,儿童变成了太阳,教育的各种措施围绕着这个中心旋转。儿童是中心,教育的各种措施围绕着他们而组织起来。”[13]在“儿童中心”、儿童本位观的总领下,杜威提出了儿童是未成熟的人、尊重儿童、保存儿童天性、尊重儿童期、尊重儿童生长的需要等主张[14]。杜威的儿童观为陶行知建构自己的儿童观提供了诸多借鉴和启发。

(三)对苦难儿童深厚的关怀

陶行知的儿童观形成于对中国苦难儿童深厚的爱,这是陶行知儿童观的基础。爱是陶行知教育工作的出发点,他为苦难的孩子创立了新安小学、小先生制、工学团制、自动学校、育才学校,提倡普及教育、乡村教育,开展编辑儿童丛书等为儿童造福的事业。1932 年 4 月 4 日是民国时期的第一个儿童节。以后,每逢 4 月 4 日,陶行知都要为乡下无钱过节的穷孩子募款、募物、募医药,“凡是对孩子们有利的,他无不尽力而为之,他是儿童的保姆,真正的精神上的亲爱的保姆”[15]。翦伯赞回忆说,他到育才学校,“没有看见一个小孩因为受了委屈或思慕家庭而哭的。从这里,我感叹行知先生所怀抱的人类爱之博大……”[16]。

正因为陶行知对穷苦孩子倾注着伟大的爱,以致无暇顾及他自己的 4 个儿子。长子陶宏回忆说:“朋友们说父亲对我们的教育态度,刻薄点说是听其自生自灭,好听些说是自由生长。”陶宏说,其实父亲对孩子们是慈爱的,“一个对于人类有那样诚挚丰富的爱的人,岂有冷落自己亲生的儿女的爱的?只是中国还有太多太多比我们更需要照顾的老百姓、青年、少年和小孩子。我们只要有饭吃,有书念,已经够幸运的了,他实在没有多少功夫再来管我们,教我们,真所谓心有余而力不足。”[17]陶行知缘何对儿子们持“自生自灭”的态度?这在 1943 年 2 月 21 日给陶宏的信中可找到间接的答案:“近来我们深刻的了解,人生最大的目的还是博爱,一切学术也都是要更有效地达到这个目的。”[18]陶行知对苦难儿童深厚的爱,是他儿童观形成的重要基础。

（四）解除国难和抗战建国之需

陶行知是一个具有强烈爱国精神的教育家,他的举止言动,都是为了救国和强国。“九一八事变”后,陶行知因遭通缉亡命日本,通过对日本社会的考察,深知解除国难须从普及科学知识入手,而普及科学知识又须从儿童入手。为此,他先后创办了儿童科学通讯学校、空中学校,与上海一家私人广播电台合作开设科学知识讲座,编辑《儿童科学丛书》等。1931 年 9 月下旬,陶行知开列的“战时的功课”中有“厉行小学科学教育,造就科学的儿童……使中国永远立于不败之地”[19]。他认为中国“只要在孩子们中培养出像爱迪生那样的几个科学杰出人才,便不难使中国立刻科学化”“我们必先造就了科学的小孩子,方才有科学的中国”[20],高度肯定了儿童解除国难的天然优势和能力。

“卢沟桥事变”后,全面抗战爆发,陶行知将山海工学团撤到上海的儿童,组织了战时服务团,成立了孩子剧团,为抗日救国奔走呼号。为促进战时儿童教育,陶行知以新安旅行团和孩子剧团为依托,为伤兵服务,为难民服务,为当地老百姓服务。他亲自到桂林推动当地十几个儿童团体组织起来,于 1939 年春成立了“桂林儿童团体星期座谈会”,使献金、募寒衣、慰问抗属、唱歌演剧等儿童抗日救亡宣传工作风生水起,影响颇大[21]。当年7月,陶行知在重庆创办育才学校,这所学校体现了他高瞻远瞩的眼光,其目标是抗战和建国齐头并进——“用生活教育之原理与方法,培养难童中之优秀儿童,使成为抗战建国之人才”“育才学校办的是建国教育,但同时是抗战教育”[22]。陶行知根据抗战建国之需,形成新的儿童观:“我们这里的教师们,要有爱迪生母亲那样了解儿童及帮助儿童从事特殊的修养,但在这民族解放战争中,单为帮助个人是不够也是不对的,必须要在集体生活中来学习,要为整个民族利益来造就人才。因此,我们要引导学生们团起来做追求真理的小学生;团起来做自觉觉人的小先生;团起来做手脑双挥的小工人;团起来做反抗侵略的小战士。”[23]

二、陶行知儿童观的含蕴

陶行知的儿童观是中西合璧的产物,具有丰富的内涵。

(一)作为生命实体的儿童观

儿童作为生命实体,是活生生的人,是有血有肉的人,是有真情实感有自身需要的人。陶行知儿童观的鲜明特点便是将儿童当作实实在在的生命看待。

1. 儿童是活人

这是一个深刻的哲学命题。陶行知在讨论儿童教育问题时,阐述了这一观点。他指出:“我们教育儿童,第一步就要承认儿童是活的,要按照儿童的心理进行。”因为儿童是活生生的人,人是有心理变化的,从事儿童教育的人,“承认儿童是活的,首先就要能揣摩儿童的心理”[24]。既然儿童是活人,就要承认:第一,儿童有他们的需要。陶行知说:“我们教育儿童,就要根据儿童的需要的力量为转移。有的儿童天资很高,他的需要就大些;有的儿童天资很钝,他的需要力就小些。我们教育儿童,就要按他们的需要的力量若何,不能拉得一样。”[25]第二,儿童有好奇心。好奇心是儿童的天性,如果给他一块手表,他必定将它翻来倒去仔细观看,并要探知里面的秘密,要打破砂锅问到底。第三,儿童对万事万物有着浓厚的兴趣。他们一旦有了兴趣,“就肯用全副精神去做事体,所以‘学’和‘乐’是不可分离的。”[26]第四,儿童有自己的情感。对儿童的情感,成人往往置若罔闻,严重漠视。陶行知在《创造的儿童教育》一文中提醒成人:“您不可轻视小孩子的情感!”[27]

儿童作为活人,是一天天成长的。陶行知指出,“儿童表面上看起来,也好像是很平常的,没有什么进益,其实他的能力知识,没有一天不在进行中求活。我们就要顺着他这种天然的特性,加以极相当的辅助和引导,使他一天进步似一天。”所以,“我们办教育的人,总要把小孩子当作活的,莫要当作死的。”[28]儿童既是活人,就要实施活的教育,“活的教育就是要与时俱进。我们讲活的教育,就要随时随地拿些活的东西去教那活的学生,养成活的人才。”[29]

2. 儿童是人才幼苗

儿童是“人之初”,不是小大人,不是缩微袖珍的人,他需要成人的呵护,以适当的方式培养。陶行知创办重庆育才学校,正是为了保护人才的幼苗。据F. A. Jensen回忆:“陶先生要把所有的那些小莎士比亚、小林布兰(十七世纪荷兰大画家)和小爱因斯坦保存下来。他相信这些人才的幼苗一定存在于那许多在战争中颠沛流离的难童中,那就是他为什么要创办育才学校的原因。”[30]陶行知在《如何使幼稚教育普及》一文中开宗明义地指出:“幼儿比如幼苗,必须培养得宜,方能发荣滋长,否则幼年受了损伤,即不夭折,也难成材。”[31]对待儿童,应当像园丁之于幼苗一样,不同的树苗采取不同的栽培方式,“松树和牡丹花所需的肥料不同,你用松树的肥料培养牡丹,牡丹会瘦死;反之,你用牡丹的肥料培养松树,松树受不了,会被烧死”“要同园丁一样,首先要认识他们,发现他们的特点,而予以适宜之肥料、水分、太阳光,并须除害虫。这样,他们才能欣欣向荣,否则不能免于枯萎”。[32]还有一种呵护十分重要,这就是宽容。陶行知号召教师“像爱迪生母亲那样宽容爱迪生”“像利波老板宽容法拉第”[33]。爱迪生在被学校开除回家的时候,他的妈妈把地下室让给他去做实验;法拉第在利波的铺子里做徒弟,利波允许他一面钉书一面读书,法拉第终于在电学上取得辉煌的成绩。宽容的前提是要懂得儿童,只有懂得儿童才可能采取正确的呵护方法。陶行知在《儿童年献歌》中写道:“弄冬一弄冬,今年属儿童! 不要你哄,不要你捧,只要你懂:懂得我们还是小儿童,不要教成小老翁。”[34]通俗而深刻,“诗眼”就在“懂得我们还是小儿童”一句上,懂得儿童是儿童,这是要用毕生的精力去努力的。

(二)作为学习者的儿童观

陶行知对作为学习者的儿童的认识,与传统儿童观迥然有别。传统儿童观认为,儿童是无知无能的,儿童的学习是消极被动的,儿童一切行为都必须在成人设计的轨道中规规矩矩,而陶行知作为学习者的儿童观则新意迭出。

1. 小孩不小，小孩不笨

传统社会总是抱着"小孩子什么也不懂"的态度，置小孩子于被忽视的角落。陶行知写《小孩不小歌》敬告成人，不要小看小孩子。诗曰："人人都说小孩小，谁知人小心不小。您若小看小孩子，便比小孩还要小。"[35]陶行知从两件事情上感知到儿童不小，不笨，简直有超凡的能力。第一件事是淮安的新安小学儿童旅行团在上海等地演讲的成功。他们每到一地，就发表演讲。一次在上海沪江大学演讲他们的教育主张，博得全体师生的称道。后来一位教授对陶行知说："这些孩子真行，几乎把我这位教育系教授的饭碗打破了。"[36]为此，他写诗赞颂说："一群小光棍，数数是七根。小的十二岁，大的未结婚。没有父母带，先生也不在。谁说小孩小，划分新时代。"[37]第二件事是小先生张健不但帮助他的哥哥创建了濮家宅工学团，还"与非战的马莱先生舌战一时，卒使马莱先生得一深刻之印象而去"[38]。这些都是小孩并不小的有力证据。

抱着小孩小，小孩笨的态度十分有害。陶行知警告认为小孩小的"糊涂的先生"说："你这糊涂的先生，你的学堂成了害人坑！你的墨水笔下有冤魂！你说瓦特庸，你说牛顿笨，你说像个鸡蛋坏了的爱迪生。……你的教鞭下有瓦特，你的冷眼里有牛顿，你的讥笑中有爱迪生。"[39]

2. 儿童有创造力

陶行知真切地感觉到儿童有创造力。他说，只要加入儿童生活中，便会发现"小孩子有力量，不但有力量，而且有创造力"。对这一点，只有"钻进小孩子队伍里才能有这个新认识与新发现"。陶行知到南通推广"小先生"，演讲中有"读了书，不教人。甚么人，不是人"的诗句，一个小孩子听后建议把"不是人"改为"木头人"。陶行知听后茅塞顿开，觉得"木头人"比"不是人"好，具体形象。他深有感触地说："这也证明小孩子有创造力。我们要真正承认小孩子有创造力，才可以不被成见所蒙蔽。小孩子多少都有其创造的能力。"[40]历史学家翦伯赞见证了儿童的创造力。他说，育才学校"十几岁的孩子，居然能够自己作曲，自己编剧本，自己导演自己编的剧本，而且还能够写出短篇的创作，在座谈会中能够分析时局"[41]。这些都是儿童具有旺盛创造力的明证。正如陶行知的学生方与严所言："从前的儿童是大人的附属品、玩物、私有财产，一切没有儿童的地位。现在要信仰儿童的能力，是一个小思想家、小创造家、小建设家，只要能够因势利导，他们——儿童个个都是思想自由的天使，创造的天使，建设的天使。"[42]

3. 儿童有发展潜力

儿童就像种子，蕴藏着无可限量的发展潜力。陶行知在给承国英等的信中说："在我的世界里，小孩和青年是最大，比什么伟人还大。"[43]他在给百侯中学校长潘一尘的信中说，他请山海工学团的小先生侣朋帮承国英创西桥工学团，对侣朋的能力非常吃惊，这个不满13岁的小孩，"表示出超越的天才。我看他不但打倒了我，而且几乎打倒了你"，惊叹"后生可畏""小孩子有不可思议的力量"[44]。儿童们的创造活动证明儿童有巨大潜在的力量。虽然儿童的创造力是稚嫩的，但有着极大的发展价值。应当承认儿童是创造者，是发现者，具有无可估量的潜力。有鉴于此，教师要做的唯一的事体是营造适当的环境，使儿童的潜力得到发展的机会。儿童潜在的能力一旦有适合的环境，潜力就会爆发出来。还要为儿童提供适当的营养，"有了适当的营养，才能发生高度的创造力"[45]。

（三）作为社会成员的儿童观

对作为社会成员的儿童，陶行知的看法既立足于现实社会，也寄意高远；既是对儿童寄予重大托付，也是对儿童社会现实状况的确认。

1. 儿童是社会的小主人

这是陶行知的一贯看法。陶行知在《儿童节歌》中提出"从前世界属大人，今后世界属儿童"的儿童观。他主张在儿童作主的世界里，"儿童不再读死书，儿童不再受人哄。……都是小工人，用脑用手来做工。娃娃好玩自己造，自扎风筝舞天风。拿起锄头与斧头，造个社会大不同。世事须从小儿意，不从儿意不成功。谁再欺侮弱与小，总动员向他进攻。"[46]属于儿童的世界是儿童的乐园，是儿童成长适宜的场所，突显出小主人的地位。

陶行知并不满意"儿童是未来的主人翁"的观点。他认为这观点反映的仍然是传统的态度，"表面上看去好像是一种期望，真实是一种变形的抹煞，抹煞了儿童的现在的资格。儿童是现在的小主人！"[47]他希望大家都承认这小主人的封号，并且让儿童实行主人的职权。可见，他并不反对儿童是未来主人翁的观点，只是强调更重要的是当下的主人翁。不能将未来主人翁作为托词，听人摆布，不能行使主人职权。陶行知的学生戴伯韬概括乃师"儿童是社会小主人"的儿童观说，儿童是自己的主人，国家的主人，机器的主人，田地的主人；"是新时代的创造者，不是旧时代的承袭者；他是世界文化产业的创造者，不是世界文化产业的承继者。”[48]

2. 儿童是普及教育的小先生

陶行知断言“小孩子能做先生”“小孩子是普及成人与儿童教育的生力军”[49]。1925 年,陶行知从陶宏教弟弟陶晓光《平民千字课》“教学”活动中发现了连环教学法、“即知即传”和“传递先生”等普及教育方法。在此基础上,他提出了蜚声中外的“小先生制”。在他看来,“因为小先生便是小学生,他早上学了两个字,晚上便可以把这两个字拿去教人;此刻学了一件知识或一种技能,彼时即可以把这一件知识或一种技能去教别人。”[50]普及教育最大的难关是女子教育,十七八岁的大姑娘,二十几岁的大嫂子,男先生去教她们,乡下人是看不惯,不欢迎男教师,“现在小先生来了,女子教育就如雪团见太阳,一见冰消,问题一笔解决。”[51]陶行知视小先生为普及教育之利器,认定“干普及教育运动,只有靠小先生”[52]。小先生的力量已经为人们所认识,在助成普及教育方面,已经“起了不小的作用,收到了莫大的效果。不久之间,竟有二十一行省四特别市实行小先生制,使小学生能教育失学儿童和失学成人,成为普及教育运动上一个有力的推进机”[53]。

3. 儿童是教师的导师

陶行知经常强调说:“小朋友是我们的总指导,不愿受小朋友指导的人,不配指导小朋友。”[54]认为“最伟大的先生”“那就是小孩子——我们所教的小学生”。他说:“不愿向小孩学习的人,不配做小孩的先生。一个人不懂小孩的心理、小孩的问题、小孩的困难、小孩的愿望、小孩的脾气,如何能救[教]小孩?如何能知道小孩的力量?而让他们发挥出小小的创造力?”[55]他要求晓庄师范的教师“必须拜儿童为导师,虚心接受儿童的问题和儿童的要求,处处在儿童身上着想”,认为“一个好教师的养成,必须要拜儿童为导师”。据晓庄师范的学生回忆,陶行知曾经对全校的师生说过“小孩子是我们的总指导”的话[56]。做父母或做教师的,“是应该时时跟孩子们学习的”。

4. 儿童是反侵略的小战士

1938 年 4 月,陶行知在加拿大发表《中国的抗战是不自由就受奴役的斗争》的演讲,阐述了这是中华民族存亡绝续的殊死搏斗。这场斗争必须动员全中国的力量,包括全国小孩子的力量。为此,陶行知提出了“儿童是反抗侵略的小战士”的儿童观。他在《儿童节歌》中写道:“站起来,抗日的小孩!长起来,抗日的小孩！联起来，抗日的小孩！我们要帮助大人，把东洋的妖怪赶开！赶出关外，赶出海外，叫他们知道我们的厉害，我们是抗日的小孩。"[57]儿童完全能够成为反抗侵略的小战士，反抗侵略并不一定必须上前线抛头颅、洒热血，有关反侵略的工作，很多适合儿童们去做。譬如，"小战士"可以做慰劳、募捐、节约献金、侦察汉奸等抗日工作。还可以组织普及教育旅行团，如孩子剧团、新旅行团、中国救亡剧社等"有效组织"，并"大规模地推行出去"[58]。他还设计了诸多小孩救国的方法，如"帮助大人""提防汉奸欺骗""养几只老母鸡""种几颗小黄豆""献给战士吃""省几个小铜板""捉几个小汉奸""教几个大文盲""劝几个好壮丁""化几个小仇恨"[59]，等等，都是抗战建国所需的工作，小孩子大有可为。

三、陶行知的儿童观评鉴

陶行知的儿童观具有鲜明的特色，在中国近现代教育史上占有特别的地位，对近现代中国教育发展，产生了深远的影响。

首先，陶行知的儿童观具有强烈的反传统性质。中国教育史上也曾有反传统的儿童观，明代李贽提出"童子者，人之初也"[60]的儿童观；王阳明"大抵童子之情，乐嬉游而惮拘检，如草木之始萌芽，舒畅之则条达，摧挠之则衰痿"[61]的儿童观；鸦片战争时期王筠"学生是人，不是猪狗"[62]的儿童观。这些虽然对传统的儿童观都有批判价值，也具有一些振聋发聩的意义，但毕竟只是偶尔发声，且很快被传统教育所吞噬，几乎没有产生什么影响。而陶行知无论是撰文还是吟诗，无论是演讲还是写信，批判的矛头直指传统的儿童观。他批评传统教育戕害儿童的创造力，指陈传统教育"阻碍""削弱""摧残"儿童的创造力。儿童的创造力"被固有的迷信、成见、曲解、幻想层层裹头布包缠了起来"，认为"迷信要不得，成见要不得，曲解要不得，幻想更要不得，幻想是反对现实的。这种种要不得的包头布，要把他一块一块撕下来"[63]。传统儿童教育不许儿童动手，动手要打手心，儿童个性不能自由施展。传统的学校完全是一只鸟笼，改良的学校也只是一只放大的鸟笼，各种考试占据了学生的全部时间，儿童在这里不能自由展翅飞翔。陶行知的儿童观正是在对传统教育弊端的清算基础上构建起来的。

其次，陶行知的儿童观是以卢梭和杜威为代表的西方教育家儿童观的继承和发展。对于卢梭的自然主义儿童观，陶行知有保留地继承了"儿童中心"观。对卢梭"把孩子看作孩子""儿童在成人以前就要像儿童的样子"和尊重儿童的天性的儿童观,陶行知认为具有极高的价值。但是,卢梭的儿童观过于浓郁的自然主义色彩,片面强调儿童天性而漠视社会性,将天性与社会性绝对对立起来,显然对儿童的社会化是不利的。陶行知儿童观洋溢着浓郁的社会元素,正是对卢梭儿童观的扬弃。

陶行知继承和发展了杜威"儿童中心"、社会本位和谐整合的儿童观,但根据中国国情和儿童生活情状,实现了杜威儿童观的中国化改造与转换。杜威的儿童观建立在美国高度发达的资本主义制度的基础之上,美国没有旷日持久军阀混战,没有外强入侵,已经实现了义务教育,儿童教育问题是富裕社会中的"富贵病"。中国儿童生活和教育的情形则截然相反。陶行知结合中国具体国情,创造性地提出了适合中国社会需要和苦难儿童生活的实际的儿童观,是对杜威为代表的西方儿童观的发展,丰富了儿童观的内容,与西方儿童观的基调与特色也迥然有别。

再次,陶行知的儿童观充盈着民主精神。陶行知儿童观极为浅显又极为深刻,他强调儿童是活生生的人,要求把儿童当作活人看,不要当作死人看。他强烈呼吁"承认儿童的人权""尊重儿童的人权"[64]。陶行知还强调儿童是"国家的小主人",认为国家"所需要的教育是主人教育。主人教育的目的是教民众联合起来做主人:做自己的主人,做政府的主人,做机器的主人,做大自然的主人"[65]。他不是空洞地喊一喊"做主人"而已,而是要落实到行动上,将虚拟的小主人变为实实在在的小主人。实现这一转换,要求实行民主教育,要与侵犯小主人地位的罪恶势力决一雌雄。

陶行知儿童观的民主精神的令人震撼之处,是他第一个喊出了"解放儿童"的最强音。他呼吁解放儿童的头脑,把"儿童的头脑从迷信、成见、曲解、幻想中解放出来";解放儿童的双手,使儿童"在头脑指挥之下用手使用机器制造,使用武器打仗,使用仪器从事发明";解放儿童的嘴,让"小孩子得到言论自由;特别是问的自由"。解放儿童的空间,"让他们去接触大自然中花草、树木、青山、绿水、日月、星辰,以及大社会中之士农工商,三教九流,自由地对宇宙发问,与万物为友,并且向中外古今三百六十行学习";解放儿童的时间,使儿童有"学习人生的机会",发展自己的兴趣,养成"创造的倾向"[66];解放儿童的眼睛,"敲碎有色眼镜",让儿童能"看事实"[67]。

最后,陶行知的儿童观是与时俱进的。陶行知的儿童观与时代发展的节律同步，根据时代的需要提出新的儿童观。欧战结束后，西方提出了儿童观，这是教育史上的一个伟大发现。陶行知在1922年发表的《活的教育》中，明确提出了“儿童是活人”的儿童观，这在国内是最早的发现。陶行知为缓解义务教育师资匮乏的困难，提出了儿童是“普教小先锋”的儿童观[68]。“九一八”事变后，陶行知为解除国难，提出了儿童是“打倒帝国主义的小先锋”的儿童观，以为雪尽国耻，解除国难，必须造成包括儿童在内的伟大民族力量。全面抗战爆发后，陶行知及时提出了“儿童是反抗侵略的小战士”的儿童观，对儿童是抗战的重要力量给予了高度肯定。全面抗战胜利后，中国人民面临着民主还是独裁，内战还是和平的抉择，陶行知倡导民主教育，提出了儿童是国家主人的新型儿童观。陶行知儿童观在不同的时期都被赋予了强烈的时代精神和崭新的时代内容。

参考文献：

[1] 姚新吾. 陶行知的青少年时代[M]//安徽省陶行知教育思想研究会. 陶行知一生. 长沙：湖南教育出版社，1984:26.

[2] 胡适. 四十自述[M]//季羡林，胡适全集(18). 合肥：安徽教育出版社，2000:33.

[3][34][35][37][39][46][59][68] 陶行知. 陶行知全集(第4卷)[M]. 长沙：湖南教育出版社，1985:165,141,211-212,120,200-201,505-510,282.

[4][15][16][17][30][41][53] 陶行知先生纪念委员会. 陶行知先生纪念集[M]. 上海：生活·读书·新知三联书店，1946:5,380,72,598,16,71,89.

[5] 王阳明. 训蒙大意示教读刘伯颂等[M]//王守仁. 王文成全书. 影印版. 上海：上海古籍出版社，1993:78.

[6] 江苏省陶行知教育思想研究会. 纪念陶行知[M]. 长沙：湖南教育出版社，1984:28.

[7][8][9][10] 卢梭. 爱弥儿[M]. 李平沤，译. 北京：商务印书馆，1983:74,88,91,221.

[11][12][13] 约翰·杜威. 学校与社会·明日之学校[M]. 赵祥麟，任钟印，吴志宏，译. 北京：人民教育出版社，2005:3-4,43-44,44.

[14] 约翰·杜威. 民主主义与教育[M]. 王承绪，译. 第2版，北京：人民教育出版社，2001:61.

[18] [38][43][44][49]陶行知.陶行知全集(第5卷)[M].长沙:湖南教育出版社,1985:810,275,265,275,275.

[19] [20][27][31][47][50][51][52][54][65]陶行知.陶行知全集(第2卷)[M].长沙:湖南教育出版社,1985:348,577,243,81,664,744,745,821,240,450.

[21] 章开沅,唐文权.平凡的神圣——陶行知[M].武汉:湖北教育出版社,1992:394.

[22][23][32][33][40][45][55][57][58][63][64][66][67]陶行知.陶行知全集(第3卷)[M].长沙:湖南教育出版社,1985:366,377-378,528,528,524,527,606,244,524,531,524-527,569.

[24][25][26][28][29] 陶行知.陶行知全集(第1卷)[M].长沙:湖南教育出版社,1984:177,176,125,179,181.

[36] 白韬.陶行知先生的生平及其学说[M].上海:生活·读书·新知三联书店,1949:101-102.

[42] 方与严.生活教育简述[M].上海:教育书店,1947:65.

[48][56] 白桃.教学做合一概论[M].上海:大华书局,1933:100-101,99.

[60] 李贽.童心说[M]//焚书·续焚书.长沙:岳麓书社,1990:97.

[61] 王筠.教童子法[M]//璩鑫圭.鸦片战争时期教育.上海:上海古籍出版社,1990:389.

(本文原载于《生活教育》2020年第2期)

陶行知生活教育理论对杜威的传承与创造

单中惠*

20世纪初期,美国教育家杜威(John Dewey)与现代中国之间的交往是最吸引人的事件之一。西方教育学者中最熟悉中国的人当首推杜威,中国教育学者最熟悉的以及对现代中国教育影响最广、程度最深和时间最长的人也当首推杜威。尽管杜威作为一位具有世界性声誉的西方教育大师,曾对世界上许多国家的教育产生了影响,但他的最大影响在中国。现代中国教育学者吴俊升在《增订约翰·杜威教授年谱》一书"前言"中指出:"中国教育所受到外国学者影响之广泛和深远,以杜威为第一人。杜威所给予外国教育影响之巨大,也以中国为第一国。"美国教育学者杜威和中国教育学者陶行知,他们同处在自己国家的教育变革年代。他们两人的直接联系开始于美国哥伦比亚大学师范学院。之后,在杜威访问中国期间,他们之间又有了更多的交往。最后,陶行知通过自己有特色的教育实践活动,而成为杜威最有创造力的学生,最突出的就是他的生活教育理论是对杜威的传承与创造。

一、陶行知和杜威同处在教育变革的年代

尽管陶行知是现代中国教育家,而杜威是美国教育家,但他们同处在自己国家的教育变革年代。杜威处在美国进步教育运动的年代;陶行知处在20世纪二三十年代现代中国教育变革的年代。这是陶行知生活教育理论对杜威传承与创

* 单中惠,男,华东师范大学基础教育改革与发展研究所教授、博士生导师。

造的一个前提。

（一）美国进步教育运动的年代

从19世纪七八十年代起，以美国教育家帕克的昆西学校实验为开端，在美国兴起了一次广泛的群众性教育改革运动，进入了史称“进步教育运动”的教育变革年代。作为现代美国的第一次教育改革运动，一直延续到20世纪50年代初。

在进步教育运动中，美国各地的进步教育家创办进步学校，并开展了各种各样的教育革新活动。其中主要的有：马萨诸塞州帕克的昆西学校（1875）、印第安纳州沃特的葛雷学校（1907）、伊利诺伊州华虚朋的文纳特卡学校（1919）、马萨诸塞州柏克赫斯特的道尔顿学校（1920）以及克伯屈的设计教学法（1918）等。其区域之广泛和形式之多样，在美国教育史上是前所未有的。作为一次教育改革运动，其矛头主要对准传统学校教育，同时试图在教育理论和方法上进行革新。

进步教育运动无疑是对美国传统学校教育的一次巨大而有力的冲击，在20世纪前半期对美国学校教育产生了很大的影响。尽管它最后由衰落走向终结，但是它确实使美国学校生活发生了许多富有深刻意义的变化。应该看到，进步教育运动的兴起和发展，在一定程度上也为杜威教育理论在美国扩大影响和在世界上传播创造了一个有利的外部环境。

自美国进步教育运动兴起后，杜威就对它表现出很大的热情，并积极介绍一些进步学校的教育革新活动。他热情支持和充分肯定进步教育运动，他在芝加哥大学创办的那所实验学校甚至也被看作是一所“进步学校”。杜威和他的女儿合著的《明日之学校》一书就是对进步教育运动以及进步学校活动的描述和记录。虽然进步教育运动在某种程度上是以杜威的教育哲学为理论指导，但杜威同时也从进步教育运动中为自己的教育理论体系的形成吸取了养料。在对进步教育运动的肯定、批评和反思过程中，杜威不仅更深入地思考了教育问题，而且也进一步完善了他自己的教育理论。

（二）现代中国教育变革的年代

辛亥革命胜利后，现代中国兴起了以“民主”和“科学”为主旨的反封建的新文化运动。正是在新文化运动的冲击以及以杜威为代表的西方教育思潮的涌入下，在教育领域出现了追求民主和科学的教育新思潮。因此，20世纪二三十年代现代中国处在一个教育变革的年代。当然，杜威及其他西方教育家的来华访问讲演也对这一时期的教育变革起了推动作用。

在这一教育变革年代,很多民主主义教育家进行了反对封建复古教育的斗争,制定新的学制,进行课程教材的改革。在杜威教育理论以及其他西方教育理论的影响下,当时很多学校在教学方法上进行了改革,凡符合“从做中学”原则的各种教学方法,如设计教学法、道尔顿制等,都在不同的学校中进行实践。其中有:俞子夷主持的南京高师附小实验,沈百英等人主持的江苏第一师范附小实验,以及上海吴淞中学实验,东南大学附小实验,等等。

在20世纪二三十年代的教育变革年代中,很多中国教育家也在认真的思考和长期的实践中形成了自己的教育理论。其中影响大的教育理论有:陶行知的生活教育理论、陈鹤琴的活教育理论、黄炎培的职业教育理论、晏阳初的平民教育理论以及乡村教育理论等。

特别需要指出的是,在长期的平民教育、乡村教育和普及教育实践中,陶行知对杜威教育理论进行了反思,并在传承的基础上进行了创造,办起了符合中国国情和中国人民需要的教育。在陶行知自己创办的晓庄师范学校、山海工学团以及育才学校中,就充分体现了他的生活教育理论。

二、杜威对教育和学校的论述

在教育理论体系的构建中,杜威首先对教育和学校进行了论述。从批判传统学校教育出发,他在实用主义经验论和机能心理学的基础上,明确提出了“教育即生活”“教育即生长”“学校即社会”。由此,他在教学上提出了“从做中学”。

(一)“教育即生活”“学校即社会”

1.“教育即生活”

早在1897年,在《我的教育信条》这本纲领性著作中,杜威明确提出:“教育是生活的过程,而不是将来生活的预备。”这清楚地表明了杜威对教育与生活的关系的观点,也概括了他对“什么是教育”的看法。这个观点和看法,正是杜威整个教育理论体系的基本点。后来,杜威在教育实验和理论探索的基础上于1916年出版了《民主主义与教育》一书,更加系统地论述了教育与生活的关系。这本著作第一章的标题就是“教育是生活的需要”。

首先,杜威认为,生活是在不断变化的,个人的与种族的经验也是在不断更新的。生活是一种行动的方式,是通过对环境的行动的一个自我更新的过程。

他所提及的“生活”,既包括个人生活,也包括社会生活。但在论述教育与生活的关系并提出“教育即生活”的观点时,他首先是指社会生活。因为社会生活环境包括促使或阻碍、刺激或抑制人的特有的活动的各种条件。

其次,杜威认为,要使个人的和种族的经验不断更新,并使社会群体的生活延续下去,就必须通过教育。教育对于社会生活具有两个作用:一是传递经验,二是交流经验。在教育成为促进美好生活的一种手段的同时,教育本身也应该是一种美好的生活。因为正是在这种美好的生活过程中,生活扩大并启迪儿童的经验,刺激并丰富儿童的想象。教育的过程就是生活的过程。教育和生活一起开始、继续和终结。教育分成两种:一种是非正式教育,即与他人共同生活而获得的教育。这种教育是出于偶然的,但它是自然的和重要的。另一种教育是正式教育,即专门为儿童特别准备的教育。这种教育是有意识的和直接的,需要通过学校这个专门的结构来进行。因此,学校应该成为儿童能真正生活、获得他所喜爱的生活经验、发现经验本身的意义的地方。因此,他强调说:“学校的第一个任务是教儿童在他发现自己所在的这个世界里生活,理解他在这个世界上分担的责任,使他在适应社会方面有个良好的开端。只有当他把这些事情做得很成功,他才有时间或兴趣去从事纯属智力活动方面的修养。”

最后,杜威认为,尽管学校作为提供正式教育的机构,能够通过一种有意识的和有目的的训练,使儿童获得社会生活经验,并养成有效地参加社会生活的能力。但是,这种正式教育存在着一种危险,那就是与社会生活的脱节。其原因就在于忽略教育的社会需要,以为教育就是获得一些书本知识而已。所以,学校教育必须与社会生活联系起来,与儿童现在的生活联系起来。同时,儿童一定要生活,但不应是那种强迫他们在各种不同条件下压制和阻碍他们生长的生活。因为唯一的真正的教育是通过对儿童能力的刺激而来的,而这种刺激是儿童生活中的各种要求所引起的。

从“生活就是发展;不断发展,不断生长,就是生活”这一结论出发,杜威自然地从“教育即生活”转到了“教育即生长”。在《民主主义与教育》一书中,他就专门列了“教育即生长”一章,全面论述了他的生长原则。他认为,教育与生长是很有关系的;教育就是生长,没有教育,就没有生长。所有正常的儿童都是在不断生长的、不断发展的。美国教育学者厄本和瓦格纳在《美国教育:一部历史档案》一书中就指出:“最重要的是,《民主主义与教育》是把生长作为教育活动的本质来阐述的。教育即生长，生长通过教育而产生。任何将教育视为一种指向某种‘目的’的活动的想法都忽视了教育中必要的发展特征。”因此，杜威认为，生长不仅指身体的生长，而且指智力和道德的生长。儿童个人的生长必然会表现为身体、知识、智力、情感、道德等方面的生长。但是，生长必须是有条件的，其包括内部条件（可塑性）和外部条件（依赖性）。

在杜威看来，应该把生长的概念及理论应用于教育的实际。既然教育和生长完全是一体的，那教育的过程就是一个继续不断的生长过程，在生长的每个阶段都以增加生长的能力为其目的。教育的目的就在于不断地和充分地生长，教育的过程就是一个学习生长的手段和方法的过程。如果忽视儿童的生长，教育对儿童来说就成了一种缺乏意义和目的的外在的提示。把生长理论应用于教育的关键在于，提供适当的环境以及适当的刺激，提供儿童生长的条件，使儿童的各种能力不断地发展。一个教育计划应当促进儿童的充分生长。在儿童的教育过程即生长过程中，既不要把成人期作为固定的标准来衡量儿童时代，也不要把儿童时代理想化。“总之，如果教育就是各种自然倾向和能力的正常生长，那么注意在生长过程中每天所进行的特殊形式，是保证成年生活的种种成就的唯一方法。人的生长是各种能力逐渐生长的结果。儿童时期的真正意义是生长和发展的时期。”

2. “学校即社会”

在杜威教育理论体系中，与“教育即生活”密切相连的就是“学校即社会”，即学校本身就是社会生活。这种观点体现了他对于学校的一种新眼光。在《学校与社会》一书中，杜威强调指出：理想的学校应该成为一个小型的社会，一个雏形的社会。具体来说，有两个要求：一是学校本身必须是一种社会生活，具有社会生活的全部含义。二是校内学习必须与校外学习连接起来，两者之间应该具有自由的相互影响。

首先，杜威认为，儿童的训练或生长是离不开社会生活的。如果学校教育与社会生活相脱离，那学校教育就失去了它的基础。离开社会生活就没有学校教育。在社会生活中，真正的明智的指导就是使儿童参与社会活动。共同的社会生活本身也是具有教育作用的，可以使儿童扩大和启迪经验，刺激和丰富想象。作为一种沟通和传递，社会生活过程就是一个共同参与经验的过程，必然会对参与经验的人产生教育作用或影响。

其次，杜威认为，学校是一种特殊的社会生活环境，能够更好地促进学生的智力和道德的成长。作为一种正式的和专门的教育机构，学校承担对儿童进行一种有意识和有目的的训练的职责。学校自身的生活就是社会生活的一部分，要使学生将来能过社会的生活，必须先将学校变成社会。学校具有以下三个特殊功能：一是提供一个简化的环境。在学校这个简化的社会生活环境里，建立一种循序渐进的秩序，使儿童逐步地参与和吸收，并进一步了解更为复杂的文化。二是提供一个纯化的环境。在学校这个纯化的社会生活环境中，尽可能地排除无价值和无关紧要的东西，同时优选一些能促进社会进步的东西给儿童学习。三是提供一个平衡的环境。在学校这个平衡的社会生活环境中，使儿童有机会广泛地接触社会生活的各个方面，并注意对儿童所受的不同影响进行调节。

（二）"从做中学"

与传统学校所采用的被动的"静坐""静听"方式相反，杜威在对知与行关系进行论述的基础上，提出了"从做中学"。在《明日之学校》一书中，他明确指出："从做中学要比从听中学更是一种较好的方法"，因为"从做中学"充分体现了学与做的结合，也就是知与行的结合。

首先，杜威认为，"从做中学"是直接的材料的操作和简单能量的运用，以产生有趣的结果。学校为提供儿童生长的经验所选择的活动应该有三个标准：一是基本的。即作为基本需要的那些东西，例如，吃的、穿的、住的。这类活动是真正的和没有时间性的。它们的现实性激发儿童的兴趣和努力。二是简单的。例如，儿童能够重新发现、重新发明和重新建造的东西，或者现在小型的、通常的农庄提供的各种活动。这些活动也把儿童引导到未加工的材料，这些材料必须通过他们反复改制，才能成为所想象的东西。三是社会性的。这些活动不仅是儿童在做的时候感兴趣的东西，而且它们象征社会的情况，并包括儿童能感知和理解的种种关系。

其次，杜威认为，在"从做中学"时，工作是使用中介工具或用具以达到目的，其区别于游戏的是具有理智的特点。它涉及各种用工具和材料去进行的表现和建造，一切形式的艺术活动和手工活动，只要它们包括为了达到目的的有意识或深思熟虑的努力。具体来说，包括三个方面：一是艺术活动，如油画、绘画、泥塑、唱歌等；二是手工训练，其中有木工、金工、纺织、烹饪、缝纫、园艺等；三是要动手的科学研究。

最后，杜威认为，教师应该为儿童提供一个能够“从做中学”的环境，并指导他们去选择要做的事情和要从事的活动。但是，在“从做中学”时，必须注意排除由于外部强制或命令的行动、不能将行动的人引入未来更广阔的领域的行动以及习惯性和机械性的行动。同时必须注意，因为不同年龄阶段的儿童对做事和活动会有不同的要求，因而做事和活动就不能一律化。

三、陶行知是杜威最有创造力的学生

陶行知是 1915 年 9 月从伊利诺伊大学转学到哥伦比亚大学师范学院的。他自己认为对他影响最大的是杜威教授的讲义和课程，自称为杜威的“受业弟子”。后来，包括陶行知在内的一些杜威学生促成了杜威 1919 年开始的访华讲学活动。陶行知早期受到杜威教育理论的影响，但他在传承的基础上进行了认真的反思，从杜威教育理论中吸取合理因素，并在反对传统的封建教育的过程中，以及在长期的平民教育、农村教育和普及教育的实践活动中对杜威教育理论加以改造，结合现代中国的社会国情和教育实际在教育理论上进行了创造，最后形成和发展了具有自身特色的生活教育理论。所以，美国现代中国学的奠基人、哈佛大学费正清教授在《陶行知与杜威》一文中就强调指出：“杜威博士的最有创造力的学生是陶行知……陶行知是杜威的学生。但他正视中国的问题，则超越了杜威。”

在以科学和民主为旗帜的新文化运动中，陶行知积极批判和改革传统的旧教育。反对传统学校教育无疑是陶行知从美国留学回到中国后要做的一件主要的事情。他认为，传统的旧教育沿袭陈法和因循守旧，致使“先生是教死书，死教书，教书死；学生是读死书，死读书，读书死”。因此，传统的旧教育是只听教师讲，不许学生问，不教学生用脑，也不教学生动手，而把学生关在学校课堂里，其结果是摧残学生的生活力和创造力。他还认为，传统学校教育是脱离生活的，也是脱离生产劳动的。传统学校教育与生活隔离，便成为空洞的教育、消费的教育、死的教育，使学生变成书呆子。

（一）“生活即教育”“社会即学校”

对于杜威提出的“教育即生活”“教育即社会”，陶行知是持批判性反思态度的。他认为，杜威的观点只是把社会生活中的东西搬一点到学校里作点缀，就像在鸟笼里放上一两根树枝一样。因此，陶行知强调指出：“要先能做到‘社会即学校’,然后才能讲‘学校即社会’;要先能做到‘生活即教育’,然后才能讲‘教育即生活’。要这样的学校才是学校,要这样的教育才是教育。”

1.“生活即教育”

从批判中国传统的旧教育出发,陶行知提出了“生活即教育”。在《谈生活教育》一文中,他强调指出:“从字义上说:生活教育是给生活以教育,用生活来教育,为生活向前向上的需要而教育。从生活与教育的关系上说:是生活决定教育。从效力上说:教育要通过生活才能发出力量而成为真正的教育。”在陶行知看来,由于“生活教育”是人类社会原来就有的,因此,生活便是教育。对于一个人来说,“生活教育”与生俱来,与生同去,过怎样的生活就接受怎样的教育。

在生活教育理论指导下,陶行知确立了五个目标:健康生活、劳动生活、科学生活、艺术生活、改造社会的生活。在《生活教育之特质》一文中,他详细地分析了“生活教育”的特点:一是生活的。要从生活的斗争中获得真理。二是行动的。行动产生理论,发展理论;理论为的是要指导行动,引导整个生活进入更高的境界。三是大众的。大众可以在生活里找教育,为生活而教育。四是前进的。要用前进的生活来引导落后的生活,要大家一起来过前进的生活,受前进的教育。五是世界的。整个世界所有的地方都是生活的场所,凡是生活的场所都是我们教育自己的场所。六是有历史联系的。要把历史的教训和个人或集体的生活联系起来,而不能停留在自我或少数同伴的生活上,跌在狭义的经验论的泥沟里。尽管陶行知提倡“生活即教育”,但他并没有否定读书。他认为,在“生活即教育”的原则下,书是有地位的,过什么生活就用什么书。书是需要读的,但不能不用。

陶行知还认为,要相信儿童的力量,解放儿童的创造力。他强调指出:“我们发现了儿童有创造力,认识了儿童有创造力,就必须进一步把儿童的创造力解放出来。”由此出发,陶行知提出了“六大解放”,即解放儿童的眼睛、解放儿童的头脑、解放儿童的双手、解放儿童的嘴、解放儿童的空间、解放儿童的时间。只有这样,才能使儿童更好地接触大自然、大社会,更有利于儿童的创造力的发展。

2.“社会即学校”

在学校与社会的关系上,陶行知强调指出:“以社会为学校,学校与社会打成一片……社会含有学校的意味,学校含有社会的意味。”在他看来,学校只是社会的一部分。学校必须与社会生活发展的需要相适应,学校必须通过社会生活实践才能提供有效的教育。因此,“社会即学校”意味着学校教育要伸向大自然、大社会,与社会生活实践相结合,打破封闭式的学校教育。学校不能应用社会的力量就是无能的教育,不了解社会的需要就是盲目的教育。所以,在从事乡村教育时,他尤其强调乡村学校要以乡村实际生活为中心,建设适合乡村生活需要的学校。

在"社会即学校"的指导思想下,陶行知认为,社会是人民大众唯一的学校。马路、弄堂、乡村、工厂、茶馆、酒楼、戏院等都可以成为人民大众的课堂。在20世纪30年代时,他还提出了"工学团"的思想并付诸实践,将工厂、学校、社会打成一片,产生了一个改造乡村的富有生活力的新细胞。

(二)"教学做合一"

对于杜威提出的"从做中学",陶行知也是持批判性反思态度的。因此,在教学上他主张"教学做合一"。1927年,他在《教学做合一》一文中正式系统阐述了这一理论。

陶行知认为,"教"与"学"都必须以"做"为中心,实行"教学做合一"。"教学做合一"具有两种含义:一是方法,二是生活的说明。因为在实际生活中处处都有"教学做合一"。因此,教学做三者结合为统一的整体,三者紧密相连,并以"做"为核心。

陶行知还认为,"教学做合一"是以生活为中心的,也就是说,是为现实生活教育的目的。"所有的问题都是从生活中发生出来的。从生活中发生出来的困难和疑问,才是实际的问题;用这种实际的问题来求解决才是实际的学问。"因此,通过"教学做合一",能促进儿童的手脑并用,更好地有利于儿童的发展。

由此,应该让儿童学习"活的""真的""用的"书,而不是去读"死的""假的""读的"书。儿童不是不要读书,而是要读有用的书。在《教学做合一下之教科书》一文中,陶行知就提出了70种有关"生活"的例子,并据此编写"教学做指导"教材。他还强调,儿童获得文化工具,把语文、数学、外语、科学方法的掌握看作是开发文化宝库的钥匙,使儿童能获得驾驭自然的力量,去认识自然,学会试验和创造。

概而言之,陶行知作为杜威最有创造力的学生,在他自己的长期教育实践中形成的生活教育理论,不仅符合了中国的社会国情和教育实际,而且充分体现了对杜威教育理论的传承与创造。

参考文献：

[1] 吴俊升.增订约翰杜威教授年谱[M].台北:商务印书馆,1983.

[2] 约翰·杜威.我的教育信条[M]//约翰·杜威.杜威教育名篇.赵祥麟,王承绪,译.北京:教育科学出版社,2006.

[3] 约翰·杜威.学校与社会·明日之学校[M].赵祥麟,任钟印,吴志宏,译.北京:人民教育出版社,1994.

[4] 约翰·杜威.民主主义与教育[M].王承绪,译.北京:人民教育出版社,1991.

[5] 韦恩·厄本,杰宁斯·瓦格纳.美国教育:一部历史档案[M].周晟,谢爱磊,译.北京:中国人民大学出版社,2009.

[6] 费正清.陶行知与杜威[M]//许美德,等.中外比较教育史.朱维铮,译.上海:上海人民出版社,1990.

[7] 陶行知.教育的新生[M]//陶行知教育文选.北京:教育科学出版社,1981:147.

[8] 陶行知.生活教育[M]//陶行知全集(第2卷).长沙:湖南教育出版社,1984:633.

[9] 陶行知.谈生活教育[M]//陶行知教育文选.北京:教育科学出版社,1981:267.

[10] 陶行知.生活教育之特质[M]//陶行知全集(第3卷).长沙:湖南教育出版社,1985:25-26.

[11] 陶行知.创造的儿童教育[M]//陶行知教育文选.北京:教育科学出版社,1981:306.

[12] 陶行知.创造的教育[M]//陶行知全集(第2卷).长沙:湖南教育出版社,1984:617.

[13] 陶行知.湘湖教学做讨论会记[M]//陶行知教育文选.北京:教育科学出版社,1981:88.

(本文原载于《生活教育》2016年第21期)

我所认识的陶行知

胡晓风*

陶行知是20世纪中国第一代现代意义上的民主思想家之一。他认为"民主是一种新的生活方式"①,"全新的生活方式"②,从而致力于"培养创造力,以实现创造的民主和民主的创造""在创造民主的新中国的生活中学习创造民主的新中国"③。在全球现代化的生活世界中构建"健康、科学、艺术、劳动和民主织成之和谐的生活,即和谐的教育"④。在知行合一观上,他把"行"作为"知"的核心,即"科学以无知之行始,以能行之知终"⑤,并建立了"行以求知知更行"⑥的"行知行"⑦理论。这综合一体,即陶行知的科学世界观,可以十六字加以概括:民主第一,自由始终;行动一生,创造其中。

陶行知一生的著述,如他自己所言:是代表他"在中国教育里摸黑路所见着的几线光明……我所写的便是我所信的,也就是我所行的"⑧。"我要就一个字不写,如果写的话,必是我思想里产生出来的和谐的系统。这个和谐的系统,我要建造在活的事实上。……事实是我唯一的指针。我只愿听他的启示。……少数人的出路不必我们费神,我们所要找的是民族与人类整个的出路。"⑨他是通过"就事实生理想、凭理想正事实"⑩的周而复始、循环不已的过程构建其和谐的系统,我们也只有遵循这个过程才有可能真正贴近陶行知及其生活教育。要遵循这个过程,必须时刻把握住以下三个方面。

---

* 胡晓风(1924—2012),男,国内知名陶行知研究学者,曾任中共四川省委宣传部副部长兼高教局局长、党组书记,中国陶行知研究会副会长等职。

一、像陶行知那样,正确对待"教育"和"生活教育"

生活教育(Life-education)存在于人类生活中所感觉到的生活世界(Life-world)之中。由于感觉因人、因时空而异,这个生活世界还不是一个统一而共同的实在世界(Actuality-world),实在世界是无限开放,永远存在未知事物的世界。这正是激励人们创造的原动力。生活世界只是一个多元和各不相同而又并不完善的世界。因而陶行知把"教育"定位为社会学的"中介"。他说:"教育为群学之一种,介乎形而上学、形而下学之间。"[11]形而上学、形而下学取自梁启超的《格致学沿革考略》,群学与政治学、生计学同属形而上学,群学即社会学,生计学即经济学。"举凡属于形而下学皆谓之格致"[12]。以后形而上学指社会科学,形而下学指自然科学。陶行知在美国留学申请攻读哲学博士学位的报名表[13]中,拟学的科目政治学、经济学属形而上学,教育为形而上学、形而下学之间的中介。

生活教育之"生活"与"教育",皆属生活世界之"生活"与"教育",亦即四通八达社会中的"生活"与"教育"。生活教育是生活世界中最为重要的组成部分。

生活教育的理论基础,一是心理学,二是社会学,三是实用主义。在心理学方面,陶行知认为:"人的本性是其本性和环境力量持续不断交换影响的结果。这种观点开创了情景与反应之间形成联系的联结学习理论"[14]。在社会学方面,他解释杜威提出的"学校本身必须是一种社会生活,具有社会生活的全部含义。社会的观念和社会的兴趣只有在一个真正的社会环境中才能发展"[15]的原理时说:在学校里,"孩子们可以参与社会生活的重要阶段。……在道德发展的最高阶段,理想调控行动,人们以自认为正确的方式行事,而不顾及他的周边社会环境的赞扬或者贬低"。这就是杜威"教育即生活""学校即社会"的原意。杜威当时还强调:"对于从生活的一切接触中学习感兴趣,就是根本的道德兴趣",但他同时提出了"学校本身成为社会生活的一个形式,一个雏形的社会"。由于局限于雏形社会的学校里,那就不可能与其他形式的各种经验彼此密切地相互影响,不可能达到他所预期的目的。陶行知当时就指出这种缺乏社会环境的弊端:"学校既与社会隔离,学校里的知识就不能应用于生活,因此也无益于品德。"[16]这个弊端至今仍未根除。陶行知随着这个思潮回到中国,经历了八年试验,他回顾说:"此路不通。在山穷水尽的时候才悟到'教学做合一'的道理。所以,'教学做合一'是实行'教育即生活'碰到墙壁把头碰痛时所找出来的新路。'教育即生活'的理论,至此乃翻了半个筋斗。……他要我们在生活里各尽所能,各取所需。没有'教育即生活'的理论在前,决产生不出'教学做合一'的理论。但到了'教学做合一'的理论形成的时候,整个的教育便根本地变了一个方向,这新的方向是'生活即教育'[17],'社会即学校'了。"在实用主义方面,这是与心理学、社会学理论紧密相连的,即"杜威之集成教育哲学也,以试验"[18]。陶行知认为:"根据这个观点,在学与做当中知识与行为之间是统一的。知识是概念和行为的指导,行为是知识的人格化。脱离行为的知识是空泛的知识,没有知识的行为是盲目的行为。这两者是一体的,其中任何一个都不能离开对方而单独获得。"[19]这就是后来发展成为"行以求知知更行"[20]的行知合一理论。这些基础均属形而上学,没有这些基础,教育必然是苍白无力的。陶行知正是在这些基础上提出了他对"教育"和"生活教育"的认识主张。

(1) 动态的教育目的:生活目的即教育目的。"教育的根本意义是生活之变化。生活无时不变,即生活无时不含有教育的意义"[21]。生活在变化中无时不出现问题和困难,"教育的目的,在于解决问题,所以不能解决问题的,不是真教育"[22]。生活在不断发展、不断生长、不断积累社会经验。"教育是社会经验的改造"[23]。教育过程即对生活世界中的社会经验不断改组、不断改造和不断发展的过程。

(2) 教育产生力量:"教育是一种行动"[24]。"教育就是力的表现或变化。世界是力创造的,所以解决困难也必须拿力来才行"[25]。教育产生生活力或创造力。这些"力"要产生像黄河决堤那样的巨大力量取决于是否用多数人的力、行动的力、有组织的力、自动的力和手脑并用的力。"唯有从行动上得来的真知识,才是真的力量"[26]。

(3) 行动的两条路线:"现在英美法意日俄的教育都注意到教劳心的人劳力,教劳力的人劳心,尤以俄国为显观。中国的教育自然也应该走这两条路线——教读书的人做工,教做工的人教书。"[27]根据这两条路线,陶行知创立工学团,用他的话说,这是"知识分子与生产分子的合作""就好比是阴阳电之配合,两者配合后,就可以有很伟大的力量发生出来"[28]。这个伟大的力量就是社会创造力。

(4) 手脑双全、自立立人的教育目标:"手和脑在一块儿干,是创造教育的开始;手脑双全,是创造教育的目的"[29],"滴自己的汗,吃自己的饭,自己的事情自己干。靠人的人,不算是好汉"[30]。这是一切教育的基础。其具体要求有五项,到 1945 年 9 月,他将其明确为:"健康、科学、劳动、艺术及民主将构成和谐的生活",并将手脑双全发展为"心、脑、手并用",而且以"民主第一"为指导原则[31]。

(5) 从教育上谋生活出路的七条动态原则:从学校到社会;从书本到生活;从教到做;从被动到主动;从士大夫到大众;从轻视儿童到信仰儿童;从平面三角到立体几何。这是生活教育理论体系的轮廓。"平面三角"指荀子批判小人的学习所用的话语:"小人之学也,入乎耳,出乎口。口、耳之间则四寸耳"[32],"立体几何"指"教学做合一"。这七条原则见之于《生活教育提要》[33]。

这五个方面的主张综合起来可用一句话概:"要从整个生活出发,过整个的生活,受整个的教育。"[34]

二、像陶行知那样,用哲学视野观察世界、认识中国

1913 年,陶行知在《〈金陵光〉出版之宣言》中表明其志在"使中华放大光明于世界"[35];1914 年他用社会学视野观察中国:"国本不固、国情不宁,有退化而无进化,患在共猜、共忌、共争而不能共和耳!"[36]。为此,他提出非人力所能御、非人力所能避的以共和求进化的国是主张。

陶行知留学美国攻读哲学博士学位,表明他决心用哲学视野分析时势,洞察各种世界思潮,学习各种新兴的形而上学学科。最新发现的陶行知英文著述《中国的道德与宗教教育》[37]和《中国在转变中》[38]的两篇文章就是把社会学、心理学结合哲学视野研究的显著成果。

作为行动理论家,陶行知的理论都在他一生行动之中,他一生著述均以事实为唯一指针,不断追求活的事实和充分的事实。他描述了自己独特的哲学思维过程:"就事实生理想,凭理想正事实。"[39]这里所讲的"事实",用哲学术语就是"社会事实"(Social Fact),这是生活世界中显现出来的现象(Phenomenon)。这种现象是体现个体充分参与其社会生活中所感觉到的经验而又别于事物本身原有的现象。生活世界包含于实在世界之中。《中国在转变中》有许多精辟而独特的天才论断浓缩在仅有 1800 字的短文里。其要旨有如下五点。

(1) 为人类绘制一幅诸世纪文明转变与混合的生动画面,陶行知称之为"文明的光谱"。

(2) 为新的中国提出了既非全盘西化,更非中国本位的新认识。"新的中国

是东西方两种文明的产物”,它们相互作用并改变对方,其结果使生活开始具有更丰富的内容和十分宽泛的多样性。

(3) 工业革命潮水的涌动和民族主义、民族意识的喷发是 19 世纪和 20 世纪的特征。

(4) 描绘了两种文明会合的两种形式:战争或联合。战争形式必使胜负双方都有所拖累,联合形式必经的过程是仔细地挑选、适应、折中或调和。

(5) 两种文明的会合,必使人类生活方式的方方面面都产生保守和激进两种对立观念的交锋。凡存在的观念都有正确的地方。“凡是好的必须保存和吸收,凡是不好的必须加以扬弃”,不论其保守或是激进。他非常形象地指出,“要承认有一股巨大的力量像钟摆一样在两个极端之间来回摆动”。对此,他视之为当然之事,在转变中是不可避免的。这股力量既要推翻极端的保守,也要阻止激进的狂暴盲动。

这五条要旨联成一气就是陶行知一生所遵循的指导思想,从而创造了他自己独特的哲学概念,并形成了生活教育理论。

任何行动或事物都是人与自然—人自身—人与社会相统一的集合体。这个集合体,犹如大众之“众”字,上面一个人是中介,是人自身;下面两个人是人与自然和人与社会两端,是辩证统一的矛盾双方。

陶行知进入金陵大学开始研究阳明哲学,经过 16 年,到 1927 年,他超越了王阳明,将“知是行之始,行是知之成”翻了半个筋斗改为“行是知之始,知是行之成”。他将“知行”之名改为“行知”,并说:“我的理论是:‘行知行’”[40],并进而创造了“衜”字,有时也以“陶衜”署名。“行知行”刚好适用“众”字形的三分法。“行以求知知更行”和“就事实生理想,凭理想正事实”是前后两个不同的“行”和“事实”,“知”“理想”则是“中介”。“教学做合一”则是“生活即教育”与“社会即学校”的中介。在设计育才学校校徽三圆圈时,一下排列了 32 组三位一体的概念群。简言之,“行知行”就是三分法。这在“行知合一”哲学史上是一个独特的创造。

三、像陶行知那样,坚持不懈地培养合理的人生,“创造一个四通八达的大通世界”[41]

世界是一个大剧场,人生便是演戏,“世界的沟通,在人的沟通,而人的沟通在心灵的沟通”。实现“个人为社会而生，社会为个人而立”的核心价值就在于这个“心灵的沟通”。只有把众人的心灵沟通，合起来才能产生像黄河决堤那样巨大的力量，才能推动历史前进。“心的力”是人类相互沟通共同创造的原动力。陶行知借用穆罕默德的比喻：“假使你有两块面包，你得用一块去换一朵水仙花，因为面包是身体的粮食，水仙花是灵魂的粮食。”他称“这是再好也没有的人生观。……所发出来的力量，可以教我们有面包吃又有水仙花看”[42]。

陶行知的人生轨迹也如“行知行”一样，他在给妹妹文渼的信中所讲的“中国性、平民性”相当于“行知行”中前后两个不同的“行”，这是矛盾的两端；“经过一番觉悟”的“觉悟”包含有“启蒙”“反思”“理解”等含义，这是中介，是东西方文明会合思想交融的结果。没有这个“觉悟”，就不能产生如“心的力”这样无可替代的力量。他的人生轨迹可以分为“即行即知、即知即传、即传即联、即联即前”四个阶段[43]。第一阶段：1913—1919 年；第二阶段：1919—1931 年；第三阶段：1931—1939 年；第四阶段：1939—1946 年。通过吸收和扬弃，后一阶段都包容了前面诸阶段。陶行知跨越了六次民主启蒙运动：戊戌维新、辛亥革命、五四新文化运动、北伐、新启蒙运动和民主运动。后五次启蒙运动，他都是站在运动前列，但生前死后都处于社会边缘地位，唯独逝世前最后一年，却成为举世闻名的风云人物，众人称之为“民主魂”。

陶行知从 1931 年 9 月到 1932 年 8 月，连续在《申报》上发表了杂文《斋夫自由谈》和教育小说《古庙敲钟录》，8 月 19 日又开始为《申报》撰写有关救亡和教育的改文言文为白话文的时评，一开始写就连续四天发表了《今后教育上基本问题之讨论》。时评提出了“唯勇者乃能承认事实之真相，唯智者乃能从事实中求出路”。他揭露了“使学校市场化、使学生原料化”的诸多畸形发展之现象。他说：“今日之教育，为拉青年出社会，与实际生活分离，而非引青年入社会，以解决其本身及社会一切问题；为提高青年生活之欲望，走入奢靡无能无用之绝境，而非导青年走入生产与建设坦途。”[44]这不就是当今中国教育之写照吗？在《古庙敲钟录》第七十八节里，他指出中国教育的歧路在于抱着书本、抱着黄金、抱着标语而忘掉人生。如今已深深陷于学历主义、拜金主义和形式主义混为一体的无底深渊，从而制造了一大堆泡沫教育体。他对“教育等于读书，读书等于赶考”的现象深恶痛绝。他认为，“这是把中华民族的前途赶跑了。……这样大规模的消灭民族生存力的教育行政不是出于信仰而是出于敷衍，不是出于理性而是出于武断。我们现在的要求是:停止那毁灭生活力之文字的会考,发动那培养生活力之创造的考成。创造的考成所要考成的是生活的实质,不是纸上的空谈”[45]。怎样改变这样大规模的消灭民族生存力的状况?他说:“要想打破根深蒂固的积习,难免要些矫枉过正的手段。但是千万不可忘了‘培养合理的人生’乃是我们真正的宗旨。”[46]

在世界观“民主第一,自由始终;行动一生,创造其中”的指导下,像陶行知那样,正确对待“教育”和“生活教育”;用哲学视野观察世界、认识中国以及坚持不懈地培养合理的人生,就必须牢固树立“人命贵于一切”的理念:“中国要到什么时候才能翻身?要等到人命贵于财富,人命贵于机器,人命贵于安乐,人命贵于名誉,人命贵于权位,人命贵于一切。只有等到那时,中国才站得起来!”[47]

陶行知的现代性理论是:世界一体,民主第一。关于陶行知及其生活教育理论,可从世界观、社会观、教育观三方面综合概括为下面 64 个字组成的整体:

民主第一,自由始终;行动一生,创造其中。

人命贵于一切[48];一切为创造,创造为除苦[49]。

教育贯彻人生的始终;

创造贯彻教育的始终;

社会创造力贯彻社会发展的始终。

2005 年 4 月 12 日于成都

注释:

①领导者再教育(1946 年 3 月 9 日)同上,第四卷第 616 页。

②小学教师与民主运动(1946 年 5 月 10 日)同上,第四卷第 633 页。

③民主教育(1945 年 11 月 1 日)同上,第四卷第 591 页。

④同上,第四卷第 591-592 页。

⑤科学的生活(1931 年 10 月 10 日)同上,第二卷第 667 页。

⑥创造年献诗(1941 年 9 月 1 日)同上,第四卷第 9 页。

⑦行知行(1934 年 7 月 16 日)同上,第三卷第 574 页。

⑧《中国教育改造》自序(1928 年 4 月 5 日)同上,第一卷第 3 页。

⑨中华民族之出路与中国教育之出路(1931 年 9 月)同上,第二卷第 605、607 页。

⑩半周岁的燕子矶国民学校(1924 年 7 月)同上,第一卷第 47 页。

⑪试验主义之教育方法(1917 年下半年)同上,第二卷第 244 页。

⑫格致学沿革考略·导言(1902 年)《饮冰室合集》第二册《饮冰室文集》之十一,第 4 页,中华书局 2003 年重印本。

⑬哲学博士学位报名表(1914 年 9 月 21 日)再版《陶行知全集》第十二卷第 6 页。

⑭关于道德和宗教的教育理论(1916 年 11 月)再版《陶行知全集》第十二卷第 16-31 页。

⑮杜威:民主主义与教育·社会和道德(1916 年)中译本第 375 页,人民教育出版社 1990 年 10 月版。

⑯同上,第 376、377 页。

⑰生活即教育(1929 年 5 月 19 日)《陶行知全集》第二卷第 7-8 页。

⑱试验主义之教育方法(1917 年下半年)同上,第一卷第 245 页。

⑲关于道德和宗教的教育理论(1916 年 11 月)再版《陶行知全集》第十二卷第 16-31 页。

⑳创造年献诗(1941 年 9 月 1 日)《陶行知全集》第四卷第 9 页。

㉑什么是生活教育?(1934 年 2 月 16 日)原题“生活教育”,同上,第三卷第 246 页。

㉒困难与教育(1932 年 8 月 30 日)同上,第三卷第 501 页。

㉓答朱端琰问(1929 年 1 月 5 日)同上,第二卷第 18 页。

㉔我们的态度(1936 年 5 月 1 日)同上,第十一卷第 615 页。

㉕从教育上谋国难的出路——手脑并用(1932 年 9 月 20 日)同上,第三卷第 503 页。

㉖从教育上谋国难的出路——手脑并用(1932 年 9 月 20 日)同上,第三卷第 504 页。

㉗目前中国教育的两条路线(1932 年 11 月 28 日)同上,第三卷第 507 页。

㉘如何达到工以养生(1934 年 5 月 6 日)同上,第三卷第 571-572 页。

㉙创造的教育(1933 年在上海大夏大学的演讲)同上,第三卷第 526 页。

㉚自立(1924 年 6 月 28 日)同上,第十一卷第 203-204 页。

㉛全民教育(1945 年 9 月 18 日)同上,第六卷第 427-428 页。

㉜《荀子·劝学》山西古籍出版社 2003 年版，第 8 页。

㉝生活教育提要(1934 年)《陶行知全集》第十一卷第 814-816 页。

㉞生活教育提要(1934 年 6 月)同上，第十一卷第 814 页。

㉟《金陵光》出版之宣言(1913 年 2 月)同上，第一卷第 164 页。

㊱共和精义(1914 年 6 月)同上，第一卷第 213、214 页。

㊲中国的道德与宗教教育(1916 年 11 月)再版《陶行知全集》第十二卷第 16-31页。

㊳中国在转变中(1917 年 3 月)再版《陶行知全集》第十二卷第 32-34 页。

㊴半周岁的燕子矶国民学校——一个用钱少的活学校(1924 年 7 月)《陶行知全集》第一卷第 48 页。

㊵行知行(1934 年 7 月 16 日)同上，第三卷第 574 页。

㊶《乡村教师》宣言(1930 年 2 月 1 日)同上，第二卷第 503 页。

㊷同上，第二卷第 502、503 页。

㊸即铭(二)(1936 年 1 月 16 日)同上，第七卷第 575 页。

㊹今后教育上基本问题之讨论(1931 年 8 月 19、20、22、23 日)同上，第十一卷第 335-340 页。

㊺杀人的会考与创造的考成(1934 年 6 月 1 日)同上，第三卷第 159-160 页。

㊻古庙敲钟录·七十八(1934 年 8 月)同上，第三卷第 105 页。

㊼中国的人命(1931 年 11 月 9 日)同上，第二卷第 134 页。

㊽中国的人命(1931 年 11 月 9 日)同上，第二卷第 134 页。

㊾友穷、迎难、创造——致晓光(1942 年 4 月 18 日)同上，第九卷第 401 页。

(本文原载于《生活教育》2006 年第 2 期)

新时代我们如何进行陶行知研究

——访山西大学教育科学学院侯怀银教授

侯怀银　朱倩倩*

《生活教育》：侯教授您好，作为从事陶行知研究的资深专家，能否跟我们分享一下您在陶行知研究领域的相关经历？

侯怀银：我与陶行知的缘分可以追溯到大学时代，1980 年大学第一年我就立定了进行教育学术研究的志向。大三时就基本确定了教育史—教育基本理论—教育实践(实验)的学术发展路径。教育史的学习和研究必须有一个抓手，需要以一个人物为突破带动整体教育史知识的构建并形成自己独特的教育史研究体验。我开始选择了孔子，细读了杨伯峻先生的《论语译注》，把《论语》抄了一遍，做了详细的笔记，甚感以古汉语为工具对孔子进行研究的重要性，为此随中文系 82 级汉语言文学专业听了古汉语课程。随着对《论语》学习和研究的深入，越发感到自己传统文化底蕴的不足，特别是发现研究中国教育必须中西融合，而民国时期教育家堪称这方面的典范。作为一个在农村成长了近 15 年，有着很深的平民情结的大三学生，我自然重新选择了陶行知作为学习和研究的对象。于是，大三第二学期我就开始研读陶行知的有关著作，确定了《试论陶行知的儿童教育思想》作为自己的本科毕业论文选题，写出了 3 万字的毕业论文，并获得老师们的好评。初识陶行知让我找到了教育史研究的突破口，并在进行陶行知研

* 侯怀银，男，山西大学教育科学学院教授、博士生导师，山西大学社会教育研究中心主任，山西省陶行知研究会副会长；朱倩倩，女，南京晓庄学院学报编辑部《生活教育》编辑。

究的过程中，体验到了学术研究的快乐，更从陶行知身上得到了如何做人、如何做教育研究的启示。

1984 年 9 月，我师从史国雅先生攻读课程论专业的硕士学位，虽然研究领域发生了变化，但在学习和研究课程论的同时，我仍未放弃对陶行知的学习和研究，并发表了研究论文，产生了一定影响。研究生毕业后留校，我继续进行陶行知研究，购买了湖南教育出版社出版的《陶行知全集》，至少认真研读了三遍。我曾在 1985 年给刘季平会长写了一封信，就"如何开展生活教育理论研究"谈了自己的想法，他的回信让我激动。刘会长在回信中肯定了我的想法，鼓励我继续研究下去！直到现在我还保存着这封回信，这封回信既是对我这些年来坚持研究陶行知的肯定，又是对我继续研究陶行知的激励。

由于我坚持不懈的潜心研究，在陶行知研究领域也有了一定的成果，所以陶行知的儿子陶诚来太原时，曾点名要见我，与我在太原唐明酒店进行了长谈。我曾三次拜访过戴自庵，经戴老介绍，拜访了陶行知二子陶晓光。经陶晓光先生介绍又去拜访刘季平会长，当时他正在病中，夫人吴翰亲切接见了我。我还到南京晓庄师范拜访了汤翠英馆长，购买了《生活教育》影印本。方明、丁丁、胡晓风等陶研前辈来太原时，我都拜访了他们。山西省陶行知研究会名誉会长冯素陶老先生一见我，就勉励我认真开展陶行知研究。通过与陶行知研究领域的专家学者们进行交流，在得到他们肯定的同时，我更加坚定了研究陶行知的决心。除了进行理论研究外，我还参加了山西省陶行知研究会的筹备工作，现担任山西省陶行知研究会副会长。

1992 年 9 月，随着到华东师范大学做叶澜老师"教育研究方法论"课题的第一个访问学者，我自己的学术生涯从教育史转到教育基本理论研究阶段，陶行知研究才暂时停顿了下来。虽然自己的研究暂时停顿了下来，但是我一直在关注着陶行知研究的动态。十四年教育基本理论研究的学术洗礼，使我越来越有重新解读陶行知的冲动！也正因为这十四年的洗礼，使我可以从另一个角度来研究陶行知。于是，2007 年后，我又重新开始系统研究陶行知，在研究的过程中，深感新时代的中国教育需要我们重新研究陶行知！现在甚感自己的研究重点应从理论和实践结合的高度，从教育基本理论研究逐步转向教育实践，尤其是教育实验。重研陶行知，重新追寻陶行知所走过的道路，从陶行知所开展的教育实验寻求启示，应该是 2007 年后自己教育学术生涯的奠基性工作之一！

我庆幸自己选择了陶行知。我对教育史的学习和研究本来就是为自己今后的发展奠定扎实的基础，寻求教育的智慧，特别是从教育家的人生历程中寻求自己发展的方向、路径和资源。从治学、做人、做事到发展路径、生活情趣等，陶行知给了我多方面的启示，特别是他指引了我人生发展的正确方向！

《生活教育》：随着中国发展进入新时代，教育环境发生了很大变化，陶行知的理论、思想和实践是否已经过时？应如何认识陶行知研究的当代价值？

侯怀银：陶行知研究中教育层面的研究主要有三个方面：生活教育理论、陶行知教育理论和陶行知教育思想。随着中国进入新时代，教育环境的变化，我们将面临更多的挑战，而在新的时代环境下，我不认为陶行知已经过时。陶行知研究经历了几个阶段，在不同的时代背景下，学者们一直在孜孜不倦地开展相关研究，即使在某一时期他的教育思想遭到了批判，一度成为研究的禁区，但随着改革开放的到来，研究者得以在宽松的研究环境中对陶行知生活教育思想进行客观评说和应用。1985 年后，随着《中共中央关于教育体制改革的决定》的颁布，我国陶行知研究进入了一个新阶段，"教学做合一"受到研究者的基本肯定，并被广泛应用于课堂教学、师资培养等各种教育教学的实践领域。这一时期研究者们纷纷出版论著开展相关研究。例如，1985 年 1 月，华中师范学院（今华中师范大学）教育科学研究所编的《陶行知全集》（湘版 6 卷本）得以出版。此外，研究者在陶行知诞辰 100 周年之际（1991 年）出版了《陶行知全集》（川版 10 卷本），并于 2005 年新增两卷，形成了《陶行知全集》12 卷本。同时，陶行知个人传记，如童富勇、胡国枢《陶行知传》，章开沅等《平凡的神圣——陶行知》以及余子侠《山乡社会走出的人民教育家——陶行知》等也构成了生活教育理论研究的重要部分，为全面研究生活教育理论提供了坚实基础。2011 年是陶行知诞辰 120 周年，由南京晓庄学院资助，郭阳编纂出版了《〈陶行知全集〉（1 - 12 卷）篇目索引》，该书弥补了川版虽有全集但无索引的缺憾；同年出版的周洪宇著《陶行知生活教育学说》，向世人呈现了系统完整、体系严密的陶行知生活教育理论。自 2011 年以来，研究者们更加注重理论与实践的融合，致力于用理论更好地指导实践，以服务现实社会。这种理论与实践的融合拓展、深化了研究的广度和深度。与此同时，为全面反映当今全球陶行知研究的状况，研究者将研究视角扩展到了海外，以更宽广的研究视野研究陶行知。以上种种，充分说明了在陶行知研究上我们有太多的事情可以去做，也充分说明了陶行知的理论、思想和实践没有过时，在新时代背景下，我们要做的是如何更好地去研究陶行知的理论、思想和实践，使陶行知的理论、思想和实践更好地为新时代中国教育的理论和实践服务。

关于陶行知研究的当代价值，我想以生活教育理论为例来简单阐述一下。生活教育理论是20世纪中国教育现代化运动极为珍贵的历史遗产，不仅在近代中国与世界教育思想发展史上具有重要地位，其在终身教育视野下，有关改造旧学校教育、积极开展整个社会教育的思想与方法，对于我们开创新时代中国教育新局面，构建服务全民终身学习的教育体系也具有重大意义。我们既应从历史的角度，对生活教育理论的性质、在中国教育思想发展史上究竟占有什么地位、在教育史上究竟产生了哪些方面的影响和作用、究竟揭示了哪些教育规律等方面进行研究，又应充分挖掘生活教育理论的当代价值，做好对生活教育理论的传承和发展的研究。这种当代价值，不仅需要教育理论工作者去研究，而且也需要教育实践工作者结合自己的实践去探讨。特别需要指出的是，陶行知的生活教育理论是基于大教育观的教育理论，已突破了学校教育和基础教育的视野，不仅涉及基础教育层面，而且拓展至学前教育、职业教育、成人教育、家庭教育、社会教育等层面，我们应立足于大教育，去审视并挖掘其价值。“生活即教育”应成为建设学习型社会的思想资源和理论基础；“社会即学校”为终身教育体系的构建提供了认识论基础；“教学做合一”应成为新时代中国教育实施的方法论基础。我们既应把生活教育理论的研究置于较为广阔的历史背景下，从陶先生所处的历史环境去研究，认识其历史局限性，又应从新时代教育理论和实践出发，去审视生活教育理论所存在的不足，充分认识到生活教育理论在新时代的局限性。

《生活教育》：这些年来，研究者们从不同角度来开展陶行知研究，可以说研究已经相对成熟，那么新时代在陶行知研究方面我们该如何做呢？或者说研究还有哪些可以突破呢？

侯怀银：不可否认的是，研究者们经过多年研究，从不同的领域和视角剖析了陶行知的教育理论、教育思想和教育实践等，并取得了一定的成果。但我认为这些还是不够的，陶行知研究还大有可为，陶行知研究需要实现以下九个方面的突破：

第一，突破陶行知研究更多在教育史研究范畴的局面，让陶行知研究更好地服务于新时代中国教育实践。生活教育是一种教育原理，它是随着时代的前进而不断发展的。为使生活教育理论真正为当前的教育改革服务，就必须汲取生活教育理论的精神实质，从现代教育需要出发，从我国国情出发，本着“行以求知知更行”的精神，在教育改革实践中研究生活教育理论，发展生活教育理论。在新时代，教育环境发生了很大变化，教育方式的改变、教育思想的转变等，给我们一线的教育工作者带来了机遇的同时也带来了挑战。面对新形势、新变化，故步自封必会被时代淘汰，我们需要研究陶行知去指导我们的教育改革，陶行知研究要为新时代的教育改革实践服务。进行教育实验是检验理论是否适用的最好方式，为此我们可以多开展相关的教育实验，从教育实验中寻找合适的教育理论。从这个意义上说，在我国当前的历史条件下，在各级各类学校开展生活教育理论的实验，是非常重要的。它不仅可以使我们更进一步认识生活教育原理，而且在教育改革实践中可以丰富并发展生活教育原理。特别需要提出的是，我们对育才学校至今还缺乏系统的研究，需要组织专门的力量进行系统研究，充分挖掘育才学校对新时代教育改革、学校变革的价值。

第二，突破陶行知研究仅仅局限在教育学研究领域的局面，扩大陶行知研究的学科视野，拓宽研究领域。我国的陶行知研究多囿于教育学视角，沿着历史背景—具体内容—特点总结—历史影响的研究路径展开，或结合当下教育改革中的问题探讨其当代价值，或将陶行知的教育思想与西方教育家的教育思想进行对比。这种传统的研究范式，使得陶行知研究的创新不够。对陶行知进行研究，我们可以借鉴其他学科的成果，如社会学的相关理论、知识或新制度主义等。我们应以教育学的研究范式为基础，结合其他学科领域的相关研究成果开展研究。例如，对于生活教育理论的研究，我们应以教育学的研究范式、理论框架和方法为依据，以其他学科领域中与生活教育理论相关的问题，或生活教育理论内部与其他领域相关的问题为研究对象，通过开展以教育学为本体的、应用性的“内生交叉式”研究，推进生活教育理论研究成果的创新和发展。这与以往的“外生交叉式”研究不同，重在强调生活教育理论研究中的教育学立场和思维方式，在交叉中做到“以我为主”。

第三，突破陶行知研究主要局限在学校教育的研究局面，立足于大教育视野去研究陶行知。纵观陶行知一生的教育实践，他所涉及的教育领域之广在中外教育史上是少见的。他不仅涉及学校教育，而且涉及家庭教育、学前教育、社会教育，他的生活教育理论是从整个社会着眼的，是从提高全体国民素质着眼的，他的理想是“把教育、知识化作新鲜空气，普遍地广及于大众”，使“教育成为人人可以免费得到的礼物”“像空气，人人可以自由呼吸”“像水，人人可以饮用；像阳光，人人可以享受”。多年来在生活教育理论的认识上，我们更多从学校教育范围内去认识、理解，而没有把生活教育理论置于更广大的教育领域去认识、理解。学校教育仅仅是人们一生所受教育的很小一部分，个体绝大部分时间都在接受非正式的、学校以外的教育。因此，挖掘陶行知的教育理论在终身学习、闲暇教育、成人教育、社会教育中的价值是未来研究的趋向。当然，这里并非否定生活教育理论对学校教育的当代价值，而是强调要开拓其对大教育的启示。陶行知研究要延伸和深入到各种教育类型的各个方面。在未来的陶行知研究中，我们既要深入理论内部，充分挖掘其内涵和当代价值，又要跳出理论来开展实践研究。在深度研究当今教育与社会、人以及教育理论和教育实践内在关系的基础上，我们要以终身教育为视野推进陶行知研究。

第四，突破陶行知研究主要研究陶行知生活教育理论、教育思想的局面，进一步重视对陶行知教育实践的研究。陶先生不仅提出了生活教育理论，而且也进行了丰富的生活教育实践，倡导并开展了乡村教育、普及教育、国难教育、战时教育与民主教育运动，在其实践中，进一步阐发、补充、丰富了生活教育理论。探讨研究陶行知的生活教育实践，不仅有助于我们正确认识生活教育理论，而且可以对陶先生未来得及系统概括总结的生活教育实践进行挖掘、整理、总结，本着“行以求知知更行”的精神，在我国当前教育改革实践中加以发扬。我们要进一步搜集陶先生本人的著述以及一些老同志所撰写的有关陶先生本人的回忆性文章，对于生活教育社的活动情况，乡村教育、普及教育、国难教育、战时教育、民主教育等生活教育的具体实践情况，生活教育在老解放区的传播和推广情况，当时《中华教育界》《教育杂志》等刊载的对陶先生生活教育理论和实践的评论文章等资料的搜集整理，需要进一步引起我们足够的重视。

第五，突破陶行知研究更多仅仅局限于研究陶行知本人的局面，开拓陶行知的比较研究领域。生活教育理论虽然是陶行知提出的，但在生活教育理论的发展过程中，王洞若、方与严等生活教育理论实践者对生活教育理论的发展也作出了一定的贡献。他们不仅积极倡导生活教育理论，而且对生活教育理论做了一定程度的阐释。除此之外，以陶行知为代表的生活教育社的成立以及它所开展的活动，对生活教育理论的传播、推广和发展作出了一定的贡献，我们不能只局限于对陶行知本人理论的研究，忽视了对其理论实践者的研究或他身边的相关的人的研究。与此同时，我们既应开展陶行知与杜威等西方教育家的比较研究，又应系统开展陶行知与晏阳初等人的比较研究。

第六，突破陶行知研究仅仅局限于陶行知的教育理论、教育思想和教育实践研究的局面，开展陶行知文学、社会学、文化学思想等方面的研究。

第七，突破陶行知研究主要还局限在国内的局面，不仅重视陶行知理论、思想和实践在国外的传播和影响，而且从人类命运共同体出发，去探究陶行知理论、思想和实践在世界范围内的价值和意义。

第八，突破陶行知研究仅仅局限于文献法、历史法等局面，更新思维方式，创新研究方法。

一是加强对理论研究的研究，从元研究的层面强化对已有研究的审视与反思，达成对既有研究成果的中肯评析，提升研究人员的理论自觉。已有研究中多是对陶行知教育理论、教育思想等本身的一般性介绍及其当代价值的探寻，目前虽出现了一些回顾性文章，但深度和理论性有待加强，鉴于此，研究者们可通过元研究推进研究的方法转向。

二是要转向整体综合式的研究思维，即强调整体而非仅仅是各个部分的视角，强调整体内不同要素的综合融通，而非不同要素的累积叠加，在专题研究基础上强化理论体系的整全性研究。如果只关注研究的某一方面，很容易丧失对理论体系整体的把控。未来还需要立足更为广阔的时空，从整体上展开理论和实践研究。在开展相关研究的同时，我们不能忽视对陶行知思维方式的研究。陶行知对中外先进的教育思想有广泛的了解和研究，他中西贯通，有广博的知识，对中国国情进行过详细而又具体的考察，对现代教育发展趋势进行过认真的考察和研究。这一切为他独特的思维方式的产生积淀了深厚的土壤。纵观陶行知的一生，他积极探索，通过教育民主化与教育科学化的实践，为中国教育现代化寻觅曙光。由此可见，探讨和研究陶行知的思维方式，不仅有助于我们在一个较高的层次上去认识和研究他的教育思想及其实践，而且对于我们今天的教育改革也很有借鉴意义。

三是要切忌采用从理论到理论，从文本到文本的研究方法。进行教育研究的目的是更好地解决当下教育改革的重点、难点问题。陶行知教育理论的研究尤其是对当代价值的探讨，要直面当今教育改革和教育实践的重大问题，通过深入实践进行深度参与的研究，寻找其教育理论与当代教育改革实践的结合点，借鉴海外陶研学者所采用的系统方法、结构方法、传播学方法和解释学方法等，走出一般性的介绍模式，提升研究的理论高度。在研究过程中，应用现代教育的观点去认识陶行知的教育理论，切忌用传统教育的眼光得出一些不切实际的结论，如生活教育理论强调教育与生活的联系，学校与社会的联系，注重培养学生的创造能力，征服自然、改造社会的精神，这与现代教育是完全吻合的，在一定程度上反映了现代教育的发展趋势。因此，我们不能以传统教育的眼光去认识生活教育理论，而应根据现代教育的发展趋势，以现代教育的眼光去认识和评价生活教育理论，这样才能使我们真正认识到生活教育理论的现实意义，从而提高我们对生活教育理论研究的自觉性。

四是要强化研究的方法论反思。陶行知研究在取得进展的同时也遇到了诸如研究内容重复、研究成果碎片化等问题，这些问题成为未来研究深入发展的桎梏。要想在研究中有真正的突破性进展，必须在方法论上实现突破。为此，研究者要自觉对其研究的具体方法进行及时反思，优化研究路径，提升研究者方法运用的适切性和科学性。

第九，突破陶行知研究主要在研究和践行层面的局面，进一步重视普及和宣传。陶行知研究主要是在陶行知研究工作者内部和少数的师范院校中展开，广大的教育工作者对陶行知的系统了解需要进一步加强。要使陶行知的理论、思想和实践真正为当前教育改革服务，必须使广大教育工作者对陶行知的理论、思想和实践有一定认识，才能真正焕发出陶行知的理论、思想和实践的生命力。为此，以师范院校、教育学院、进修学校为中心，认真而又切实地开展陶行知的理论、思想和实践的宣传工作，把陶行知的理论、思想和实践研究与新时代教育改革紧密结合起来，使陶行知的理论、思想和实践研究真正面向教育改革实际，并把这种研究成果让广大教育工作者充分了解，是非常重要的。从这个意义上说，陶行知的理论、思想和实践的宣传普及工作应与陶行知的理论、思想和实践的理论研究工作紧密结合起来，既重视普及，又重视提高，在普及的基础上提高，在提高的指导下普及，如此，陶行知研究工作就可能向前大大推进一步。

《生活教育》：新时代如何进行陶行知研究是广大陶研者需要思考的问题，“漫漫陶研路，代代陶研人”，坚守和创新是当下陶研人义不容辞的责任。非常感谢您接受本刊的采访，您的观点为今后陶行知研究提供了很好的方向。

（本文原载于《生活教育》2020 年第 3 期）

“教育智慧的升华”

——陶行知的教育辩证法

屠　棠*

中国教育的现代化，是在特殊的历史条件下开始的，因而也就存在若干特殊问题，其中一个重要的问题是缺少辩证思维。

1919年的“五四运动”给了封建传统势力以沉重打击，成为中国新民主主义革命的开端，其历史意义是举世公认的。但当时相当多的学者，为了冲破封建思想的顽固牢笼，对中华民族传统文化采取了全盘否定的态度。影响所及，工业化时代形成的线性思维方式在中国大行其道，反映在教育上就是非此即彼的简单思想方法成为一种挥之不去的思维定势。

陶行知从美国留学归国不久，就经历了“五四运动”的战斗洗礼。他在猛烈抨击封建传统教育的同时，却与非此即彼的线性思维方式划清界限，在继承中国传统文化中的朴素辩证观和接受马克思主义唯物辩证法两个方面都十分突出，成为当时既能正确对待民族传统文化，又能正确对待外来先进文化的少数代表人物之一。他的这一态度，在他极力批判洋化教育和传统教育时变得更为清醒：“用批评的态度，介绍外国文化，整理本国文化”“反洋化教育的用意并不是反对外来的知识”“反传统教育也不是反对固有的优点”。1943年，他创作并发表了一首重要的诗作——《创造年献诗》。这首诗只有30行，却以艺术的语言和生动

* 屠棠，男，曾任上海师范大学陶行知研究中心特聘研究员，上海市陶行知研究协会秘书长、副会长及中国陶行知研究会秘书长和《生活教育》杂志副主编。

的比喻阐述了博与专、笼统与精确、小事与大事、对待书本知识的正确态度与严肃认真的治学原则、行动与知识、虚心与好学、求知与教人、臆断与试验、存在与意识、现象与本质、矛盾与统一、量变与质变、活用工具与揭示奥秘、传播真理与造福人世、坚持积累与努力创造等一系列辩证观点，标志着他的辩证法思想达到了炉火纯青的高度。这首诗可以说是陶行知学习马克思主义辩证法的艺术化总结。

陶行知的教育思想处处闪耀着辩证法的光辉。他在对教育与生活，教育与社会，教育与经济，教育与政治，民主与纪律，自由与规则，统一与多样；在对新与旧，传统文化中的精华与糟粕，外来文化中的先进与腐朽、适合与不适合中国国情；在对行与知，真知与伪知，已知与未知，直接知识与间接知识；在对教与学，教师与学生，教学与发展，一般发展与特殊发展，集体与个别；在对学与行，学与思，学与习，苦学与乐学；在对身与心，脑与手，知与情，智与德，真善美与假恶丑等关系的论述中，无不表现出精彩的辩证法思想。这对我们今天改变仍然存在的简单化的、形而上学的思想方法，有着特殊的现实意义。

全面探讨陶行知的教育辩证法是一个专门的课题，这里仅就陶行知在三个问题上的教育辩证法思想谈谈自己的学习体会。

一、个人与社会的关系

中国传统教育重家庭、重家族、重社会而轻个人，极力宣扬亲亲、尊尊、长长及男尊女卑等核心价值观念，为形成和巩固以家庭、家族为中心的社会秩序服务；为了维护封建伦理本位社会秩序，用“非礼勿视、非礼勿言、非礼勿听、非礼勿动”一整套礼教扼杀人的天性，束缚人的个性。陶行知对此深恶痛绝，斥之为“民族自杀的口号”。传统教育的这一影响既深且巨，至今仍未完全消除。

新中国的教育，在很长一段时间内，受严格的计划经济体制和“左”的思想的影响，要求个人绝对服从社会需要，就学就业全都按照严格的计划进行，个人几乎没有任何自由选择的余地。教育强调高度集中与统一，考虑如何更好地为无产阶级政治服务，关心怎样促进社会与经济发展，培养社会这部大机器上永不生锈的螺丝钉。虽然制定了“应该使受教育者在德育、智育、体育几方面都得到发展”的教育方针，但实际上对人的个性发展却采取了压抑的态度，到“文革”时期人的个性发展更成为谁也不敢涉足的禁区。

改革开放后，西方某些完全以受教育者为本位的教育思潮传入我国并产生了一定影响。这种思潮主张教育只应考虑受教育者个人的全面、和谐、自由发展，而无须考虑适应社会经济发展的需求，甚至认为个性的张扬与个人的发展应该成为教育的唯一目标，任何强调服从社会需要的观点都将违背教育本义而妨碍个人发展。当然由于多方面的原因，这种思潮并未在我国教育界成为主流，但作为一种激进的观点，还是引起过一些波澜。

值得注意的是，陶行知对人与社会的关系，较早就有正确的认识。早在1914年，青年陶行知在金陵大学的毕业论文《共和精义》中就认为“个人为社会而生，社会为个人而立”“民苟愚劣，社会绝对不能兴盛。社会欲求兴盛，负改良个人之责”，讲清了个人应负的社会责任与社会应负的教育个人的责任之辩证关系。到1928年，他在谈《道德问题》的短文中又一次论及个人与社会的关系，认为“社会、个人，是相辅相成，不是各自生存的”，一个人生活在社会中，“为己之极，反是为人；为人之极，亦可为己”，强调个人离不开社会，社会不应该忽视个人。正是从这种认识出发，陶行知认为教育“就其大者而言，为立国之大本；就其小者而言，亦为如何引导国民精神生活与实际生活臻于健全与顺遂之关键。教育对青年所负之责巨，对社会对国家所负之责更巨”。他既重视教育对个人发展的功能，又重视教育对社会发展的功能，非常全面、非常辩证。这些话，对我们今天正确处理教育为社会发展及经济建设服务和为人的全面发展服务的关系问题仍不失其现实指导意义。

毫无疑问，我们的教育工作必须为社会经济发展服务，必须“更好地贯彻教育与生产劳动相结合的方针”“教育事业必须同国民经济发展的要求相适应”（《邓小平文选》104页，北京，人民出版社）。事实上我们的教育对这一点虽然行动上也许有时贯彻不力，思想上却是相当重视的，完全不顾社会需要的个人本位教育观在中国并无多大的市场。但长久以来，我们对教育促进人的全面发展，尤其是对促进人的个性发展，却认识不足，重视不够。我们的教育强调纪律，强调集中，强调统一，这对提高教育教学效益和培养学生的集体主义精神有其合理性。但强调过分，就必然产生压抑学生个性发展的负面影响。我们从幼儿园起，就用是否听话顺从、循规蹈矩、成绩优良的单一标准去评价学生，结果培养出来的人从小人云亦云、盲目服从，长大了也难有主见，很少有创造精神。陶行知办学，一方面十分强调集体生活、集体精神，甚至要求“集体精神应溶化在每个人的血液里”,一方面反对强求统一、贬抑个性,明确主张“在集体之下,发展民主,着重个性”。早在晓庄时期,他就强调自立与互助、平等与责任、自由与纪律的辩证统一,并特别珍视发展学生的个性。他宣称“晓庄不是别的,只是一个‘人园’,和花园有相类的意义。我们愿意在这里面的人都能各得其所,现出各人本来之美。”在当时国内外一致盛赞晓庄的时候,他并不希望晓庄的学生毕业出去后“只能办成晓庄一样的学校”,认为“要创造和晓庄大不同的学校才算是和晓庄同”。到育才时期,他在共产党人的协助下,更加自觉地辩证处理个人与社会的关系,把大批学生培养成为既有高度社会责任感,又有鲜明个性特征的优秀专业人才。

马克思、恩格斯在《共产党宣言》中预言,在取代资产阶级社会的那个社会,即共产主义社会里,“每个人的自由发展才是一切人的自由发展的条件”。江泽民同志《在庆祝中国共产党成立八十周年大会上的讲话》依据马克思主义的这一观点提出,建立物质财富极大丰富、人民道德水平极大提高、每个人自由而全面发展的共产主义社会是我们党的最高纲领,而现阶段我们既要着眼于人民的物质文化生活需要,又要着眼于促进人民素质的提高,也就是要努力促进人的全面发展。把每个人自由而全面的发展统一为党的最高纲领与现阶段奋斗目标,这在我们党和国际共运史上都是第一次。这不仅对确立中国新的价值系统具有重大政治意义,也必将对我国新世纪教育的改革与发展产生深远的影响。2008 年中共中央、国务院颁布的《国家中长期教育改革和发展规划纲要(2010—2020年)》提出:“树立科学的教育质量观,把促进人的全面发展、适应社会需要作为衡量教育质量的根本标准。”胡锦涛同志在全国教育工作会议上的讲话中要求“尊重教育规律和学生身心发展规律,为多样化、个性化、创新型人才成长提供良好环境和机制”。遵循这些指示,我国教育工作者可以旗帜鲜明、理直气壮地把促进学生自由而全面发展和培养个性化创新型人才,作为自己的重要任务。

当然,人的自由而全面发展的实现,不仅仅是一个教育过程,更是一个社会过程。企图仅靠教育过程实现人的自由而全面发展,是对教育的苛求与奢望。教育,特别是学校教育,主要是为人的全面发展准备条件。另外,正像实现共产主义是遥远将来的事情一样,真正实现每个人自由而全面的发展也是遥远将来的事情。每个人自由而全面的发展,绝不是说人们可以超越现实条件游离于社会及群体之外而随心所欲自由行事,人们只能在现实允许的范围内发展自己。问题在于现在就要向着这个方向努力,以期通过一步一步的努力而最终接近理想境界。陶行知在灾难深重的旧中国,就开始了促进学生全面发展的艰难试验,并为我们留下了宝贵的经验:一是以辩证的观点正确处理教育事业中个人与社会的关系,使教育真正能够既为促进社会发展和经济建设服务,又为促进个人全面发展服务。做一颗永不生锈的螺丝钉,作为一种形象的比喻,安于平凡岗位是值得称道的,但光有螺丝钉,再多再好也组成不了完整的机器。把永不生锈的螺丝钉作为培养目标,就必然妨碍人的个性发展。社会的需要是多种多样的,每个人的特长、兴趣也是多种多样的,教育的责任是使个人的禀赋与特长尽可能得到充分发展,为社会培养出全面发展的多样化的各级各类人才。二是在教学中坚持"教学做合一",是使学生在理论与实践的结合上成为自由而全面发展的高素质"四有"新人的必要途径。只会读死书、只会背诵死知识而没有高尚道德情操,或者缺乏创新精神、不具实践能力、没有自己个性的人,别说现在和未来,就是在过去也算不上什么有用之才。而要培养真正的人才、英才、帅才,只有坚持德育、智育、体育、美育等各育的教学做合一,才有可能达到目的。

二、教与学的关系

为了正确阐明教与学这对矛盾,陶行知对教学双方都进行了系统的深入论述,而这些论述同样体现出精彩的辩证法思想。

现代教学论认为,教学是学生在老师指导下,由不知到知、由知少到知多、由知浅到知深的充满矛盾运动的辩证过程。作为一种认知活动,教学体现出人类认知活动的一般特征,即实践是认识的来源和基础。因此,教学目的总是根据一定的社会历史条件提出的,教材也总是社会实践经验的总结和概括;而学生要掌握知识,也必须以社会实践为基础,包括参加一定的社会实践活动。陶行知特别强调"教学做合一",强调以"做"为教学的中心,完全符合人类认识的一般规律。但是教学作为一种特殊的认知活动,又有自己的特殊规律。不注意教学的特殊规律,就可能犯以哲学认识论代替,而不是指导教学认识论的错误。

那么在陶行知看来,教学认识活动有哪些特点呢?

首先,他认为教学是以掌握间接知识和间接经验为主的认知活动,教材中的知识都是前人经验的总结与浓缩。他一方面强调"真知识的根是安在经验里的",一方面强调"我只说真知识的根是要安在经验里,没有说样样知识都要从自己的经验上得来。假使我们抹煞别人经验里所发生的知识而不去运用,那真可算是世界第一个大呆子。"因此，他所主张的教学做合一"不是单提倡实践，而轻看书本""教学做合一的理论不是不要书；它要用的书的数目之大，比现在的教科书要多得多"。陶行知在《教学做合一下之教科书》一文中列举的培养生活力所要用的书，大类就达七十种之多。在晓庄和育才办学的时候，条件再艰难，陶行知对图书馆的建设始终非常重视，经常挤出经费购买图书资料，丰富图书馆藏。

其次，他认为教学是一种高效率的认知活动。就掌握人类经过漫长历史积累起来的知识而言，教学活动对学生来说是一条捷径。马克思有段话最好不过地说明了教学的这个特点："再生产科学所必要的劳动时间，同最初生产科学所需要的劳动时间是无法相比的。例如，学生在一小时内就能学会二项式定理"。(《马克思恩格斯全集》第 26 卷第一册第 377 页，北京，人民出版社)陶行知对于提高教学效率进行过深入研究，认为要想提高教学效率，教师一是应该"采用自动的方法，启发的方法，手脑并用的方法，教学做合一的方法"，以便使学生"不得不愤""不得不悱"；二是"能使学生有充分讨论、参与之机会……当留适当之时间，以为学生讨论参与之地步"；三是要改进教学方法，"灌注的教授法最要不得……学生和大众应该普遍地从灌注的教授法里解放出来""要不得的是教而不做……要从静的方法解放出来"；四是还应注意唤起学生的兴味，"学生有了兴味，就肯用全副精神去做事体。……所以设法引起学生的兴味，是很要紧的"；五是要鼓励学生提问，不要怕被学生难倒，"教师的成功是创造出值得自己崇拜的人"。

再次，他明确指出教学是一种有领导的认知活动，有明确的目的、有周密的计划、有规定的认知范围、有分步实施的步骤、有必要的时间保证、有严格的评价标准。因此，教师在教学活动中应该发挥自己的领导、组织作用，充分调动学生的积极性，实行"智育注重自学""体育注重自强""德育注重自治"，但是"让学生自动的时候，不是让他们乱动，而是要他们走上创造之路"。

最后，他认为教学是一种综合性的认知活动，教学不仅传授知识、培养能力，还要同时促进学生的全面发展，促成学生健全个性的形成，养成学生终身学习的习惯；促进发展与形成个性既是教学认知的必要条件，又是教学活动必须完成的任务。为此，教师有责任"使学生注重全面教育以克服片面教育；注重养成终身好学之习惯以克服短命教育"，要坚持"知情意合一"和"智仁勇合一"。

诚然,作为教学认识主体的学生,不同于一般认识主体的主要区别在于他的尚未成熟,在于他的认知能力、智力结构和个人品质都处在形成、发展之中,具有未定型、不稳定和可塑造的特点。教学认识的客体主要是书本知识,是间接经验。这对人类社会的发展具有重要意义,因为"每一个体都必须亲自去经验,这不再是必要的了,它的个体的经验在某种程度上可以由它的历代祖先的经验来替代"。(《马克思恩格斯选集》第3卷第564页,北京,人民出版社)但是"就知识的总体来说,无论何种知识都是不能离开直接经验的"。(《干部哲学读本》第11页,上海,上海人民出版社)在教学过程中,甚至老师本身也成为学生认识的客体之一,这正是老师的一言一行、一举一动都是教育因素的原因所在。

如果我们仔细对照一下,陶行知对教与学的论述,特别是"教学做合一"理论,除了符合人类一般认识规律以外,更是多么符合教学的特殊认识规律,多么符合辩证的思想方法,多么符合马克思主义经典的精神实质。这笔丰厚的教育遗产,值得我们结合当前教育教学中的实际问题好好研究继承。

三、教师与学生的关系

教师与学生这对矛盾是同教与学这对矛盾密切相连又有所区别的。为了阐明教师与学生这对矛盾的辩证关系,陶行知对教师和学生双方的精神、态度、职责、任务等进行了深入的研究,提出了许多具有永恒价值的真知灼见。

对于教学中谁是主体的问题,历史上有过完全不同的见解。一些唯理论的教育家认为只有教师才是教学的主体,他们片面夸大教师的作用,否定学生的学习主动性和独立思考,主张"学生对教师必须保持一种被动状态"。(《西方资产阶级教育论著选》第357页,北京,人民教育出版社)而一些实用主义经验论者,则全盘否定教师的主导作用,反对"教师中心主义",倡导"儿童中心主义",认为只有学生才是教学中的主体。实际上教学是多主体活动,教学的主体不但包括学生、教师,还包括学校领导和教育行政管理部门。在教学活动中,学生是发展的主体,教师是指导的主体,学校领导和教育行政管理部门则是决策的主体。这种见解既充分肯定了教学中各方的重要责任而又加以必要的区分,有利于调动各方的积极性。

陶行知对教师和学生在教学中的地位同样重视,认为教学是教师和学生共同构成的一种双边活动,教师和学生各有各的重要性,忽略了任何一方教学都不可能取得成功。他认为:“我们要反对两种不正确的倾向。一种是将教与学的界限完全泯除,否定了教师领导作用的错误倾向;另一种是只管教,不问学生兴趣,不注意学生所提出的问题之错误倾向。”他明确提出教学中师生双方各自的职责:“教师的职务是‘千教万教,教人求真’”“先生不应该专教书,他的责任是教人做人”“先生的责任不在教,而在教学,而在教学生学”“先生负指导的责任”;“学生的职务是‘千学万学,学做真人’”“学生不应当专读书,他的责任是学习人生之道”“学生负学习的责任”。在陶行知看来,教之所以重要,仅仅在于它是为了学生的学,而学习任务的最终完成,还在于学生自己。因此,围绕着学生的学,陶行知对教师和学生都提出了一系列充满辩证观点的具体要求。

一是在精神和修养方面为师生规定了很高的标准,以此作为师生双方能在教学中发挥各自主体作用的动力与保证。二是对如何处理师生关系提出了明确的准则,主要是要求师生打成一片,特别是教师要以自己的言行影响学生,增进师生双方的了解。三是对教师提出了教育儿童的宽严相济可操作的原则与方法,如应当严格的地方便须严格,应当放任的地方便须放任;自由中有规则,规则中有自由。四是对学生提出在教学中发挥发展性主体作用的具体要求,主要是能够在实行集体自治上来学习集体自治;既培养自动的力量,又培养自觉的纪律等。五是要求教师放手让学生在“教学做合一”中学会治学治事,甚至认为有时教师为学生做的事越多,越是害学生;而学生要在“教学做合一”中学会自治,但自治不是自由行动、打消规则和放任,不是和学校宣布独立,乃是共同治理、大家立法守法和练习自治的道理。六是对师生都提出了加强学习的任务,在知识迅猛更新的时代,陶行知强调终身学习,对今天的师生更具现实意义。

教学过程是一个艰巨、漫长而又复杂的过程。教师和学生在教学中如能做到以上几点,就一定能充分发挥各自的教学主体作用,从而使教学活动有序高效进行,使学生各方面的发展比较顺利,为他们最终成长为各级各类高素质人才奠定坚实的基础。

从陶行知精彩的教育辩证法思想方法中,我们今天至少可以受到三方面的启发。

第一,进行教育改革,态度要积极,实施要慎重。教育具有牵涉面广、涉及人多以及周期较长等特点;相关的内外因素,又是错综复杂,千变万化;每项改革都可能产生深远影响。正如陶行知所说:“教育事业如医病然,必先知病状,诊断始确”“改造教育和改造一切事情,有一条共同的道理。这条道理就是:凡改造一事必先对于这事情本身与这事情和别的事情的种种关系,都要了解”。教育改革既要抓紧推进,又要周密思考,要在深入调查研究的基础上,了解当前教育教学本身存在的主要问题,了解教育在适应社会发展和经济建设方面存在的主要矛盾,然后按照党的教育方针,制定切实可行的措施,积极稳妥地推进。

第二,教育改革中要善于吸取新鲜经验,但吸取新鲜经验不能变成赶时髦和跟新潮。陶行知早在20世纪之初就告诫我们,学习国外经验“应该明辨择善,决不可舍己从人,轻于吸收”。而且要防止在改革过程中简单地喜新厌旧,即防止陶行知指出的“非旧制遭过分之厌恶,即新制得过分之欢迎”,而应“去与取,只问适不适,不问新与旧”,要坚持“只有透彻地研究自己的需要和问题,才能确有把握地制定出一套真正适合中国国情并为中国服务的教育制度来”。

第三,在教育教学改革中坚决摒弃简单化,不搞非此即彼,不搞矫枉过正。例如,不能因为要纠正片面追求升学率,就不敢提向高一级学校输送更多的优秀毕业生;不能因为要纠正放松德育、体育等现象就不敢抓教学质量;不能因为要减轻学生过重课业负担就干脆取消一切课外作业和考试;等等。

教育工作是一项复杂的系统工程,教育学是一门复杂的科学,以简单化的办法去处理复杂事物,事实已经证明其危害极大。我们应该吸取经验教训。

(本文原载于《生活教育》2010年第12期)

陶行知

——杰出的中华本土教育家(上)

胡国枢*

中华民族悠久的文明史上,曾经产生过可与苏格拉底、柏拉图、亚里士多德、卢梭等西方大师相提并论的大教育家和哲学家,如孔子、孟子、荀子、王充、朱熹、王阳明、颜滋元、顾炎武等。近代以来,一大批"先进的中国人"成为华夏新文明的先驱。在教育界,诸如蔡元培、黄炎培、晏阳初、陈鹤琴、雷沛鸿、张伯苓、郑晓沧、俞子夷等都是可圈可点的卓越人物。陶行知则是其中一位杰出的代表。

正值国家多难,民族危急之时,陶行知以赤子之忱,与劳苦大众休戚与共,为中华民族谋取解放,为中国教育探求新路,鞠躬尽瘁,死而后已。他怀着"教育为公""甘当骆驼"的精神,从中国的国情出发,努力发展人民教育,"为整个的民族的利益来造就人才""做出了永远值得后世纪念的贡献"。他"一生致力于救国事业、民主事业与教育事业,他在教育方面对人民的贡献尤为巨大与不可磨灭"①。1946年他离世时,毛泽东称他为"伟大的人民教育家"。

今日世界突飞猛进,中国也处在迅速崛起中。在这样的重要时刻,世界与中国都需要文通古今、学贯中西的大师。陶行知恰恰是一位具有世界眼光、世界知识、世界胸怀的杰出的中华本土教育家。

---

* 胡国枢,男,曾任浙江省社会科学院研究员,历史研究所所长,中国陶行知研究会常务理事等职,著有《蔡元培评传》《生活教育理论——陶行知教育思想研究》等著作。

一、平民子弟 爱国爱乡

作为中华土生土长的教育家,陶行知对祖国对家乡有着极其深厚的感情。这种感情不但贯穿在他的一生言行之中,也融注在他的生活教育理论之中。让我们先从他的生平说起。

1891年10月18日(清光绪十七年辛卯九月十六日)[②],陶行知出生在安徽省歙县西乡黄潭源村的一个普通庄户人家。因长子夭折,父母为求儿子长命百岁,将他寄入佛门取名“和尚”。入学时起学名文濬(文浚),后来在金陵大学读书时,因受王阳明“知行合一”说的影响,自己改名为“知行”。1934年其哲学思想有了质的飞跃,认为“行是知之始,知是行之成”,遂改名为“行知”,从此以“陶行知”闻世。

陶行知的祖籍本在浙江省绍兴府会稽县陶家堰(今属绍兴市),明正德五年(1510年),始祖明子公由浙迁皖,定居于歙县之西的古溪。十一世祖舜定公由古溪迁到黄潭源村后,人丁渐多。十四世祖允禄公有四子,长子号槐卿,字位朝,学名筱山(笑山)。位朝公娶了绩北小店主曹氏之女翠仂为妻,这就是行知的父母[③]。

陶行知的父亲年轻时原在休宁县万安镇经营一片祖传小酱园,因经营不善,破产回家务农。后又去万安镇任册书(掌管田赋文书的小职员),不久解聘失业。这时长女宝珠生病,被巫师耽误丧了性命,全家搬回黄潭源村,靠耕种一亩半薄田过活。农闲时,陶父往返于休、歙之间贩卖酱油瓜菜,勉维生计。这时,歙县城里有耶稣教内地会教堂设立,通译(翻译)章觉甫是绍兴人,介绍穷困潦倒的陶父入教,陶母得以入教堂做女佣。

陶行知4岁时,妹妹美珠(后改名文渼)出生。陶母一边操持家务,帮助丈夫种地,一边还要为人缝补衣裤,贴补家用。但终日操劳,精打细算,仍难保全家温饱。陶行知很小就开始帮助母亲做事,带妹妹、喂鸡、洗菜等等。有吃的他从不肯一个人独享,总要分一半给母亲。母亲不肯吃,他也要硬塞到母亲嘴里。一天,陶行知哭着从外面回来,母亲忙问怎么啦?他告诉母亲:“黄奶奶家的翠兰死了。她家无钱请医生给她看病,就求了个仙方。不想翠兰喝了香灰就死了,真惨!”他边说边伤心地哭。母亲轻抚着儿子的头,泣不成声地说:“你姐姐宝珠也是这样死的,穷人的命好苦呀!”饥寒交迫、缺医少药,人们的生命与健康得不到保障，封建迷信更置人于死地，这就是陶行知童年时期中国农村的惨淡图景！

由于家境贫困，陶行知无法进入正规小学读书。后因他勤劳伶俐，被天地会教堂附设的崇一学堂校长、英国人唐进贤牧师赏识，才得以免费入学。

陶行知生长在清朝末年，国家横遭瓜分，农村面临经济破产，在国将不国、民不聊生的环境中，出生在这种每况愈下的贫困家庭，尝尽了中国农民地狱般的惨痛生活。这种刻骨铭心的记忆，正是他毕生如此强烈地要求改变国家现状，如此执着地致力于改革旧制度、旧教育，为新中国、新教育而奋斗不懈的深厚根基所在。也正因为如此，他尤其着力于培养贫寒而有才华的学子，对平民子弟无限钟情。他之所以成为“伟大的人民教育家”，被联合国教科文组织尊为世界文化名人实非偶然！

陶行知一生不忘养育他的父母、家乡与祖国，情深似海。早在年轻求学时期，他曾中途回乡参加辛亥革命地方光复，时刻向往效力乡梓，振兴故乡。到20世纪20年代，他力赞同乡会创办南京安徽公学，并出任校长。后来上海旅沪同乡组织徽社，他也积极参与活动，并派学生创办淮安的新安小学，著名的新安旅行团就是在其生活教育理论影响下产生与发展起来的。

陶行知对父母的孝顺尊敬之情无以复加。当父亡噩耗传来时，他正在美国留学，悲痛之情难以抑制，“悲之极，不得已借事勉强忘之，下课后即到图书馆看书，不敢回寓，每至深夜始返。但梦中不能自主，悲怀一恸，凄凉甚矣！”④他对妹妹、堂弟、外侄等善加照顾，对同乡失学子弟，更是竭尽全力予以扶持。他对“五柳堂”“五柳巷”这类名字的偏爱，正是内心深处浓重的家族之情的流露。在晓庄，他把自己的居处取名“五柳村”，在门前植五柳，以“五柳先生”自称。以下援引他的几首诗词，从中可以清晰地体会到他的这种深情：

对母亲——《吾母所遗剃刀》：“这把刀，曾剃三代头，细算省下钱，换得两担油。”

对父亲——《献诗》，回忆父亲为他送行的情景：“古城岩下，水蓝桥边，三竿白日，一个怀了无穷希望的伤心人，眼里放出悲壮的光芒，向船尾直射在他的儿子的面上，望到水、山、天合成一张大嘴，隐隐约约地把个帆影儿都吞没了，才慢慢地转回家去。我要问芳草上的露水，何处能寻得当年的泪珠？”⑤

对祖国——《中国人》：“我是中国人，我爱中华国。中国现在不得了，将来一定了不得！”⑥

对家乡——《徽州人的新使命——致徽州同乡》中有言:“我们徽州,山水灵秀……世界上只有一个地方和他相类,这个地方就是瑞士。……最敬爱的父老兄弟姐妹,我们千万不要辜负‘新安大好山水’。要把我们一个个的小生命捧出来,造成徽州的伟大的新生命。”[⑦]

二、学贯中西　大师之才

陶行知学贯中西,有大师之才,这是他成为杰出的中华本土教育家的基本素质。

陶行知从幼年起,就打下了深厚的国学基础,对中国传统文化有着高深造诣。后出洋留学,受到西方现代化思想感染,成为为数不多的倡导现代化的代表人物之一。他不像有些人,多喝了几瓶洋墨水就趾高气扬,瞧不起国粹,看不起家乡,而是中西并举,坚持“只问好不好,不问土不土”的信条,从不鄙弃中国传统文化,终成融通古今、学贯中西的一代大师。

中国优秀传统文化的熏陶,使陶行知打下了扎实的国学(汉学)基础。陶行知出生的歙县是徽州府城所在地,到处牌坊林立,文物古迹遍布,呈现出浓厚的文化气息。加之明清之际徽州商业经济发达,徽商称雄商界 300 余年,富甲天下。徽商素有“商而兼士”“贾而好儒”的风气,投入财力用于故乡文化建设,开学校、兴土木,社学遍地,书院林立,使徽州近古文化昌盛发达,名家辈出。生长于如此浓厚的文化氛围之中,使陶行知大受裨益。他把从糕、江永(江慎修)到戴震(戴东原)一脉相承的文化遗产,亲昵地称为“徽州土产”[⑧],并以继承发扬这份遗产为已任。

除了社会环境的影响,陶行知自幼刻苦学习,为他深厚的文化积累奠定了基础。陶行知孩童时期家境十分困难,但父母仍想方设法供他上学。6 岁时,他因资质聪明,为旸村塾师方庶咸秀才所欣赏,免费为他开蒙。8 岁时随父住在休宁万安涨山铺,由外婆家介绍,得入当地地主吴尔寞私塾伴读。13 岁时重返黄潭源村,又去歙县上路街程朗斋秀才处学四书。后常到相距 15 里外的航埠头曹家经馆求师问业。该馆塾师王藻为贡生,道德文章在当地颇有盛名。陶行知不论风霜雨雪,坚持步行问学,有时老师已在开课,他就站立门前静静听诵,不肯贸然打扰[⑨]。所以,后来有人说陶行知小时有“程门立雪之风”,留下了“王门立雪”之美誉。陶行知的中文基础还得益于他父亲的言传身教,陶父位朝公的汉语古文诗词颇有根底，成了陶行知幼年的随身老师。

到中学、大学时代，陶行知学有大进。新式学校传授的新文化、现代科学，使他得以成为中国新一代知识分子。从中学开始到大学以至留洋，陶行知读的都是教会学校。这些教会学校为了在中国立足，在传播西学的同时，对中国自身传统文化知识“中学”的教学也相当重视，客观上使陶行知进入了中西汇通的文化氛围，为他日后的博学多才打开了方便之门。

崇一学堂是陶行知接受新学、现代知识的第一站。英国人吉布斯(Gibbs)，后取汉名唐进贤，于1876年受基督教“中华内地会”派遣，由华籍教师绍兴人章觉甫做通译(翻译)，从浙江杭州到歙县传教。1900年，唐进贤在县城教堂附设小学堂“崇一学堂”，招收教徒子弟及其他贫困儿童入学，传授基督教义与粗浅的西学知识。1906年，崇一学堂改为三年制的教会中学。由于陶父入教，陶母在教堂帮佣，陶行知常去看望母亲。他的勤劳伶俐，受到唐进贤赏识，于1906年免费入校念书。崇一学堂当时除校长唐进贤与通译章觉甫外，还有教师三人，其中一位是国学“造诣很深的程修之”。学校有学生18人，校内开设了修身、国文、英文、历史、算学、代数、格致、地理、音乐、体操与医学卫生常识等课，凡是“新学课程，都由唐进贤校长兼任”。在就读的两年中，陶行知眼界大开，既初步奠定了“新学”的基础，早先熟悉的旧学也有了长足进步。

在金陵大学的学习使陶行知茅塞顿开，学识大进。1908年春，陶行知从崇一学堂结业后，赴杭州考入广济医学堂。由于校方歧视教外学生，不能享受免费实习，他愤而弃学。后在上海巧遇唐进贤校长，介绍他进入南京汇文书院。该校为美国基督教美以美会所办，有文、理、医等科，还另设中学部成美馆，陶行知即进入成美馆学习。1911年，汇文书院与宏育书院合并建成金陵大学，陶行知成了金陵大学中文科的首届学生。

20世纪以来，由于教会教育的日益世俗化与中国化，金陵大学更加注重对中国固有知识和学术的传授。陶行知在追求西学知识的同时，对原属中国文化体系的科学知识，诸如国文、中国史等同样勤学苦研。他针对金大学报《金陵光》只有英文版，且内容较为空泛的情况，本着“灌输欧美学术”的同时亦应“彰明中华国粹”的宗旨，力助《金陵光》创办中文版，并担任主笔(主编)，撰写《〈金陵光〉出版之宣言》，还连续投稿。为了“交换知识”，传播中华文化，弘扬爱国思想，陶行知又针对金大原本举行演说会(文艺会)只有英文演说的“偏颇”现象，提出增设汉语演说的倡议,从而使金大校园演说活动实现了“中英并演,尤侧重国语”[10]。他对宋明理学的独立研究,对王阳明“知行合一”说的倾倒,都充分说明求学时期的陶行知所具有的中华文化传统知识是何等充沛与丰富。他在《金陵光》增办中文版的《缘起》中尖锐地指出,当时教会学校流行的通病是“醉心欧化,蔑视国文”,主张借西学之长以济己之短的“灌输学术”的方针。从中可以看出,大学时期的陶行知已奠定了自己的人生观,对中西文化的汇通互补有了正确的见解。

无论是学术上还是社会活动中都出类拔萃、品学兼优的陶行知,受到了包文校长的器重,也赢得了众多师生的赞誉。在毕业式上,他以优秀毕业生的资格宣读毕业论文,并由时任江苏省教育司长的黄炎培亲自授予毕业文凭,黄炎培赞美陶是“秀绝金陵第一声”。

在金大校长的鼓励下,陶行知决定赴美自费留学。他冲破“十扣柴门九不开”的困难,在学校帮助下,筹足了300块大洋的川资与学费,远涉太平洋。1914年,陶行知进入伊利诺伊州大学学习市政,1915年获得政治学文科硕士,并于当年9月考入哥伦比亚大学教育学院。正如有的论者所言,“从崇一学堂到金陵大学再到哥伦比亚大学,是青年陶行知连续递进的‘三脚跳远’”[11]。

哥伦比亚大学为陶行知的深造提供了优越的环境与条件。该校教育学院是当时世界上研究教育最为著名的学府,学生人数之众,教师声誉之隆,学科设置之丰,教育理念之新,其他类似大学难以望其项背。这里有一批驰名国际、学有专长的专家学者担任教授,开设的各类教育专业课程,介绍的新型理论,令人目不暇接。前来求学的也多是各国有志青年,拔尖人才,“有从英国、法国、西班牙、墨西哥来的,也有从非洲和亚洲来的”,仅一个班上听课的学生就来自“五十九国”[12]。中国去的学生数量很多,他们毕业回国后,大都成了政界与学界的风流人物。与陶行知留学时间相仿的,有胡适、孙科、宋子文、蒋梦麟、陈鹤琴、张伯苓等。学校的国际性质,为各国文化交流、开阔学生眼界提供了良好条件。陶行知在哥大期间,一批大师级教授的教育令他获益匪浅。他在司特雷耶教授指导下深造,除了约翰·杜威的亲切教育,该院教育长保罗·孟禄也对他热情提携,还有如教育心理学专家桑代克,后来对陶行知晓庄师范实验赞不绝口、讲课深受各国学生喜爱的克伯屈,以及威廉·H·基尔帕特里克、哈罗德、罗哥、唐纳德·G·特威克斯伯里等教授对他都很关心爱护。两年的学习期间,陶行知先后修习了“美国公众教育管理”“学校与社会”“教育史”“教育哲学”“财政学”，以及“进步社会的教育”“中学原则”“教育社会学实习”“国外学校系统的社会基础”“教育社会学研究”等课程。

留学期间，对陶行知影响最深的是杜威倡导的进步教育运动及实用主义思想。

19 世纪后期，工业社会的发展对欧美国家的学校教育提出了新的要求，使原来占主导地位的传统教育思想显得落后过时，许多有创造性的教育家提出了新的教育理论与教育方法，教育改革蔚然成风。这一改革在欧洲各国称为“新教育运动”，在美洲称为“进步教育运动”。欧洲的新教育运动首先在英国兴起，在美洲则由帕克(Francis W. Parker)与杜威等倡导。杜威先以芝加哥大学哲学、心理学、教育学系主任的身份，在芝加哥实验学校进行教育试验，提出了一整套以儿童为中心，从儿童生活出发的教育理念、实验课程与教材教法。后来他进一步提出“教育即生活”“学校即社会”与“做中学”的生活教育思想。陶行知在哥大求学期间，正是杜威鼓吹进步教育运动的高潮时期，也是哥大教育学院成为美国进步教育运动重镇之时。杜威是进步教育运动的领军人物，既是进步教育运动的理论导师，又是多智多能的实际领导者，当时整个美国教坛，包括哥大教育学院都处在杜威教育思想的影响之中。无论是课堂内外，还是校园内外，陶行知都能感受到这一运动的强有力的影响。同时，他又直接学习了杜威的两本新著《明日的学校》《民本主义与教育》。由美国哲学家詹姆斯(William James，1842—1910)系统化的实用主义，经杜威在哥大的宣讲与倡导，影响进一步扩大，成为美国当时的主要哲学流派。陶行知尤为欣赏作为方法论的杜威实用主义，将之译为“试验主义”。他回国后第一篇论文就叫《试验主义之教育方法》[13]，并在文中强调了它的价值，“试验之消长，教育之盛衰系之”。所以说，陶行知确实是杜威嫡传门生，接受了杜威的正宗之学，被称为“杜威博士最有创造力的学生”。由此，陶行知为在以后改革中国教育的丰富实践中形成自己的教育思想，创立青出于蓝而胜于蓝的生活教育理论做好了准备。

在美国哥大时期，陶行知通过正规、严格的高等教育，在才、学、识诸方面，都向更高层次迈进了一大步。他完成了从崇仰朱熹、王阳明到皈依杜威的辩证飞跃，为他回国以后实践更高阶段、更高格局的提升打下了有益的基础。

在“五四运动”前后的复杂形势中，中西新旧文化风云激荡，陶行知既不倾向于“全盘西化”派，也不附和“文化折中”派，更不投靠保守复旧势力。早在1917年，他就在《中国在转变中》一文中敏锐地指出：“新的中国是东西方两种文明的产物。”不偏不倚，独立自主，与时俱进，这与他的远见卓识、世界眼光密不可分。

陶行知能成为文通古今、学贯中西的大师，还由于他在教育救国、献身事业的实践中，掌握了马克思主义的唯物辩证法，在哲学思想上完成了向科学的共产主义世界观的转变，这是与他“九一八”事变前后在政治思想上的日益激进相一致的，也与他自己进修马克思主义著作，向中共日益靠拢有联系。他在育才学校写的《创造年献诗》，就是以诗的语言表达科学世界观的代表作，简直是一首辩证唯物论的颂诗，是恩格斯唯物辩证法的三大定律，即质量互变律、否定之否定律、矛盾统一律的诗歌化：

“行以求知知更行，不知直认为不知。
遍览已知求未知，以知与人己愈知。
以为武断靠不住，存在从来决意识。
解剖内体寻条理，追踪外缘找联系。
贯通证据悬断语，屡试屡验验还试。
矛盾相生复相克，数量满盈能变质。
相推而进正反合，顺沿发展觅定律。”[14]

作为一代教育大师，陶行知在资质、学问上均有过人之处，一是文理兼长，对自然科学、生物学、天文学、地理学、社会学、经济学、文学、美学、哲学等都有浓厚的兴趣；二是中西汇通，从中学时代开始，他就打下了扎实的英语基础，一手通畅的文章，一口流利的美式口语，熟练地掌握了双语钥匙。上能与外国高官应酬交际，下能进贫民窟交友谈心，杜威、孟禄来华演讲，就是陶行知亲自做翻译。英语好，中文更是呱呱叫。他留下了七八百万字的文章书信，其中包括英文写作，落笔成文，出口成诗，妇孺皆懂，终成名副其实的大众诗人！

广博的阅历，渊博的知识，使陶行知成为具有世界眼光、全球意识的世界型人物。

注释：

①陆定一《悼人民教育家陶行知先生》，1946年8月12日延安《解放报》。

②自20世纪80年代以来，陶行知生年有多种说法，有1892年说、1893年说等，都有所据。本篇采用陶先生续弦吴树琴夫人、次子陶晓光先生的"属兔"说，即生于1891年(清光绪十七年辛卯)，也是遵循多说从众的一般写作原则。

③陶槐卿记《陶氏家谱》(毛笔缮写本)。

④《陶行知全集》，湖南教育出版社1984年第1版，第4卷第41页。

⑤《陶行知全集》，四川教育出版社1991年第1版，第7卷第153页。

⑥《陶行知全集》，湖南教育出版社1984年版，第5卷第411页。

⑦同上，第5卷第149页。

⑧同上，第5卷第88-89页。

⑨张国良《再记我所知道的陶行知先生》，安徽陶行知研究会主编《行知研究》第17期。

⑩《程湘帆、陶行知倡议演说中英文并演》，《金陵光》1913年第3期。

⑪章开沅、唐文权《平凡的神圣——陶行知》，湖北教育出版社1992年版，第80页。

⑫陈鹤琴《我的半生》，上海华华书店1947年版，第153页。

⑬威廉·克伯屈《我对晓庄之感想》，周洪宇《陶行知研究在国外》，人民教育出版社1991年版，第203页。

⑭《陶行知全集》，四川教育出版社1991年版，第1卷第59-61页。

(本文原载于《生活教育》2006年第3期)

论陶行知的教育哲学观

姚文忠*

摘　要:陶行知是创造性从教的典范。他以智民为教育的至要,以实学理念推行教育,以小孩子都有天赋,以整体身心为办好教育的条件,以创造为教育的生机,办出了世界为之欢呼的教育"奇迹"。这五个方面织成一个整体,是陶行知教育哲学的轮廓,其教育哲学观精神伟大、基底深厚和意义深远,是中国教育的思想宝库。

关键词:教育价值观;知识观;学生观;整体观;创造观

随着对陶行知的研究深入,学界对其哲学观也积累了认识基础。从了解生平历史,到思想学问,再到践行:陶行知健在时何以拥有较大影响,刚去世后何以受到高度肯定重视,都可以在研究中得到解释。2014 年 9 月 9 日,习近平总书记在北京师范大学发表重要讲话,情理并至,多次显引、隐用陶行知的观点,再一次表明对陶行知的肯定,这可能将学陶推向新境界,是选择研究陶行知哲学观的一次机会。几番潮落潮起,翻来覆去透露出思想的演进及其深度,可以试笔了。

一、教育价值观

陶行知是创造性从教的典范。与所有伟大教育家相似,他把民族的命运视为人生的目标和宗旨,同时,似乎又把教育功能放大了,好像有"教育万能论"之嫌。但是,陶行知不属于决绝的"教育万能论"者,在反对"教育自教育"的不当见

---

* 姚文忠,男,曾任中国陶行知研究会副会长,四川省教育厅咨询专家团专家,四川省陶行知研究会常务副会长,成都师范学院教授。

解中，他鲜明提出了“政富教合一”的观点，认为不依赖政治和经济，教育不可能实现自己的使命。“政富教合一”有原理整合的意味。

第一，人生大目标是家国。对于积贫积弱的中国和中国人民，陶行知深感必须奋起深刻改变，其一系列教育活动皆为抵抗外侮，革除专制，争取民主，富国富民。他全副心力投身教育，推动普及教育、平民教育、国难教育、民主教育，都怀揣这种使命感。1936 年 7 月 11 日以后的两年，陶行知赴美洲、欧洲、非洲和亚洲一些地方，历 28 个国家和地区，宣传中国人民伟大的抗日战争，争取外援；陶行知与共产党领导的抗日队伍和正面战场的英勇将士共蹈国难，事实表明了陶行知的人生宗旨和责任，他是以家国命运为己任的教育家和社会活动家、爱国和民主的斗士。

第二，教育是家国之本。对于家国使命和教育情怀之间的关系，陶行知的论述非常清晰。他说：“教育是立国之本”[1]，因为，“国家兴盛，视乎教育”[2]，“人民贫，非教育莫与富之；人民愚，非教育莫与智之……舍教育则共和之险不可避，共和之国不可建，即建亦必终归于劣败。”[3]陶行知只是把教育看作家国富强和人民幸福的必要条件而不是充要和全部条件，抗日更需要军事、政治和经济，所以，陶行知是重视教育而不是“教育万能论”。在民族斗争异常激烈的时候，他没有投身真枪实弹的武装斗争而主要从事教育，时而还批评缺少文化的抗争，就被指为“教育万能论”者，说他只知道教育，这是一种冤枉和浅见。这种误解，现在也时有所闻。

第三，民族重于教育。陶行知在批评当时的教育部颠倒教育与民族的关系时强调，“不救民族的生命，那能救教育之生命。”[4]显而易见，在陶行知那里，民族先于教育，民族大于教育，而不是相反。他对教育的价值和功能有十分清醒的阐释，即“教育是社会经验之改造”[5]“新中国的教育，应是帮助中华民族争取自由的教育”[6]“教育就是教人做人，教人做好人，做好国民的意思”[7]“教育能传播非遗传文化”[8]，四句话四层意思，移风易俗其一，舆论舆情手段和工具其二，立德树人的途径其三，传播文化延续文脉其四。概而言之，教育的大义在智民，民不愚且智，国有本，民有生机。教育应成为民族及其救亡服务伟力之一。

“百年大计，教育为本”，这“本”是什么？就是先导性、基础性和全局性。对于经济基础和政治建设，教育还是上层建筑。其作用巨大且不可替代，现在把教育的意义局限在升学和考试里，是毁了教育。教育的自强自救要看能否端正认识，教育人不能一味去怪罪环境因素，而要理解国情和社会情势。上、中、基层的教育人，各必所守；希冀上达民意，横联四方，下通一线，彰显教育的能量。“因教育是一种永久的事业，非目光远大不足以立百年之基；教育又是一种社会事业，非同情普遍，不足以收共济之效”[9]，必须有“知其要”的人方能办好教育。陶行知停不下来，他自助助人，一往直前，是真心的教育家，伟大的教育家。今天的教育人有依靠，不孤立，要收获成就和乐趣，就应有正见正力、定见定力，全心办真教育，情感真挚，方法稳妥，矢志不移。

二、知识观

中国哲学包括孔子、墨子和颜元等，大都举相若的经世致用，至毛泽东、邓小平的“实事求是”，其精神尚“实”字，或可称为“实学”。在行与知的关系上，陶行知的观点经历改变，非常有名。有名到学陶的人们无人不知，无人不晓。陶行知说：“‘即知即行’是王阳明的格言，和我现在奉行的‘即行即知’‘行是知之始’是不同的。‘行是知之始’和‘即行即知’是一方面说明人类与个人的知识的起源，一方面叫行动取得主导地位。行动产生理论；行动发展理论。行动所产生发展的理论，还是为着要指导行动。理论要通过行动才能发生它的力量，丰富它的内容。”[10]需要特别留意，他认为，个人的知识也要从行动中来，这里的个人，包括中小学生。今天，中小学教学却实行着另一种方向，学生入学伊始，就进行书本教学，读书、背书、作业也是抄书。2001年起的教育改革，重视教学生活化，主张综合实践活动。可是，流行的纸笔作业属于哪种教学，除划入以知为主，或者根本就是书本学习之外，不能有其他归属。

陶行知继承墨子的知识论，写道：“‘墨辩’①提出三种知识：一是亲知；二是闻知；三是说知。亲知是亲身得来的，就是从‘行’中得来的。闻知是从旁人那儿得来的，或由师友口传，或由书本传达，都可以归为这一类。说知是推想出来的知识。现在一般学校里所注重的知识，只是闻知，几乎以闻知概括一切知识，亲知是几乎完全被拒之于门外。说知也被忽略，最多也不过是些从闻知里推想出来的罢了。”[11]应该肯定墨子和陶行知的这一观点。

陶行知所谓亲知，与目前修订后的课改说法，即要重视学生“先前经验”不

① 笔者注：此处的“墨辩”应为《墨经》。

同。“先前经验”可能是闻知和说知，而陶行知特别强调亲知。他指出，亲知是个人其他经验和知识的“根”，“闻知与说知必须安根于亲知里面方能发生效力。”[12]亲知的来源有二，一是自己去“做”，“教学做合一”的“做”，并且解释道：“只有手到心到才是真正地做。……真正之做须在劳力上劳心。在劳力上劳心是真的一元论”[13]，明确反对“在劳心上劳力”[14]。幼儿的游戏是做，因为游戏有充分劳力的环节，而把语文、数学加在幼儿身上，则是劳心，仅仅翻书和动眼不是劳力。二是亲历。亲为亲历获致亲知。

陶行知关于在劳力上劳心的教与学方式更有一种规定，就是“生活即教育”“用生活来教育”；“社会即学校”，把学校办在社会里。他把当时学校的情况比喻为在鸟笼里养鸟，主张把鸟笼打开，让小鸟回归大自然，使学生在生活里、在社会里、在大自然里自由翱翔，自由成长。陶行知的《小先生歌》就这样唱。

对于所谓“道尔顿制”，陶行知既肯定其有些进步，又批评其太过重视书本：在道尔顿制下的“学生比较旧式学校要自由得多。可惜它太看重了书本”[15]，陶行知说，书是一种工具，用书比读书更加重要，“本人不是单提倡实践，而轻看书本者。不过我们要用活书，活用书，用书活，以书本为工具，将书本置于两旁，而最要者还是做。”[16]“用”就是“做”，亦即实践。

有人认为，中国的课程和教学理论就两种，即基础主义和建构主义。这种看法有一定道理。基础主义的做法大约就是把学生安排在教室里听教师讲课，内容是学科知识，对于技能也通过讲解来传授，连实验室也懒得打开。近来，一个事件可能使这种教法得到力挺(不知是好是歹)，“许多英国教师对中国传统的数学教学理念和灵活使用‘老办法’十分佩服”。[17]建构主义也把学生放在教室里，但是，教师要利用学生的感性经验，通过探究和发现等学习环节，使学生形成自己的认知结构，很像道尔顿制。这样两种方法，与陶行知的主张比较，都不相同。陶行知强调“在做上教，在做上学”[18]，以“做”为教学过程的基本，实践贯穿在整个教学当中。课改的课程标准申明加强实验教学，规定了必需的实验次数，足见“做”的重要。但是，没有使“做”成为贯穿性方法这种意思。其实，实践、实验、试验、调查、观察、制作、对话、旅游、演出、写生、泥塑等，肯定能够串成合理知识结构。主张微课的教授以为“微课是项链上的珍珠”，即分散的链段能够串成连贯知识，当然，系列的“做”更能建构知识了。可是，因为这种合宜且重要的教育主张实行起来花钱很多，没有经验，没有教师，又有“文革”中胡乱“实践”的损毁，当下要普遍重现“教学做合一”十分困难，力主师陶者应该有思想准备。在全国，实施这种教育的已经出现先例，以“做中学”为主要理念进行课程编排的一些学校受到家长的热捧，生源踊跃。对此，我们给以由衷的祝福，希望它走得更远。把这种现象简单地称为多种多样的需求比较方便，但与家长交流就会知道，他们的选择很具有批判理性。

做事需要看条件，这是辩证法的条件论。我们现在强调条件与陶行知不同。他提出了以“做”为基础的知识观和学习观，就着手实行，最著名的是晓庄和育才。这两所学校，历尽艰辛地发展，始终坚持既定方向，其策略和办法是动员所能够动员的力量，师生浸入生活教育，村民、乡绅、军人、官吏、朋友、外援和同情者都被发动起来。条件论有两种基本形态，一是唯条件论，没有现成的条件就不做，叫“给我计划、给我钱和人，什么都能干出来”；二是创造的条件论，没有条件就尽可能创造条件。陶行知把创造与条件结合起来，开辟出新天地，成就了无数学生。

三、学生观

陶行知学生观是：“小孩子有不可思议的力量”[19]。这句名言产生于“晓庄的小朋友居然创造了一个自动学校”[20]。怎样叫不可思议呢？小孩子面对任务、难题、兴趣等，如若去“做”，去行，去实践，往往不仅能够完成任务，解决困难，发展兴趣，还可能有上佳表现，人们惊喜之余，发出“不可思议”的感慨。维果茨基有关于最近发展区的见解。他指出，学生在教师和同伴的微小帮助下，就能够完成其所学之上、之外的任务。这也是“不可思议”的例证。现在教育和课程改革把学生在学习中的主体地位和作用推得异常重要，其根据也是“小孩子有不可思议的力量”。确实，学生在课堂上自读、自练、互动、探究、发现，能够明显地增益自信和才能。

学生观是制约办学高度的要害。怎样看待学生就会培养怎样的学生；能够给学生以自由的全面发展，所培养的人就会获得思想、尊严、创造的人格和才智。然而，以这种学生观只对准少数学生是一种教育，而对准全部学生是另一种教育。陶行知秉持“爱满天下”“知识为公”和“教育为公”的理念，他是要面对全体百姓、全体青少年和全体学生的，“小孩子有不可思议的力量”这个论断，被陶行知推广到所有孩子身上：“人生天地间，各自有禀赋”。他办育才是爱惜民族的天才儿童，要创造充分的条件供他们发展才智，施以特殊的、更加适合的教育；他面对“难教学生”，不嫌弃，不厌倦，巧施教艺，苦口婆心，为的是所有学生能向上向前地成长。他关注孩子们的健康，在经济异常窘困时，想方设法筹措资金，改善他们的生活……

与时下所谓“张扬个性”的主张不同，陶行知十分重视学生的全面发展和个性才能发展，使小孩子能够“自立立人”。陶行知在一首诗里这样写道：“滴自己的汗，吃自己的饭，自己的事自己干，靠人、靠天、靠祖上，不算是好汉。”他主张“智育注重自学”“体育注重自强”“德育注重自治”[21]，强调“学生自治是学生结起团体来，大家学习自己管理自己的手续。”[22]在集体中自治的学生，其力量更加“不可思议”。陶行知在《自动学校小影》一诗里赞道：“有个学校真奇怪，小孩自动教小孩。七十二行皆先生，先生不在学如在。”在集体生活与个性发展的关系上，苏霍姆林斯基与陶行知的主张一致。

在普遍的教育行为中，要真正实行“小孩子有不可思议的力量”是不容易的，其前提是教师思想的立足点和向度在哪里。陶行知给了教师一剂预防针：“人人都说小孩小，谁知人小心不小。您若小看小孩子，便比小孩还要小。”

一方面称赞小孩子，一方面又培养小孩子。陶行知有一篇文章，专门论及《怎样做小先生——小先生指导法》，内容含在 15 个标题的内容里，“为什么要做小先生，找学生，课本要不要，识字呢读文呢，活动材料，留声机与无线电、图画书之功用，知道什么叫什么，教人的时间，不要摆架子，虚心求学，教你的学生也做小先生，小先生团，一变二，盯住你的学生也让你的学生盯住你”。这篇文章是关于小先生的培训教材，其全面、适切、通达、实用，堪称同类培训教材的范例。如此下实功夫是陶行知的作风，足见他对小孩子的信任。正因为信任，就一定要使他们成长为社会的有用之人。像新安旅行团、西桥工学团、山海工学团等等，都是小先生制的代表。陶行知非常重视教师言传身教，为了使学生接近优秀教师甚至把学生从乡下移到城里去住。

在教改中有所谓教师主导和学生主体以及双主体的争论。陶行知是既尊重小孩子的能量，又强调要给他们以教育和指导，把小孩子潜质，教师的价值，以及人生的目的意义统一起来，这就是陶行知教育哲学的清晰性、合理性和完整性之所在，可以称为完人教育。

四、整体观

陶行知的整体观非常鲜明,但凡教育以及与教育相联系的一切,在他看来都是一个整体,不可分离。整体也可以读成整个。推而广之,办教育、办学校,也需要整体认识和担当,否则就有违常理,于事无补。

陶行知主张"政富教合一",他指出:"政富教合一的根本观念是要将政富教三件事合而为一。"[23]整个社会,无论国家、城市、乡村、公司、学校生活的运行都是这样,政治、经济、教育你中有我,我中有你,"教育自教育""经济自经济""社会自社会"只能在言说里存在。这是其整体观的一例。陶行知认为:"知情意的教育是整个的,统一的。"[24]在三分法的《心理学》里,人的心理被分解为三种过程或者现象,同时还存在二分法,可见所谓心理学科学体系以及由此而分析心理活动都只是一种学派活动。整个地把握知情意统一的心理,对于认识学生的心理健康是绝对必要的,不仅因为三者在客观上合一,在起作用时也是合一的。思想品德工作不能从统一或者合一中进行掌握,很难把实际情况弄清楚,产生实效,所进行的咨询辅导只能碰一碰运气,缺乏可靠性和简洁性。

从"教学合一"到"教学做合一",陶行知对于教育教学过程的理解自始至终都是整体的,虽然,前者并不周到。"生活即教育""社会即学校"谈到也是整体。这种整体观具有特别重要启示和指导作用。后来,科学整理出系统论,也包含了整体的含义;所谓顶层设计,自然也是整体设计。在逻辑和运算结构方面系统论更加精确、可控,那是后来的进步。关键在于,能不能拥有对事、对物、对人的整体观,有整体观才有辩证水平。没有整体理解事情的才能,晓庄和育才两个学校断不能在农村生根,更无法在农村存活和发展。

陶行知对事物的看法是整体的,他的世界观、人生观、价值观也如此,就是三观统一。在《整个的校长》这篇文章中,他说,"分心的人"是"非整个的人","做一个学校校长,谈何容易!说得小些,他关系千百人的学业前途;说得大些,他关系国家与学术之兴衰。这种事之责任不值得一个整个的人去担负吗?"[25]陶行知在这里说的是整个的人,只有整个的人才能去管整个的学校。因为,为个人计,当整个的校长才可以发展专业精神;为学校计,才可以做一个学者的专心事业。学校是整体,校长有责任,以整个身心办学校才能办好,这就是三观统一。陶行知的这种主张与现在的情况相悖,时下大办集团学校,集团校长唤作总校长,总校长会使原本有多种特质的学校强揉为千篇一律的学校，使学校教育的丰富性消失。总校长作为有经验的教师的经验大都没有了用途，他们管规划计划，管职位，管物业，管对外，管发号施令，但不认识、不了解师生及其心理活动，成为学校的另一种人。什么人？大校长和小局长。所以，集团校长没有了优秀校长的原本意义，成为行政官员。

要评价这种现象很难，因为在提高教育质量的诉求下，合用的校长资源稀缺，提振教育发展水平受到不小限制，确实需要加诸优秀校长以工作量，发挥其管理的才能，以解燃眉之急。从学理和长远看，总校长的角色性质发生了异化。果真需要这样的小局长吗？校长应该具备面对具体个别学生的教育经验，这种经验难能可贵，非常宝贵。他要整合全校的教育资源，用于每一位学生，成为提调全部资源的教育智者。一头是全体师生员工，一头是学校的全面资源，只有理解个别师生员工才可能担任校长的教育责任，这种功能不可借由中层或班主任去实现。在教育局不能胜任学校管理时，我们需要集团学校的总校长，但是，他们能否面对师生个体，一个个地把人的工作做好。对这个复杂问题，只能放在以后去理论了。

五、创造观

创造是人类认识和改造世界的最高形式。恩格斯认为："人离开狭义的动物越远，就越是有意识地自己创造自己的历史"[26]。深刻意识到"与时代俱进"的陶行知，把创造当作理所当然的神圣使命，他在《创造宣言》里开宗明义地喊出："创造主未完成之工作，让我们接过来，继续创造"[27]。确实，创造主没有完成的工作不可胜数。陶行知视创造为人类的普遍行为，人人是创造之人，处处是创造之地，时时是创造之时；他把创造教育和创造的儿童教育放在攸关事业生死的层面上看，说："创我者生，仿我者死"；对于教育，他关于创造的理念更清晰："教师的成功是创造出值得自己崇拜的人。"[28]"教育者也要创造值得自己崇拜之创造理论和创造技术。"[29]在陶行知那里，创造是教育的灵性。事实上，只有创造才可能实现教育的"三个面向"，只有创造才可能推进教育改革和发展，才可能提高教育质量。

创造是有规律、有原则的。一定要分清新鲜事物和新生事物，新鲜事物不等于新生事物。人们不能苟同盲目追新，不能拒绝接受新生事物。新生事物富有生命力,极具发展前景,应该欢迎支持;新鲜事物则可能昙花一现,晨雾一场。现在教育界和教育学问界,但凡有新东西出现,就吹创造了第一个,却不论其是否长久,能否生长。近三十余年,我们制造了数不清的模式和典型,言必称将引起一场革命,带来彻底的变化,但却不能生根结果。当这些新鲜玩意儿烟消云散之后,也从未见过谁进行反思和剖析。这些人的价值观就是捞一把再捞一把而已,全然没有为办好教育的真心实意,属于学术的一种腐败。

循着事物成长的规律和过程,去促进发展,才能够体现出行为的价值。“行动是老子,知识是儿子,创造是孙子”,必须行动。对问题的重视也一样,爱因斯坦重视问题和想象,想象力与问题意识不可分。陶行知把问题的意义说得通俗明白,他在儿歌《问到底》里唱道:“天地是个闷葫芦,闷葫芦里有妙理。您不问它您怕它,它一被问它怕您。您若愿意问问看,一问直须问到底。”闷葫芦是关于天地的想象。创造教育也有方法和规矩,他办育才,所拟定的常能、公约等反映着教育的方法、育人的挚爱、育才的要义。其中的“十字诀”和“八个顾问”,是培养发明创造方法学的序列概念,是元方法概念。

创造最重要的规律在于“实事求是”。我国的教师教育一度很遭诟病,但是,最近这几年出现了可喜的转机。当把第一线优秀教师引入培训者队伍时情况就发生了这种变化,由他们所开设的培训教学,很有针对性,也很有效果;加上现场培训方式的广泛运用,培训更受欢迎。预计这样搞些年头,教师学习理论的基础建立起来,有了理论的兴趣,学者专家就能够普遍派上用场。

陶行知办教育走了一次弯路,这件事恰恰反映出其创造性的一面。他从美国取得城市学监资格回国,在全国性民间学术机构任职和在大学工作,是很负责的学官。此时前后,中国学术界都期盼学习国外的先进,严复引入英国的经验论,蔡元培、王国维引进欧洲大陆的理性主义,胡适引进美国杜威的实用主义[30]。陶行知按照杜威的思想和方法搞了十年,不仅不成功,还深感挫折。痛定思痛,陶行知毅然决然地把王阳明和杜威的理论教条倒转180°,变成了我们现在熟知的主张。这是一次重大的反思和改变,给我们大家展现了一位学者的高尚境界。如果一个人和一个集体,乃至一个政党不能知错就改,绝对无法创造,无法前进……

陶行知关于创造和创造教育的理念和行动,对于我们今天的教育人来说是十分有启发意义的。“教师所从事的是创造性工作”,以前说创造,现在喜欢用创新、创业，三者自有区别，本质却相似，也算新讲究。

创造理论和创造技术是贯穿陶行知一生的目标和使命。他忠告师范的毕业生，“得了中心学校的有效办法和因地制宜的本事，就能到别的环境里去办一个学校。这个学校的精神与中心学校是一贯的，但不是刻印板的，不是照样画葫芦的。它要适应它的特殊环境，也要改造它的特殊环境。”[31]对于技术和技术的进步，陶行知从不须臾懈怠，他之建议重视汽车、公路、留声机、电影机、种草植树和节制生育，足见其创新热忱。

当前，不少地方都在兴办培养教育家的各种班，投资不菲。许多人已经对这种企图从闻知中培养教育家的办法提出了重大质疑。陶行知将一流的教育家与经验教育家、书生教育家和政客教育家比较，阐明一种创造理念：“今日的教育家，必定要在下列两种要素当中得了一种，方才可以算为第一流的人物……敢探未发明的新理，即是创造精神；敢入未开化的边疆，即是开辟精神。”陶行知所谓的教育家，必定是能够“求实创新”的，不少人认为这样四个字已经有些陈旧，但是，只有沿着这条路走下去，才可能成为真心的教育家、创造的教育家。

陶行知以智民为教育的至要，以实学理念推行教育，以小孩子都有天赋，以整体身心为办好教育的条件，以创造为教育的生机，办出了世界为之欢呼的教育“奇迹”。这五个方面织成一个整体，是陶行知教育哲学的轮廓，其教育哲学观精神伟大、基底深厚和意义深远，是中国教育的思想宝库。

参考文献：

[1][2][3][4][7][8][9][13][14][18][22][25] 陶行知. 陶行知全集(第1卷)[M]. 成都：四川教育出版社，1991：374，278，221，221，630，259，357，130，130，125，29，50.

[5][11][12][15][23] 陶行知. 陶行知全集(第2卷)[M]. 成都：四川教育出版社，1991：21，4，2，9，561.

[6][27][28][29] 陶行知. 陶行知全集(第4卷)[M]. 成都：四川教育出版社，1991：145，3，4，4.

[10][16] 陶行知. 陶行知全集(第3卷)[M]. 成都：四川教育出版社，1991：411，494.

[17] 张民选. 英国教师眼中的中国数学教育秘密[N]. 中国教育报,2014-12-16(01).
[19][20][21][31] 方明. 陶行知教育名篇[M]. 北京:教育科学出版社,2006:217,217,16,6,377.
[24] 陶行知. 陶行知全集(第4卷)[M]. 成都:四川教育出版社,1991:460.
[26] 恩格斯. 自然辩证法[M]//中共中央马克思恩格斯列宁斯大林编译局. 马克思恩格斯选集(第4卷). 2版. 北京:人民出版社,1995:274.
[30] 冯友兰. 中国现代哲学史[M]. 南京:江苏文艺出版社,2013:66.

(本文原载于《生活教育》2015年第3期)

陶行知“人民教育家”形象的政治化建构

杨师琪*

摘　要:个人社会身份的界定是由大众赋予的,一般根据其对社会造成的最大化的影响而界定,在界定的过程中政治力量的导向作用不容忽视。陶行知是如何以“教育家”的形象存在于中国共产党的政治叙事中,其教育理念是如何主动或被动与政治融合等问题,是“人民教育家”头衔背后的政治化细节。文章在空间理论的视域下由陶行知逝世后我党评价与中国报纸报道论起,通过我党对陶“人民教育家”形象的树立过程、陶教育思想的政治化宣传与普及、陶教育理念的政治化实践与运用三方面对陶“人民教育家”形象的政治化建构缘由进行剖析。建构陶行知“人民教育家”的形象不仅是追悼与怀念,而且通过宣传与实践陶的教育理念,既令民众直观了解我党,又益于人民,形成良好互动。20世纪40年代我党对陶行知“教育家”形象的政治化建构,既是对其教育贡献的肯定,又是革命建设的需要。

关键词:陶行知;人民教育家;政治化建构

一、引言

个人社会身份的界定是由大众赋予的,一般根据其对社会造成的最大化的影响而界定,在界定的过程中政治力量的导向作用不容忽视。20世纪70年代,列斐伏尔在其著作《空间的生产》(The Production of Space)一书中,推翻了将空间仅仅看作是社会实践发生的场地或背景的观念,而是将空间及其生产看作是社会关系演变与建构的产物,提出了社会空间生产理论。列斐伏尔认为,任何一

* 杨师琪,女,时为南京大学历史学院中国史专业硕士研究生。

个社会空间都存在着三个相互联系的维度或过程,即空间的实践(spatial practice)、空间的表征(representation of space)和表征的空间(representational space)[1]。陶行知的形象建构过程是非常复杂的。本文将从空间理论视域探讨其"教育家"形象的政治化建构。

毛泽东赞颂陶行知为"伟大的人民教育家"[2],周恩来认为陶行知是"无保留追随党的党外布尔什维克"[3]。20 世纪 40 年代"学陶""师陶"活动在解放区风行,一度遍及国统区,陶被"神化"。50 年代主流意识批判电影《武训传》因陶曾倡导过"武训精神",一时间大众对陶及其思想从推崇转向批判。此种状况一直延续到 80 年代为陶平反之后才结束,转而纪念陶,提倡其教育思想在新阶段、新时代的运用。在"颂陶""批陶""念陶"这连续性的过程中,政治力量的导向作用至关重要。其中 40 年代"颂陶"行为尤其有探讨的价值,陶行知作为自由主义者、社会公众人物,是如何以"教育家"的形象存在于我党的政治叙事中,其教育理念是如何主动或被动与政治融合等问题,是"颂陶"背后的政治化细节。20 世纪 40 年代中国社会既有对外抗日的紧迫任务又有国家统一的需要,陶行知在这一时间段有着卓越的贡献,在抗日任务结束后我党在解放战争中取得胜利,紧接着面临政治建设的重要任务。在政治建设中,以陶行知为代表的无党派爱国者不仅是可以被树立的榜样,而且是需要被紧密团结的对象。在中共中央的倡导下,国内许多关于陶行知生平、思想等文本中都存在相似的描述,无论是小故事、回忆录、连环画还是教科书、人物传记,其中的陶行知形象是具有高度同一性的,可以称为"共同叙事"。这种政治影响下的叙事高度同一性造成了今天陶行知形象的抽象性,陶行知留给人们的记忆似乎就只有"人民教育家"。此种现象固然与陶行知在教育事业的建树有关,也是因为政治力量的推力。为深入理解陶行知的教育思想及其发展,本文着重讨论 20 世纪 40 年代我党对陶行知"教育家"形象的政治化建构。

二、从报纸中的追悼会与葬礼看"人民教育家"形象的树立

1946 年 7 月 25 日下午,陶行知于上海辞世。毛泽东、朱德特致电吊唁。电文内容如下:惊闻行知先生逝世,不胜哀悼。先生为人民教育家,为民族解放与社会改革事业奋斗不息,忽闻逝世,实为中国人民之巨大损失[4]。唁电给予陶行知高度的评价。根据当时报纸记载,陶行知逝世后,多地举办追悼会。

报纸这一文本是各派政治力量或意识形态控制下的空间，代表所属单位自身的话语体系。通过报纸语句的情感色彩，可以揣测出背后撰写者的主观用意。譬如《黑龙江日报》上记载延安方面着手筹备陶行知的追悼会：1946 年 8 月 6 日上午，延安文化界生活教育社延安分社及行知先生生前好友筹备追悼陶行知，参与人有林伯渠、陆定一、王同湘、张季纯等，并高度称赞“他不仅是一个优秀的为人教师的教育家，他又是中华民族中的忠实战士”[5]。1946 年 8 月 11 日延安各界代表共两千余人参加陶行知先生追悼大会，中共中央委员会主席毛泽东同志题字：痛悼伟大的人民教育家。女工李淑英写道：你活在我们工人心里。主祭人林伯渠、谢觉哉、陆定一、徐特立，陪祭人有李卓然、柳湜等 11 人。追悼会上陶门弟子张宗麟报告陶行知生平事略，他结语时说：“陶先生是在战斗中死去的，我们后继者要担负起他的未竟事业，为实现他的理想而奋斗。”会议最后通过了组织陶行知先生纪念委员会议案，由林伯渠、习仲勋、徐特立、谢觉哉、李卓然、贺连城、江隆基、柯仲平、马济川、张宗麟等 10 人组成[6]。在这场追悼会中，出席者皆为我党高级别的领导人，女工发言的安排是为了彰显陶行知的“人民性”，突出其贡献与我党团结群众的政治路线紧密结合，而最后张宗麟的结语突出陶之死是为战斗而死，个中含义即是说为反抗国民党政府而死，我党作为后继者的表态则是将陶视为同一阵营的战友，并表态将负担起陶的未竟事业。通过报道陶氏追悼会，讲述其生平、教育事业上的贡献，突显其高尚行为与我党方针路线的一致性，构建其“伟大的人民教育家”的形象。

报纸是文本，也是抽象的政治空间，可以输出意识形态。《解放日报》报道陶氏葬礼情形，“伟大的民族战士、人民教育家陶行知先生的灵柩已于本月一日由沪运抵南京安葬……前来迎灵柩送葬者千余人……在‘万世师表’‘民主之魂’的旗帜后面，是沈钧儒、董必武两氏率领下漫长的送葬行列……在其最后面有四乡农民自动组成的锣鼓哀乐队，沿路五步十步便有市民摆设的奠祭桌子。”报道中记载灵堂前面竖着毛泽东、朱德及中共代表团致送的黄菊花圈，公祭开始，农民歌手奏哀乐，学生唱挽歌，沈钧儒、81 岁老翁雷万源陪祭，教育家陈鹤琴代表 51 个人民团体所组织的筹办委员读祭文时泣不成声，学生、老翁雷万源、陈鹤琴作为不同年龄、不同职业的人，他们自发的举动无一不显现出陶在人民心中重要地位。会上翦伯赞致辞说：“学生和农民都诚心诚意表示哀思，这是崇高的荣誉，陶先生可传之万世千秋而不朽。”陶先生挚友姚文彩转告陶氏生平，说到陶先生为了事业不惜牺牲一切,以致现在他的子女躲避风雨的地方都没有时,前后左右一片哭声,连几个警察也低了头,荣誉军人陈根度、育才学生周梅的演说也一语一哭……[7]可报道中通过中学生之口说出怀疑陶氏之死,“周同学颤着足喊:‘谁相信陶先生是病死?谁不说这个是李闻案的继续?’三时由沈钧儒、翦伯赞、罗隆基及家属等扶柩安放进墓场,凄寂中只有掘土与哀泣的悲声,在这悲声的后面则是千百万群众的怒吼:踏着陶先生的足迹奋勇前进啊!”[8]报纸中报道的葬礼更是一个具象的空间。大卫·哈维(David Harvey)在阐释列斐伏尔的空间实践这一概念时提出,“空间的实践,指社会生活实现生产和再生产的时空惯例和空间结构(场所和路径等),实际对应权力之于物理形式的真实空间进行形塑的过程。”[9]在媒体报道的话语体系下,陶氏的葬礼有乡民自觉地为其祭奠,情到深处泣不成声,表现了陶在人民心目中地位之崇高。在陶氏葬礼上,翦伯赞把陶氏与孔子相比代表着我党官方对陶的评价。

在葬礼这一特定空间中,中共中央对陶氏的评价为陶氏教育家的身份加上了大大的“人民”的脚注,并通过后续的一系列报道进行再生产,譬如报刊对其教育事例长篇累牍的宣传,使得没有与陶直接接触过的民众亦对其有一二分了解。

三、陶行知教育思想的政治化宣传与普及

20 世纪上半叶,人民的主体性受到我党的重视,我党希望并且推动中国教育的发展趋势由精英教育走向大众教育。陶行知主张平民教育,其教育思想注重发展人的自主能动性与主张自由民主,是大众化教育和民主化教育的典型代表。

1939 年 8 月 29 日,毛泽东在陕甘宁边区小学教员暑期训练班毕业典礼上发表演讲《抗战教育与小学教员》。在此次演讲中,他肯定了陶行知的“知行合一”理论和“生活教育”学说的重要地位。毛泽东认为:“在抗战教育中,‘知行合一’是一件大事,教育家陶行知先生就是搞这一套的。”[10]于是解放区广泛开展学陶师陶活动。毛泽东、朱德、董必武、林伯渠、周恩来等领导人都为其题词或讲话,指出“在人民已经得到解放的中国解放区,陶先生的思想得到广大人民的欢迎。他的理想被实现,被发扬光大”。林伯渠讲话中说到,“陶先生是在我们这个多灾多难的国家里近三十年来所诞生出来的一个天才——人民教育家,这是中华民族的光荣,他的一生言行,代表他对于广大的人民群众有着深厚的爱,面对

法西斯独裁者，则极端痛恨，这正是中国一代巨人所具备的伟大精神”[11]，并称全边区人民和政府永久纪念着陶行知先生，陶的事业将会在边区实践，纵使陶没有到过边区也为广大群众带来福利，并希冀陶先生的教育理念将来能够在全国得到实施。

“不仅空间反映着意识形态，意识形态也需要通过空间具体体现和实现”[12]。为纪念陶行知，边区政府将延安中学改名为行知中学，并设立行知奖学金。行知中学成为悼念“人民教育家”陶行知的“记忆之场”。运用符号、术语和知识等对空间实践进行诠释，最终将空间表征为某种意识形态载体的过程就是所谓“空间的表征”。而后我党在宣传陶氏教育思想时，常常与党派路线方针相结合。《解放日报》一篇报道中记载了三人对陶的评价，徐特立认为陶学术思想是从中国的实际出发的，陶把改造社会放在第一位，因此陶是伟大的思想家和优秀的人民教育家；生活教育社延安分社代表丁华说：“陶先生的死是中国人民的一个沉痛的损失，他为中国人民写下了光辉的一页”；山海工学团育才学校的代表许翰如说：“陶先生的死，对我们受过苦难的孩子们是一个很大的悲痛，在大后方来说，更使我们的同学失去了一个最有力的保护者，我们要号召解放区的青年起来支援他们，反对国民党反动派对于陶先生事业的摧残和破坏！”[13]语言从宏观、概括性的评价到感同身受的悲伤，最后落足于对“国民党反动派”的仇恨，因他们才造成人民损失了学生的保护者、优秀的教育家陶行知。时任中共中央宣传部部长陆定一谈到对陶行知教育观的理解，指出陶行知把人民看作人，而非奴隶与顺民，因他相信人民的力量、人民的智慧，在教育事业上主张人民自己为自己办教育，所以他的理论与教育实践是调动人民的能动性，让人民自己解放自己，是很理想的状态，并充分肯定陶的教育思想是新民主主义的教育思想，是为人民服务的教育思想。在此种表述中将陶的理论与实践与我党路线方针形成同一目的性的内在联系，更号召党员向他学习，“陶行知先生，在他的政治生活中，他的主张，他的行动，他的作风，他的与人民的密切联系，他的刻苦耐劳、坚强不屈、视死如归，都是人民的模范，不仅别人应该把他当作模范来学习，我们两百万中国共产党党员也可把他当作模范来学习。陶先生所走的道路是正确的。”[14]

1946 年 5 月 29 日，时任延安教育研究室主任的李维汉在重庆社会大学第一学期总结会上发表题为《按照需要，自己动手》的讲话，对陶行知开办社会大学的教育实践活动表示肯定，赞赏陶行知关注人民群众的需要因而开办社会大学的举措,并赞扬这种办学活动彰显了从群众的生活出发的"实际精神"。他认为陶的教育方式和方法与解放区的教育方式类似,同样贯穿着两大原则:"第一要按照老百姓的需要出发,他们要什么,我们教什么;第二要让他们自己动手来办,这样,学校办出来方能适合老百姓。"[15]

四、我党对陶行知教育理念的政治化实践与运用

陶行知曾在回应朋友对于生活教育质疑的信件中谈及教育与革命的内在联系,无论是"教学做合一",还是"社会即学校"或是"即知即传",都是为了在日常生活中发展教育,让教育通过生活生发出力量,实际上就是要通过实际的实践方能实现教育的效用之意,而时下的实践即革命。"教育是民族解放、大众解放、人类解放之武器"[16],这种教育观是把教育从静态的理论中解放出来,输送到战场上去,直接运用于实践。陶认为生活教育理论是半殖民地半封建的中国争取自由平等的教育理论。由此可知,生活教育理论重视联系生活实际,是实用性很强的教育理论,并且符合我党革命与建设的实际。《生活教育之特质》中陶行知认为有钱人家为读书而读书是小众教育,普罗大众只能为生活而读书[17]。人民百姓受教育首要得益便是能够生活,也是为着此种目的才要开展教育。为了践行大众教育的必要性与目的性,陶行知开办晓庄试验乡村师范提倡乡村教育、创办自然学园推动"科学下嫁"、发起普及教育运动和平民教育运动等,无一不验证了他教育思想的"人民性"本质。在陕甘宁边区小学教员暑期训练班毕业典礼上,毛泽东发表讲话,题目是《抗战教育与小学教员》[18],谈到教育现状,他认为有两大不足,一是"脱离实际",二是"讲了不做"。毛泽东指出教科书里不仅要有抗战,还要有生活,在主义、理论之外,要接近民众生活谈谈现实的问题,实际上这就是"生活教育"所主张的教育与生活的紧密结合,才能够真正实现理论与实际的联合。"讲了不做"则主要批评的是理论道路没有落到实践,结合陶行知的"知行合一"与马克思主义基本原理,毛泽东提出理论是"知",实践是"行",由此看出毛泽东结合马克思主义,转化并运用陶行知教育理念于我党的教育理论指导中。

延安根据地是特殊的教育空间,由于我党在延安的主导作用,几乎能够完全实现我党的意识主张,有试验田的性质。延安时期我党教育的方针首先是为人民服务的,"新民主主义的教育是无产阶级领导的人民大众的反帝反封建的文化教育,是民族的、科学的、大众的全新型的教育。"[19]据农民生活的实际情况,毛

泽东提出学习的随时性，不受场地的限制，“最重要的，是善于将这些知识应用到生活和实际中去”[20]。生活与教育相结合的践行原则实际上就是陶行知所推崇的“生活教育理论”。

通过符号与象征体系建构出来的空间是表征的空间，是人们实际生活和直接体验的空间。我党在延安的教育方针是新民主主义的，落实在大众教育上，充满着“文化细胞”“小先生制”等概念的延安是我党实践陶行知教育思想的空间。只有主体在特定空间中的活动，才能成就表征的空间，换言之，符号与象征体系是空间的外在，主体活动才是本质。陶行知倡导“社会即学校”，即学习场地不固定于一板一凳，无须固定场所。我党在延安推行冬学、半日校、巡回教育站等灵活的教学组织形式。靖边县张家畔的冬学采取混合五种教学形式，适合分散的农村环境，又要兼顾农忙等农业生活。有分三时轮教，早饭、午饭后各去一处，晚上去教员处；有住在组长家中，随时随地学；有组长上门教学；有家中识字者教授；还有一人参加识字学习回家再教其他人[21]。洋芋渠冬学则推行男子进夜校，妇女进半日校、识字组的分时教学形式[22]。庆阳赤城湾子冬学则根据季节变化调整[23]，因群众的生产生活安排根据季节变化，教学方法也以季节分类，使教育不阻碍生产，更利于相互促进。一个个识字小组、读报小队俨然成为陶行知教育概念中的“文化细胞”，延安根据地成为我党建构陶行知“人民教育家”形象的表征的空间。

五、余论

综上而言，陶行知在教育事业的建树与对人民的贡献毋庸置疑，而关于其“教育家”身份前的“人民”二字前缀则是有其政治内涵。20 世纪 40 年代中国社会既有对外抗日的紧迫任务又有国家统一的需要，陶行知在这一时间段有着卓越的贡献，抗日任务结束后中国共产党在解放战争中取得胜利，紧接着面临着政治建设的重要任务。在政治建设中，以陶行知为代表的无党派爱国者不仅是可以被树立的榜样而且是需要被紧密团结的对象。我党推崇陶并不是从其逝世后开始，而在其逝世后通过对陶行知“人民教育家”的形象构建，不仅可以回忆其为人民贡献的往事、悼念伟人，而且通过对陶教育理念的宣传、效仿与实践，令民众直观理解我党的路线、方针，进一步吸引民众对我党的好感，形成良好的互动关系，利于革命战线的建立。

在构建陶"人民教育家"形象的过程中,报纸这一抽象空间有着其宣传的重要意义,报纸的主要读者一般为城市知识分子,而在具象的空间中,通过主持葬礼或追悼会,在场发出对陶之死的质疑则又引起民众悲情进而重新审视社会动荡之根源;而后在宣传陶氏教育思想时,常常与党派路线方针相结合;最后在对陶行知教育理念进行政治化实践与运用时,则是真正将陶作为教育界之先驱,学习并落实其教育模式。言而总之,20 世纪 40 年代我党对陶行知"教育家"形象的政治化建构,既是对其教育贡献的肯定,又是革命建设的需要。

参考文献:

[1][12]LEFEBVRE H. The Production of Space[M]. Cambridge,Massachusetts:Basil Blackwell,1991:144.

[2][6][11][13] 沉痛追悼陶行知先生[N].解放日报,1946-08-12(1).

[3] 周恩来.对进步朋友应多加关照[A].周恩来选集(上卷)[C].北京:1984:238.

[4] 陶行知先生家属[N].解放日报,1946-07-29(1).

[5] 延安筹备追悼陶行知[N].黑龙江日报,1946-08-06(1).

[7][8] 陶行知先生遗体在京安葬[N].解放日报,1946-12-08(1).

[9] HARVEY D. The Condition of Postmodernity[M]. Oxford:Basil Blackwell,1989.

[10] 毛泽东.抗战教育的"知行合一"[J].中国陶行知研究基金会会讯,2000(8):2.

[14] 陆定一.悼人民教育家陶行知先生[N].延安:解放日报.1946-8-12(1).

[15] 吴玉章.按照需要,自己动手[C]//社会大学同学会·社会大学.昆明:北门出版社,1946:59.

[16] 陶行知.谈生活教育[M]//陶行知文集(下册).南京:江苏教育出版社,2008:818.

[17] 黄贵祥.陶行知不同于杜威[M]//陶行知纪念文集.成都:四川人民出版社,1982:194.

[18] 毛泽东.抗战教育的"知行合一"[J].生活教育,2010(6):1.

[19] 毛泽东.新民主主义论[M]//毛泽东选集.哈尔滨:东北书店,1948:271.

[20] 毛泽东.中国革命战争的战略问题[M]//毛泽东选集.北京:人民教育出版社,1964:174.
[21][22][23] 阎树声,胡民新,毛泽东与延安教育[M].西安:陕西人民出版社,1993:268,269,270.

(本文原载于《生活教育》2020年第4期)

再谈我国需要众多的现代陶行知

——纪念刘季平诞辰 100 周年

杨东平*

今年是陶行知诞辰 117 年、逝世 62 年。在陶行知的教导和影响下，在他的生前和身后，有众多的学生、同志终身追随他，以他为楷模，为中国的教育改造和社会进步呕心沥血，鞠躬尽瘁。刘季平就是其中重要和优秀的一员。

刘季平是陶行知当之无愧的学生和战友，他 20 岁时入晓庄师范就学，任晓庄学校地下党支部书记。在此后的革命生涯中，几次入狱都得到陶行知的直接帮助。他从师陶学陶开始，教育历程长达半个世纪之久，抗日战争和解放战争时期，先后任苏中行署文教处长、抗大九分校副校长、苏中党校校长、苏皖边区政府教育厅厅长、华东野战军随营学校校长；新中国成立后，曾任上海市副市长兼市委教育卫生部部长、中央教育部副部长、代部长。作为 1927 年入党的老布尔什维克，他在战争时期与陶行知切磋学习，在苏中、苏皖解放区的教育工作中提出并力推"普及新民主主义思想，教导人民识字、明理、翻身、兴家、立业，培养各种干部与专门人才，为建设新民主主义的苏皖边区及新中国，提高人民政治经济文化生活而奋斗"的教育方针。经历了 50 年代对陶行知的错误批判，在党的十一届三中全会之后，他痛定思痛，一直在为正确评价陶行知而奔波操劳。1983 年，他给董纯才、张健和中央教科所写信，称"现在我越学马列主义、毛泽东思想，越

* 杨东平，男，曾任北京理工大学教育研究院教授、博士生导师，国家教育咨询委员会委员，国家考试指导委员会委员，中国陶行知研究会常务副会长，21 世纪教育研究院院长等职。

学三中全会以来有关文件和《邓小平文选》,就越认识到,我以前的那些思想全都应该重新认真加以研究改正。"他一而再、再而三地为陶行知辩诬,改正"左"的错误思想给陶行知扣上的"改良主义""实用主义""新马尔萨斯"的帽子。1986 年 10 月,他被确诊为肺部患不治之症后,仍然坚持思考和研究,提出陶行知"早就转变为辩证唯物者""他的一生是'行以求知知更行'的一生";陶行知是"为教育改革坚决献身的革命教育家""是抓住了要害的教育改革家""是认清全局的教育改革家"。

对陶行知的教育思想,不仅要整理和继承,而且要发扬光大。刘季平晚年的教育活动,联系实际地发扬陶行知教育思想,为深化教育改革提出了一系列具有真知灼见的意见,为师陶、学陶树立了优秀的典范。1983 年,他致信邓力群、胡乔木,深刻揭示了当前教育中存在的片面性问题:片面重视学校教育,而忽视了"广义的教育事业";在学校教育中又片面重视高等教育,不重视普通教育,尤其是不重视农村教育;片面追求升学率,片面灌输许多死知识,造成学生负担过重,影响学生身心健康;片面偏重文凭。他指出"我们还有不少同志至今仍然陷于狭义、片面、死板教育思想的牛角尖不能自拔,仍然抱住偏重学校教育、片面追求升学率,只顾死教、死考、死知识等错误思想不放,就使广大师生、家长和整个社会风气,以致政治、经济、科学、文化全都受到很多坏影响。反观陶行知思想的精神实质,却差不多完全符合中央好些决定与指示的精神。"1988 年,他在《有关教育体制改革的几点浅见》的文中,强烈地提出教育要以当代实践为中心,教育要从当代我国整个社会发展着眼;教育也要讲求活、放、管,首先要在活字上下功夫,提出社会本身是个大学校,要"把全中国办成大学校"。他所倡言和实践的,正是陶行知教育思想的精髓:整个教育思想"是从我国整个社会着眼的,是特别着重面向广大人民群众的,而且无论是讲社会或学校的教育,都是以当代我国社会实践为依归的"。

作为中国陶行知研究会的创始人之一和首任会长,刘季平也为新时期中陶会的工作提出了具有远见的重要建议。1985 年 12 月,在中国陶行知研究会、基金会常务理事会上,他谈到学陶工作的三个主要问题,一是要努力争取党和政府特别是教育部门的领导与支持,主动宣传介绍,让更多的人认识、了解陶行知。二是"要努力扩大团结面,把陶研会办成五湖四海的陶研会",因为"陶的宝贵遗产属于全国、全人类,不是哪一家的"。三是注意理论与实践相结合,紧密结合当前和各地的实际，把调查研究实际情况和运用陶行知教育思想进行教育改革的实践结合起来，努力做到“行以求知知更行”。今天看来，这仍然是我们至今还没有完全解决好并需要继续努力解决的重要问题。1986 年 7 月，在纪念陶行知逝世 40 周年之际，刘季平发表《培养众多的现代陶行知》，提出了新时期学陶事业新老交替，与时俱进的新要求。他大声疾呼“我们现在非常需要陶行知，需要众多现代陶行知”，希望师范教育首先努力，“为多出、出好众多现代陶行知作出力所能及的贡献”。

令人欣慰的是，今天年青一代的陶子越来越多，正在健康成长，有的已经崭露头角；使陶行知的生活教育理论现代化、进入教育主流的改革实践也在积极的探索之中。但无须讳言，这一努力仍然远远落后于社会现代化的实际进程，落后于现实教育在理论和实践两方面的迫切需要。

为此，需要特别认清当前教育发展的新形势。随着贯彻落实科学发展观，各级政府优先投资和发展教育，教育的外部环境明显改善，各级各类教育机会显著增加，而学龄人口在逐渐减少，教育已经越过了极度短缺、贫困的状态。今天，中国教育正面临一个历史性的转折点：从满足基本需要，到有可能追求好的教育、理想的教育。然而，关于什么是好的教育、理想的教育，以及面向未来的新的教育方针、教育价值、培养目标等，至今还没有形成必要的共识。今天，我们比以往任何时候都更需要改造学校与社会、教育与生活、书本与实践相脱离等弊端，从“应试教育”转向“生活教育”，重建学校与社会、教育与生活的关系，围绕青少年成长的实际需要，实施民主的教育、有用的教育、活的教育、创造的教育。陶行知的教育思想正是可以大有可为、大有用武之地之时。

在刘季平诞辰 100 周年之际，回顾他师陶学陶的一生，重温他对中陶会工作的重要嘱托，可以使我们更清楚地认识身负的责任和使命。先人已逝，但他们的思想和事业不朽。学习他们的伟大人格和高尚品质，实现他们未竟的事业，发扬光大陶行知教育思想，培养和造就一大批现代陶行知，才是对他们最好的纪念！

（本文原载于《生活教育》2008 年第 5 期）

第二篇

生活教育篇

《生活教育》与抗战

林银光[*]

摘　要: 陶行知先生主编的《生活教育》杂志,在 20 世纪 30 年代的抗日救亡运动中发挥了独特的重要作用,其鲜明的抗日特质,彰显了这份教育刊物的战斗风格和时代特征。《生活教育》在上海乃至全中国竖起了一面鲜红的抗战教育旗帜,永远为后人所敬仰。

关键词: 生活教育;抗战;陶行知;刊物

在中国教育工作者与全国人民一道纪念中国人民抗日战争暨世界反法西斯战争胜利 70 周年的日子里,我们不能也不会忘记当年抗战烽火中曾经有过一份只存在了两年半、只出版了三卷 60 期的教育刊物①,但它却让一代又一代中国教育工作者为之骄傲。它,就是陶行知先生主编的《生活教育》。

20 世纪 30 年代,陶行知创立了生活教育理论,发动了科学下嫁和山海工学团运动。为了深入研究生活教育理论,广泛交流和推广生活教育实践经验,陶行知在上海创办了《生活教育》半月刊。《生活教育》于 1934 年 2 月 16 日出版创刊号,1936 年 8 月 16 日停刊。

《生活教育》在抗战初期的大上海,在教育界,在千万师生的心头,竖起了一面鲜红的抗战教育旗帜。

一、《生活教育》在抗战救亡中的作用

《生活教育》绝非普通的教育学术刊物和教育普及读物,它一面传播生活教

* 林银光,男,曾任上海师范大学陶行知研究中心副秘书长,上海市陶行知研究协会副秘书长等职。

育思想，推广生活教育实践，一面宣传抗日救国的道理，弘扬中华民族的精神，在抗战救亡中发挥了独特的重要作用。

1．揭示日本帝国主义的侵华本质

1931 年日本帝国主义悍然发动“九一八”事变，迅速占领东三省，加快了全面侵华的步伐。《生活教育》毅然挑起抗战重担，及时警示民众放弃幻想，深刻揭露日本侵略者亡我中华的野心。

《今年的“九一八”》一针见血地指出，日本早有预谋，他们不会止步于侵占东北，“到现在华北已朝不保夕，关内战区交还名存实亡，这就是铁样的证实日本帝国主义者并吞整个中国和独占东亚之野心了。”[1]

1934 年 5 月 29 日，世界军缩会在日内瓦召开，共有 64 国代表参加。仅一个月后，汤建勋就在《生活教育》撰文强调，“在最近之将来，军缩会议即将破裂，而随此破裂以俱来者，将为惨绝人寰之第二次世界大屠杀。吾国在此时期应有所准备，准备此大屠杀之来临，准备以赤血洗雪吾人以往之耻辱。”[2]作者清醒地洞察了第二次世界大战的即将到来。正如陶行知指出的，这是中华民族在“与亡国赛跑”。

日本帝国主义“经济侵略，文化侵略，军事侵略，三管齐下”，必欲彻底制服中国，置中华民族于亡国灭种之绝地。他们深知欲消灭一个国家，必先消灭这个国家的文化。日本占领东北后，大肆推行殖民教育，《血泪语》揭露“东北每一个学校里，都有一个日本人做副校长，还有三四个日本教员，在他们的监督之下，实施着极度的奴化教育。那儿的同学是再不能读中国史书，中国地理了……”[3]《看了伪国小学教科书以后》，在批判“满洲国”殖民教育的同时，号召教师们“不要拿着安眠药天天向着最有希望的孩子们去灌了！”[4]

2．揭露日本帝国主义的侵华暴行

日本侵略者为了掩盖其凶残面目，极力鼓吹“大东亚共荣”论调，在沦陷区不断上演救治中国伤兵、赈济中国难民的丑剧，以达到混淆世人视听、蒙骗中外民众的卑劣目的。《生活教育》以大量篇幅、翔实数据、确凿事实广泛、深刻地揭露了日本侵略者残暴的法西斯行径，将他们反人道反人类的罪恶暴露于光天化日之下：

“他们（指日本侵略者）派了三个师团的兵力，带了无数的大炮和四十多架飞机，向这些善良的人类猛扑，经过八天的激战，才平静了。然而，依照我们极不精确的统计与最低的估计,那次被杀的同胞总数在十一万人以上。"

日本侵略者"近在津沽等处秘密建筑工事,工竣即将所有工人秘密闷死,抛至河中以灭口。近月来死尸已有六百余具。其未完工者尚多,将来不知有多少华工被杀?"[5]

"在这半月中,最不幸的要算煤矿工人了。因为在这短时期内有两个极大的矿区都受了日本帝国主义的凌逼和牺牲。一个是河北省柳江煤矿公司。本月四日清早,被邻近中日合办太记矿区日人经理石田久友召来山海关……武力查封矿穴,仓库,码头,并拆去运煤铁路,扣留机车,驱逐旅客,全区一齐不能工作。另一个是山东省中日合办淄川煤矿,十三日上午十一时,发生煤层倒坍,淹死员工六百多人的大惨剧。"[6]

3. 呼吁民族团结,传递必胜信念

要抵御外族入侵,保卫国土,唯有万众一心,同仇敌忾。中华四万万同胞,在国难当头、民族濒危之际,向世人展现了众志成城、誓死报国的民族精神。

陶行知在《从救水想到小孩的力量》中大声疾呼,要与日本侵略者血战到底:"现在中国受着帝国主义的压迫,正是大难当头,好一比黄河之水天上来已经把河堤冲了许多大洞。这时候是一刻也不能游移,对于一切的力量都要下总动员令,把他们号召起来与帝国主义决一雌雄。"[7]在中国共产党领导的"一二·九"运动爆发后七天,陶行知就在《生活教育》撰文《两天内两大洲上的民族革命》,高度赞扬"一二·九"运动是"对汉奸与帝国主义的双层反抗"。在《十二月运动与五四运动》中陶行知又深刻指出,"一二·九"运动是"社会主义与法西斯主义对垒","打倒帝国主义是成了中华民族解放之十分明确的目标","大众也要知道自己的使命是民族解放的主力"。[8]

更为难能可贵的是,在1935年8月1日中国共产党发表《为抗日救国告全体同胞书》(史称"八一宣言")后仅半个月,1935年8月《生活教育》就刊登了《新中国与新教育》,指出"所谓联合,就是联合各党派的人,各党各派的人如果以前是打架的,现在就应该停手,把旧账搁在一边,以后再算",呼吁国民政府的二百万军队、西南的兵力、中国的红军和老百姓四大力量联合,"一齐来打共同的敌人"[9]。郁文的《论中国民族统一战线》更是与"八一宣言"相呼应,指出"日本帝国主义的无止境的侵略,汉奸头子们不知羞耻的出卖,已经在那里警告全中国的人民,亡国灭种的惨祸就在我们的眼前。我们要得不做亡国奴,便只有全中国人民联合一致走上民族解放战争的道路……中国的民族统一战线,要号召一切不愿当亡国奴的人们联合在一道,各人拿出他的力量来,共同对敌作战,扑灭汉奸达到中国民族之自由解放。"[10]

国民党奉行"攘外必先安内"方针,借抗日之名,打击异己,消灭中共,理所当然受到人们的谴责和反对。陶行知的《古北口来的大刀》诗:"刀儿两面光,可怜这把刀! 来自古北口,不能分好丑。人也和刀一样:从前杀敌人,现在杀朋友。"[11]三花脸的讽刺诗:"救国大家救,卖国归我卖。岳飞学厌了,现在学秦桧。东北华北送了人,国土还有一大块。等到整个民族进棺材,我盖棺材盖。"[12]这些诗都痛快淋漓地斥责了国民党当局的可耻行径。

当亡国论甚嚣尘上、悲观主义黑云压城的时候,《生活教育》及时报道我国军民抗战捷报,鼓舞民众的斗志,坚定将士的信心。1935 年年末,《生活教育》连续两期在"半月小情报"栏目中刊登了东北义勇军消灭日寇的消息:"关东军清天部队在吉林大宇屯和义勇军二百五十人开火经过三小时,日军死伤二十六人。""黑龙江东宁日军为义勇军包围,阵亡五人,负伤八人。热河义勇军与日军大小战有四十一次之多。"

"到现在,中国如果不立刻进行自卫的民族抗争,把中国民族从帝国主义,尤其是日本帝国主义的魔手中解放出来,恐怕很快地就会把一切的领土,主权,财产全部丧失不算,还得交出自己的殖民地奴隶的生命! ……是的,我们目前的日子已经难过,将来的日子更会是千百倍的难过! 要生存,只有大家一条心,要不做亡国奴只有赶走敌人! 最后的胜利是我们的! 我们要争取我们的最后胜利!"[13]

4. 宣传国难教育,号召大众抗战

1936 年 1 月,陶行知在寒假教师讲习班上,首次提出了"国难教育"的新口号,并于次月与王洞若、张劲夫等一起发起成立了国难教育社。

3 月 1 日,《生活教育》刊登了陶行知撰写的"国难教育方案之特质",陶行知认为国难教育具有如下特质:一、他是单一的,解决国难的教育方案只有一个目的,即保卫中华民国领土主权之完整以争取中华民族之自由平等;二、他是大众的,即不许大众救国的教育是亡国的教育,而不是救国的教育;三、他是联系的,一切科目活动都以解决国难为中心而取得联系、各界各团体都以救亡工作为中心而取得联系、把现在中国民族解放运动与历史的教训密切地联系;四、他是对流的，打通领导者与被领导者中间的隔板，使他们可以对流而互相教育；五、他是行动的，高谈阔论不能救国，只有实际的救国的行动才能把将亡的国救回来，同时行动应该是有理论、有组织、有计划、有纪律的。

此后《生活教育》分期对国难时期中小学自然、算术、时事教学作了具体指导。

《生活教育》刊登了大量关于国难教育的论述和报道，如《民族救亡声中的学生运动》《民族解放运动中中国女学生之英勇》《小先生普及教育与救国运动》《解决国难中小孩子的使命》《国难时期中大众数学的开篇》《一位学生对于国难教育的意见》等，坚定了学校师生抗战的意志，激发了社会民众抗战的豪情。

《生活教育》十分重视鼓舞少年儿童共赴国难，积极投身抗战的洪流，为民族生存而学习，为民族解放而战斗。《一封给全国小朋友的信》满怀激情地高喊："小朋友们！我们亡国的日子是一天逼近一天了，我们是再也不能等待了，我们大家一同参加民族解放运动争取整个民族大众的出路！祝全国小朋友英勇的起来为民族解放运动而战斗！"[14]

5. 宣传抗日团体，激励抗战斗志

抗战时期，全国各地各界纷纷成立抗日团体，团结民众，开展如火如荼的抗战活动。《生活教育》以报道、评论、图片、转载等形式，宣传抗日团体，或报道其成立，或转载其宣言，或介绍其活动。从 1936 年 1 月 1 日《生活教育》转载上海文化界救国运动宣言起，到 1936 年 8 月 16 日停刊，共 16 期，除"儿童节专号""怎样利用暑假推行国难教育专号"外，其余 14 期都对抗日团体作了宣传报道。

《生活教育》刊登的中外各地抗日团体的宣言，达 16 篇之多。《生活教育》全文刊登了上海文化界救国会、上海各大学教授救国会、上海妇女救国会、上海各界救国会、上海著作人协会、国难教育社等抗日团体的抗战宣言，上海文化界救国会成立宣言有石西民、沈钧儒、周予同、周谷城、唐弢、马项伯、章乃器、陶行知、邹韬奋、郑振铎、郑君里、魏金枝等 281 位文化界知名人士签署。北平各界抗日团体的活动，也得到了充分报道，如北平文化界救国会召开全体会员大会、北平市学生联合会停止内战通电、北平市学生联合会致宋哲元将军的公开信等。此外，《生活教育》还报道了广东、广西、山东、福建、河北等地抗日团体的活动，海外华侨抗日团体的活动受到了《生活教育》的特别关注，巴黎中华民众抗日会、美洲华侨反帝大同盟的抗战宣言等均在 1936 年第 7 期同时刊出。

二、抗战救亡中的《生活教育》特质

《生活教育》诞生于抗战时期,经受着抗战烽火的洗礼,镌刻着国难教育的烙印。《生活教育》肩负着中国一代知识精英的历史重任,在抗战中勇敢前行,闪耀着时代光辉。

1. 凸现抗战救亡的时代精神

初创的《生活教育》开设“普及教育消息”“教学做报告”“科学新知”“小先生笔记”“大众生活”“儿歌”“儿童剧”“生活素描”“笔记”等栏目,宣传陶行知先生的生活教育理论和实践,宣传教学做合一、小先生制、科学下嫁运动、工学团运动。随着日本侵华的疯狂扩张,《生活教育》自 1934 年 5 月 1 日起,先后开辟了“世界大势”、“半月大事”(1935 年 11 月起更名为“半月小情报”)、“时事评述”、“时事漫画”栏目,主要由操震球、王洞若、旷琴主持,文章短小犀利,漫画发人深省,如揭露日本侵略的“日本三相会议后的对华政策”“华北自治运动与民族危机”“民族工业的生机完全断绝”等,报道抗战救国的“民族救亡声中的学生运动”“快抢救中国民族的危亡”“东北义勇军活跃”等,分析世界形势的“惊动全世界的德国撕去凡尔赛和约举动”“东欧与远东的战争危机”“世界各国反日侵华的运动”等。《生活教育》以极大的热情、大量的篇幅,刊发抗战消息和评论。1936 年 3 月 1 日至 8 月 16 日出版的第三卷《生活教育》,共 12 期,就刊载了 92 篇时事述评,充分体现了陶行知“教育必须以民族的生命为生命”的主张。

从第三卷起,《生活教育》四封作了很大调整,封面刊登大幅照片,封二、封三也多刊登配以文字说明的照片。第 1 期和第 12 期的封面分别刊登了“东北三千万同胞之代表——山海关外之农人”和“青纱帐起,该又是义勇军活跃的时候”的巨照,封面照片还有“今年的五卅纪念游行”“北平民众反对日本增兵华北六·一三鼓楼市民大会”“南宁学生‘大人救国小孩也要救国’游行”等。12 期中有 6 期的封二刊登了揭露日本侵略者抢掠我民族资源的照片,“我们失去的伟大森林”“我们失去的煤”“我们失去的大豆”“我们失去的钢铁”“我们失去的煤油”“我们失去的广大的牧场”,此外还刊登了世界反法西斯战争的照片,如“苏联、西班牙、法国的抗战”“弱小民族反帝的怒吼”等。不少照片配以醒目的文字,如“这是谁的天下!!!”,天津日军司令趾高气扬,北平日军耀武扬威,极大地激发了中国军民消灭侵略者的决心,“看! 友邦(指日本)的军队走进门来了”“看! 这是敌人的准备”,揭露了侵略者的铁蹄践踏我大好河山的罪行。

如果说,初期的《生活教育》突出宣扬的是普及教育、生活教育理论与实践,那么我们完全可以说,后期的《生活教育》凸现了抗日救国,自觉地把动员民众抗战、拯救中华民族作为刊物的重心,充分展现了抗日救亡的时代精神。

2. 凸现国难教育的社会责任

“中国已经到了生死关头,争取大众解放的生活教育,自有它应负的历史责任。为着要争取大众解放,它必须争取中华民族的解放;为着争取中华民族的解放,它必须教育大众联合起来解决国难。

……

保卫中华民国领土主权之完整,而争取中华民族之自由平等,是成了每一个生活教育同志当前所不可推卸的天职了。”[15]

陶行知在《生活教育之特质》中明白无误地表明:国难教育,就是抗战时期的生活教育;在抗战时期,宣传、推行生活教育,就要担负起保卫国家、驱逐侵略者的社会责任。由陶行知任主编的《生活教育》必然当仁不让地将宣传、推行国难教育作为自己的职责。

《生活教育》1934 年 9 月第 15 期刊登了戴自俺的《“九一八”教学做大纲》,这份大纲是为山海工学团九月活动拟定的。它以陶行知“教学做合一”的生活教育理论指导抗战教育,设计的分类活动有社会、自然、国语、算术、艺术、劳作、体育卫生等。以算术为例,要求师生通过“(比较)东三省和日本人口与面积”“(采集)日本的经济危机(数据)”“(统计)我国之损失”“(计算)抗日之成效”等开展教学做合一活动。

10 月第 17 期“教学做报告”栏目用 16 页半的版面详尽报道山海工学团“纪念‘九一八’,收回东三省”的活动,体现了陶行知“一切科目活动都以解决国难为中心”的指导思想。

1936 年 1 月 16 日,《生活教育》转载“上海文化界救国会国难教育方案”,规定了国难教育的目标、对象、课程、组织、方法。自此,《生活教育》正式开启了宣传国难教育的帷幕,推动了为民族图生存、为民众谋解放的特殊年代的特殊教育。

3 月 16 日的《生活教育》特载“发起组织国难教育社缘起”“国难教育社宣言”“国难教育社简章”“国难教育社工作大纲”。“国难教育社宣言”号召:“警钟响了！危机迫在眼前了！从今天起，我们应该总动员，奋勇地执行国难教育的工作，坚决地担负起国难教育的工作，争取中华民族的解放和自由。”

7 月 1 日出版的第 9 期“怎样利用暑假推行国难教育专号”，是 90 页的特大号。专号集中报道全国各地国难教育的成果，分析暑假期间国难教育的任务、重要性，并对暑假国难教育工作提出了非常具体的建议。可见，《生活教育》已将推行国难教育作为自己义不容辞的社会责任。

由人民教育家陶行知先生创办的《生活教育》，得到了社会各界的热爱和支持。众多知名人士为其筹集经费、撰文作画、推广发行。陶行知先生亲力亲为，在《生活教育》发表评论 33 篇、杂谈 40 则、通讯 15 篇、诗歌 26 首、儿歌 10 首、儿童剧 1 部、题词 42 幅，还有不少补白，为之倾注了大量的心血。田汉、冯玉祥、邹韬奋、胡愈之等都在《生活教育》发表过诗文，曾在陶行知先生开办的晓庄师范就学过的学生更为《生活教育》的编辑出版、国难教育社的成立发展奔走效力，其中有中共党员戴伯韬、王洞若、刘季平、张劲夫、方与严等，他们为《生活教育》和国难教育做出了不可磨灭的贡献。

《生活教育》停刊后不到一年，“七七事变”爆发。而后，在武汉出版的《抗战教育》，在重庆出版的《战时教育》，继续高擎抗日救亡的大旗，为中国抗战教育鼓与呼，同样值得我们纪念。

2005 年，《生活教育》得以复刊，由中国陶行知研究会主办。笔者深感荣幸的是，2006 年 6 月至 2007 年 12 月受中国陶行知研究会委托，《生活教育》杂志在笔者工作的上海师范大学编辑出版，笔者作为上海师范大学陶行知研究中心副秘书长、上海市陶行知研究协会副秘书长忝任副主编，为陶行知先生创办的《生活教育》尽了绵薄之力。

注释：

①《生活教育》分三卷，以年度为卷。第一卷从 1934 年 2 月 16 日至 1935 年 2 月 1 日，共 24 期；第二卷从 1935 年 3 月 1 日至 1936 年 2 月 16 日，共 24 期；第三卷自 1936 年 3 月 1 日至 1936 年 8 月 16 日，共 12 期。

参考文献：

[1] 尹孔敏. 今年的“九一八”[A]. 生活教育[C]. 上海：上海书店，第 1 卷第

17 期.
[2] 汤建勋. 军缩会议之经过及其真相[A]. 生活教育[C]. 上海:上海书店,第 1 卷第 9 期.
[3] 卜菁. 血泪语[A]. 生活教育[C]. 上海:上海书店,第 3 卷第 5 期.
[4] 金秀. 看了伪国小学教科书以后[A]. 生活教育[C]. 上海:上海书店,第 3 卷第 6 期.
[5] 日筑秘密工事后杀我工人灭口[A]. 生活教育[C]. 上海:上海书店,第 3 卷第 9 期.
[6] 操震球. 日本帝国主义侵凌下的矿区灾难[A]. 生活教育[C]. 上海:上海书店,第 2 卷第 8 期.
[7] 陶行知. 从救水想到小孩的力量[A]. 生活教育[C]. 上海:上海书店,第 1 卷第 2 期.
[8] 陶行知. 十二月运动与五四运动[A]. 生活教育[C]. 上海:上海书店,第 2 卷第 21 期.
[9] 黄虹. 新中国与新教育[A]. 生活教育[C]. 上海:上海书店,第 3 卷第 12 期.
[10] 郁文. 论中国民族统一战线[A]. 生活教育[C]. 上海:上海书店,第 3 卷第 8 期.
[11] 陶行知. 古北口来的大刀[A]. 生活教育[C]. 上海:上海书店,第 2 卷第 21 期.
[12] 三花脸:一曲历史戏的开场白[A]. 生活教育[C]. 上海:上海书店,第 2 卷第 22 期.
[13] 友松. 惨痛的梅案[A]. 生活教育[C]. 上海:上海书店,第 3 卷第 1 期.
[14] 饮冰. 一封给全国小朋友的信[A]. 生活教育[C]. 上海:上海书店,第 3 卷第 4 期.
[15] 陶行知. 生活教育之特质[A]. 生活教育[C]. 上海:上海书店,第 3 卷第 2 期.

(本文原载于《生活教育》2016 年第 1 期)

生活教育的当代发展

储朝晖*

摘　要：陶行知“生活教育”源于人类文化积淀，它的主旨是满足生活向前向上发展的需要，它的内涵随着社会生活的变化而变化。生活教育当前的发展瞄准解决生活与教育中的现实和重大问题，立足于学生成长、教师发展、学校创品牌；生活教育理论的发展以生活教育运动为基础；生活教育运动是教育工作者在生活教育理论启发下自觉参与的教育教学实践的改革运动，具有群众性、多样性、开放性、创新性、整体协同性。

关键词：生活教育；陶行知；教育发展

生活教育是陶行知继承前人理论并结合中国实际有所创新的一种教育理论。笔者依据自己20多年来的研究，谈谈生活教育的当代发展问题。

一、生活教育源于人类文化积淀

生活教育作为一种教育概念和理论，是随着社会的发展而逐渐明晰、丰富、系统化和理论化的。

生活教育的全面依据是人类教育发展史。陶行知认为，原始社会，生活与教育是融合在一起的，教育寓于生活和劳动之中。进入奴隶社会，教育逐渐从生活母体中分娩出来，除了生活本身所包含的教育以外，产生了形式独立、教育权利独享、教育对象独特的形式化教育。到了封建社会，形式化教育更进一步发展为制度化教育。这种教育，其内容离生活更远，对象更加特殊，方式方法更加专业

---

* 储朝晖，男，中国教育科学研究院研究员，曾任中国陶行知研究会副秘书长等职。

化，与生活中所寓含的教育离开得更远。工业革命客观上提出教育应满足生活发展需要的要求，然而制度化教育却进一步使教育与生活的距离拉大，教育严重脱离社会大多数成员生活实际的问题一直未能解决。因此出现了：(1) 制度化教育自身发展逻辑与社会发展对教育的要求之间的矛盾；(2) 教育权利实际享受者逐渐减少与社会发展需要更多成员受到教育的矛盾；(3) 教育内容的程式化与社会千变万化的生活对教育满足生活向前向上发展的要求之间的矛盾。

这些矛盾随着人类社会和教育的不断发展而逐渐加深，这三对矛盾是生活教育理论产生的深层根源。陶行知生活教育的出发点即是要解决这三重矛盾。他曾以制度化教育为起点论述说："第一个时期，是生活是生活，教育是教育，两者是分离而没有关系的。第二个时期，是教育即生活，两者沟通了，而学校社会化的议论也产生了。第三个时期，是生活即教育，就是社会即学校了。这一时期也可以说是开倒车，而且一直开到最古时代去。因为太古的时代，社会就是学校，是无所谓社会自社会、学校自学校的。这一时期也就是教育进步到最高度的时期。"[1]

生活教育作为一种教育实践，在欧洲工业革命时期即开始产生，当时主要是一种生活技能的教育，还缺乏系统的理论。杜威提出"教育即生活"，使生活教育理论化、系统化，支撑这一理论的是实用主义。

正如 1939 年陶行知回顾生活教育社同志所做的工作时说："我们在这十二年当中干了些什么事？三件事，还没有做完。一是反洋化教育，二是反传统教育，三是在半殖民地半封建的国家建立争取自由平等之教育理论与方法。"[2] 第三件事即是建立新的生活教育理论。为此，陶行知根据"适不适合中国的国情"和"好不好"这两条标准去汲取古今中外的精华，对生活教育进行了全面系统地更新，他把"民主的、大众的、科学的、创造的"定为生活教育的四大方针[3]，主张以人为本，利用文化是为了"满足我们人生的欲望，满足我们生活的需要"[4]。1929 年 5 月 19 日他在晓庄寅会上说得很清楚："'教育即生活'是杜威先生的教育理论，也是现代教育思潮的中流。我从民国六年起便陪着这个思潮到中国来，八年的经验告诉我说'此路不通'，在山穷水尽的时候才悟到'教学做合一'的道理。所以，'教学做合一'是实行'教育即生活'碰到墙壁把头碰痛时所找出来的新路。'教育即生活'的理论，至此乃翻了半个筋斗。实行'教学做合一'的地方，再也不说'教育即生活'……他要我们在生活里各尽所能，各取所需。没有'教育即生活'的理论在前,决产生不出'教学做合一'的理论。但到了'教学做合一'的理论形成的时候,整个教育便根本的变了一个方向,这新方向是'生活即教育'。"[5]

二、从陶行知"生活教育"的内涵看其发展

全面分析陶行知所论述的生活教育,它包含五个层面的含义,一是特定含义的符号,二是教学课程论(教学内容范畴),三是教育方法,四是教学原则,五是关于生活和教育之间关系的原理。

作为一种具有特定含义的符号,它是"Life as education",而不是"Life is education",具有生活的、行动的、大众的、前进的、世界的、有历史联系的六大特质[6]。作为教育教学的课程论,它着重从内容上强调教育与生活之间的关系,教育的内容来源于生活,同时课程的内容必须包括改造生活——革命,每个人都要明确自己的生活主题,根据这一生活主题来确定选择课程内容及其结构。作为一种教育方法,生活教育将生活与教育打成一片[7],反对生活与教育分家的传统方法,是最高效的教育方法,主张教育渗透到各方面的学习生活中去,师生共生活共甘苦,"深信师生共生活共甘苦为最好的教育"[8]。作为教育教学原则,强调的是教育必须以生活为中心,深信生活是教育的中心,教育应当培植生活力,使学生向上长,以生活为中心的目的是要改造生活,将改造社会的精神作为培养目标的最高层次的要求。作为教育与生活之间关系的原理,它所揭示的是:其一,静态地看,生活与教育的关系是"生活与教育是一个东西,不是两个东西"[9]。其二,动态地看,"生活与生活摩擦才能起到教育的作用。"[10]"教育必须通过生活才有效。"[11]其三,"创造的教育是以生活为教育,就是生活中才可求到教育"[12],生活教育的宗旨之一即是"培养创造力"。[13]其四,"从生活与教育的关系上说,是生活决定教育。"[14]其五,生活含有教育的意义,"教育的根本意义在于生活之变化"[15],对于整个国家民族来说,生活教育的原则要求教育要"为中华民族去找新生命"[16],要把教育"建立在当前的生活中"[17],围绕着国家民族的生活主题来办教育。实行生活教育原则的目的,"则在于教育的普及,生活的提高,自觉性之启发及创造力之培养。"[18]这也就是他创立生活教育社的宗旨。

生活教育理论的内涵是其发展的重要依据,其体系的开放性决定它可以发展,其内涵改造社会的价值说明值得发展,它所研究问题的现实感表明它尚未完

成自己应负的历史使命。立足于当代发展生活教育既是一个实践问题,又是一个理论问题。

陶行知对生活教育内涵的界定可以为生活教育的发展提供参考。他认为"努力发展本国自己的教育,而不是发展从历史背景和自然条件不同的外国引进的教育;努力发展为广大劳苦大众服务的教育,而不是发展只为少数享有特权者的教育;努力发展完整的生活教育,而不是发展畸形的智力教育"[19]。就生活教育的定义来分析,"生活的教育"属于原理,发展的空间最小;"用生活来教育"讲的是方法,就有了更大的发展空间;"为生活向前向上的需要而教育",它的发展空间最大。生活在向前发展,生活的需求在发展,生活教育也必须发展。中国教育发展正面临诸多问题,前文所述作为生活教育产生基础的三对矛盾不但没有缓和,反而在一定程度上有所加剧,应试和功利置教育于危机之中,教育体制改革有待深入,课程改革有待完善,教师管理体制亟待创新,老少边山穷地区的教师问题极为突出,农村教育发展相对滞后,城乡教育不均衡。市场经济和功利观念的作用、片面专业化思潮的影响、对所谓的理论创新的不恰当追求、教育评价的片面性等,使教育理想逐渐淡出。在中国教育发展遇到问题的各方面,生活教育理论都能展现一片新的视野,都能找到新的生长点。运用生活教育解决中国教育实践当中的现实问题,成为一种现实的迫切需求。

三、生活教育当代发展的根本与方向

认同生活教育的基本理论,从教育上满足现实生活向前向上发展的需要,这是当今生活教育发展的根本。具备了这两个条件的一切活动都可以说是生活教育。

生活即教育,社会即学校,教学做合一,生活教育的六大特质,陶行知对生活教育的经典定义:"Education of life, by life and for life",即"生活教育是生活的教育,用生活来教育,为生活向前向上发展而教育"[20],这些构成了生活教育基本理论。

对生活教育理论的认同,是教育工作者或其他不从事教育却认为自己在生活着的人内心的体验性空间,不需要任何组织,也不需要任何仪式,甚至不一定需要表白。

生活教育的发展不是重复根本,而是有所创新。生活教育需要一种全新的理论思维来实现发展,这就是集成人学的方式,简言之,就是将古今中外所有研究人的内容与方法集成到一起来解决当下教育中的实际问题。各门知识之间不是平面或立体的交叉、边缘关系,而需将内容与方法集成到一起,将生命与人文融为一体,这样就突破了传统的教育学的概念,它是人类最为尖端的学问,否则我们的理论是不够的。

瞄准解决当前教育与生活中的现实和重大问题,立足于学生成长、教师发展、学校创品牌,这是当前的发展方向。生活教育在共同的根本上可以有多个方向,形成"一本多末"、繁荣滋长的发展态势。

生活教育发展的多个方向包括:

多领域:理论、实践;管理、教学;内容、方法;区域整体改革、学科教学,等等。

多层次:学前、小学、中学、大学、成人、终身。

多模式:对同一对象、同一内容还可进行多种模式改革,如生活作文或其他作文教学改革。

多元:生活教育的发展有共同的基础和根本,但不要求有"定于一"的方式和结果。

多样化:不同做法、不同结论……

每个人可结合自己的工作选择一个方向加以探索。

四、生活教育当前的任务

陶行知曾提出生活教育要"把教育展开到生活所包含的领域,把生活提高到教育所瞄准的水平"[21],这一任务现在还没有完成,生活教育社创立的宗旨——"教育的普及,生活的提高,自觉性之启发及创造力之培养"[22],尚未完全实现。结合实际,生活教育当前的任务可概括地表述为:通过教育满足广大人民群众生活向前向上发展的需要。具体可作如下表述。

(一)确立教育理想

教育理想的缺失导致教育发展缺乏动力,陶行知当年发出三个"一百万"的宏愿,今天教育界同仁至少应有一种抱负:联络一百万位胸怀教育理想的同志,打造一百万所各具特色的品牌学校,创建一百万个学习化社区,再造中国教育,再造中国社会。希望有越来越多的人在生活教育实践中成为这样的同志!

（二）依据当前实践创新生活教育理论

教育改革是当前最重要的实践。依据生活教育理论，教育改革是不断满足全体受教育者需求的一种专业性改进，是通过中西兼容地再造中国教育达到再造中国社会的目的，并由此实现再造人类教育，再造新世界的人类社会革新运动。

中国教育改革是在中国五千年文明历史基础上的再造过程，不能没有理由没有条件地接收欧美中心论，同时要有中西兼容的视野。教育改革的服务对象是全体受教育者，目的是更好、更全面、更公平地满足他们生活发展的需求；教育改革的策划、执行者若只是专业的教育工作者，全民教育改革不仅不会成功，反而可能导致教育的倒退；非专业势力（政治、经济）过度干预教育改革必然导致教育的严重损伤；少数以专业身份出现的人进行的教育改革将会缺乏社会基础。教育改革是社会改造，它的终极目标是创建不分国界的理想人类社会。中国的教育改革不能只看到国内，还要看到整个世界的发展方向；不仅要看现实，还要看到数千年整个人类历史发展的趋势。中国教育改革一定要定位于整个人类、整个历史发展进程之中，并关注所有个体，不能只看到局部和现阶段。

符合以上定义的是改革，违反上述定义的虽然也以改革的名义出现，实质上都是改革的反动，或称"伪改革"，因为它是与人类进步的方向相逆的。"伪改革"往往比不改革对人的发展的危害更大，对社会和谐发展的危害更大。然而"伪改革"还经常形成改革话语霸权，排斥正确但处于劣势的意见。生活教育还有很多诸如此类的其他理论问题可探讨。

（三）改革教育体制，解放学生，解放教师

教育制度的改革滞后于中国整个社会的变革。现有管理体制的弊病是多头管理，层次多、环节多、附加成分多。成本高、效率低，成为教育不公平的基础，成为教师和学生的"紧箍咒"。

教育过度集权的体制必须改革，管理上不放权，教育的运行成本就不会降下来。同时，教师只能是教书匠，是打工者，是远离崇高的人，教师的积极性和创造性就不能发挥，教育就不可能办好。教师自主教学，学校依法自主办学是办好教育的前提条件。

教育必须"做"起来，学习者要真正成为学习的主人。建立以教育当事人为真实主体，保证他们能够进行自主创新的教育管理体制。改革本身是一个更加偏向于民主的过程，教育改革应该让多层次的社会群体充分发出自己的声音，表达自己的要求。

（四）实现均衡发展，创办精品学校

创新社会创新人，是中国教育改革的目标。基础教育阶段（从幼儿园到高中）政府对各所学校实行无差别对待。在对薄弱学校进行改造的基础上，投入、师资、招生、政策等方面"一碗水端平"，各校通过发挥管理者和教师的积极性、创造性办出学校特色，形成适度竞争。要从将每一所学校办成精品做起，而不是只关注一些大的宏观性的问题。

五、生活教育发展的形式——生活教育运动

从教育上满足现实生活向前向上发展的需要就是生活教育运动。人民群众生活向前向上发展的需要是推动生活教育运动的原始动力；哪里有这种动力，哪里就可以发展生活教育运动，因此生活教育运动是教育工作者及关心教育的人们在生活教育理论启发下，自觉参与的教育教学实践的改革运动。判断是否为生活教育运动的依据，就看他是否认同生活教育的基本理论（不是具体结论），是否在通过教育满足人民群众生活向前向上发展的需要。

（一）生活教育运动的特征

生活教育理论的发展要以生活教育运动为基础，生活教育运动具有以下特征。

群众性：不是官方的活动，不完全靠行政命令推动，参与这一运动的人之间是相互平等的关系。

多样性：生活教育运动的形式、内容、结果都是多样的。各地依据其人文、自然、师生个性等各方面的条件自主决定如何开展活动。

开放性：只要您愿意，谁都可以来参与。愿者都可以来，不愿者都可以走。

创新性：生活教育的基本精神就是要创新，不只是弄几本书、几条标语、几幅画摆设起来，这不是真的生活教育运动。

整体协同性：各地生活教育运动的参与者不是孤立的，而是整体协同的，主要通过信息沟通和自主联合实现理论与实践的协同。

（二）生活教育运动的组织

组织恰当与否涉及生活教育运动的兴衰成败。

阐明这个问题的关键在于明确我们与陶行知之间是什么样的关系，也就是怎样看待陶行知。自1981年以来，陶行知对笔者影响很大，笔者一直把与陶行知的关系当成亦师亦友的关系。同样，明确了这样的关系，各地已有的陶行知研究会或即将成立的旨在改革教育的各种组织就能正确组织生活教育运动。

1. 要做播火者，不要做裁判员。尤其不能以陶行知的某个具体结论或某一段话对千姿百态的生活教育实践下判断。

2. 要建立资源共享的家园，不要做版权所有者。生活教育运动有多种形式，不能说谁就是正宗的，更不能自封为正宗。

3. 要致力于各种有志于生活教育的力量整合。先知的责任在于带头探索生活教育运动中遇到的重大理论与实践问题，宣传适合实际的先进教育理念。

但愿中国生活教育运动有新的开端，为了人类社会的美好明天，为了中华民族的复兴，也为了每一位教育当事人获得更理想的职业与人生发展，希望更多的人来参与生活教育运动，并通过生活教育运动把中国教育改革推到一个新的阶段。

参考文献：

[1][4][5][8][9] 陶行知. 陶行知全集(第2卷)[M]. 成都:四川教育出版社,1991:492-493,494,7-8,339,649.

[2][3][11][13][14][15][21] 陶行知. 陶行知全集(第4卷)[M]. 成都:四川教育出版社,1991:355,602,356,274,428,432,432.

[6][7][10][12] 陶行知. 陶行知全集(第3卷)[M]. 成都:四川教育出版社,1991:715-717,184,247,356.

[16][17][18][22] 陶行知. 陶行知全集(第8卷)[M]. 成都:四川教育出版社,1991:304,317-318,540,540.

[19] 陶行知. 陶行知全集(第6卷)[M]. 成都:四川教育出版社,1991:385.

[20] 陶行知. 陶行知全集(第1卷)[M]. 成都:四川教育出版社,1991:124.

（本文原载于《生活教育》2006年第4期）

追寻理想　超越自我

——“新教育实验”的目标

朱永新*

一、“新教育实验”的时代背景

新的时代总是要呼唤新的教育,一个时代理应有一个时代的教育特征。进入21世纪,中国的教育如何发展,如何建构具有时代特征的“新教育”,已成为众多有识之士深切关注的重大论题。

对“新教育”一词大家并不陌生。在西方教育发展史中,从19世纪末到20世纪50年代,占据了主导地位的便是新教育思想,其代表人物有被称为“新教育之父”的英国教育家雷迪,以及巴德利、怀德海、沛西·能等,此外还有德国教育家利茨、法国教育家德摩林、比利时教育家德可乐利、瑞典教育家爱伦·凯。他们主张建立符合现代社会需要的教育,在各自的国家建立“新学校”,最著名的便是雷迪创建的“阿博茨霍尔姆学校”。雷迪认为,学校的任务主要是促进儿童个人的自由发展,即身体和心灵的健全发展,而不是用书本知识去压抑儿童的发展。在我们国家,陶行知先生也曾明确提出“新教育”的概念,他在1919年发表的《试验主义与新教育》中讲了这样一段话:“夫教育之真理无穷,能发明之则常新,不能发明之则常旧,有发明之力者虽旧必新,无发明之力者,虽新必旧,故新

* 朱永新,男,现为民进中央副主席、政协第十三届全国委员会常务委员会副秘书长,苏州大学博士生导师、中国陶行知研究会会长。

教育之所以新,旧教育之所以旧,则视其发明能力耳。”和他同时代的很多人,对新教育和旧教育也都有他们的认识。蔡元培先生就曾经写过《论新教育和旧教育之起点》一文;陈鹤琴先生把活教育作为旧教育的对立面,他没有明确提出新教育,但是活教育实际上就是一种新教育;黄炎培先生也在他的很多论著中多次使用新教育的概念。到了1949年,毛泽东在阐述我们国家发展的教育方针以及一系列教育问题时,也明确提出,“建设新教育要以老解放区的新教育经验为基础,吸收旧教育某些有用的东西”。

纵观中国教育最近几十年的发展历程,在肯定教育在获得巨大发展成就的同时,我们不得不遗憾地承认,中国教育,尤其是基础教育中理想主义的色彩还是较少,缺少应有的对现实目标的批判和超越;中国教育处于追求与现实的适应和协调,在一定程度上削弱了教育引领时代、提升社会的功能。

国际21世纪教育委员会提出过“教育:必要的乌托邦”这一命题。“必要的乌托邦”意味着教育必须具有一种着眼于未来的精神。波兰教育哲学家苏科多斯基说得好:“着眼未来的教育精神超越了目前的范围,以共创明天的现实为目标。”“必要的乌托邦”还意味着在人们越来越受现实功利羁绊,越来越被实利主义限制了生命意义的拓展之时,由于教育体现着对人类生活最高境界的诉求,保留了对于超越实利的、非功利的价值的追求,至少还可以寄希望于教育,以便使人对人在现实中的病态和畸形保持警觉,对人的纯功利冲动起到平衡和矫正作用。

正是从这样的思考出发,2000年由南京师范大学出版社出版的《我的教育理想》一书中发表了《我心中的理想学校》《我心中的理想教师》《我心中的理想校长》《我心中的理想学生》《我心中的理想父母》等一系列文章,算是用远大的教育理想去拥抱新世纪的第一缕阳光。紧接着,在2002年由人民教育出版社出版的《新教育之梦》中,除了保留并充实前面的5个“理想”之外,我还新增了“理想的德育”“理想的智育”“理想的体育”“理想的美育”“理想的劳动技术教育”等章节。我有这样一个信念:一个没有理想的人不可能走得多远;一个没有理想的学校,也不可能走得多远;一个没有理想的教育,更加不可能走得多远。教育的理想境界是:成为学生享受成长快乐的理想乐园,成为教师实现专业发展的理想舞台,成为学校提升教育品质的理想平台,成为学生、教师、学校共同发展的理想空间。

但是,仅有理想是不够的。2002年10月,新教育实验在苏州昆山玉峰实验学校正式启动。2003年,新教育实验参与学校达到了上百个,遍及江苏、安徽、山东、上海、吉林、广东等10多个省市。2003年岁末,新教育实验被批准为教育部“十五”规划重点课题。截至今日,全国已有20多个省市的200多所学校正式参加了实验,其中挂牌学校87所,这些学校包括了北京清华附小、中关村一小,哈尔滨南马路小学,山西运城人民路小学、临汾实验小学,江苏常熟实验小学等省内外名校,并形成了苏州的张家港、泰州的姜堰、河北省的石家庄桥西区等新教育实验基地。《人民日报》《解放日报》《光明日报》《人民教育》《中国教育报》《中国青年报》、中央电视台等国内多家强势媒体对此进行了报道和关注。《中国教育报》在2004年2月20日曾经对新教育实验作出过这样的评价:“‘生于毫末’的新教育实验虽然尚未成就‘合抱之木’,却已成为当今中国教育改革的一支奇葩。”

二、“新教育实验”的基本理念

新教育实验的核心理念是:为了一切的人,为了人的一切。

为什么是为了一切人而不是为了每位学生?因为我们觉得教育实际上是一个大的概念,既包含了人类生存、生活,又包含发展的全部人这样一个概念。我们不仅要关注学生,而且要关注教师,关注一切和教育相关的人,无论他是贫困的,还是富贵的;是愚昧的,还是睿智的;是健全的,还是残疾的。为什么是“为了人的一切”而不是“为了学生的一切”?因为,我们觉得没有教师的发展就没有学生的发展;没有家长的发展,也可能就没有学生的发展。为了一切的人,为了人的一切,这是我们的核心理念。

我们主张以人的个体生命为本位,根据个人发展的需要确定教育的目标并实施教育。我们希望从知识的人本化和学习的人本化出发,引导教育圈中每一个人发展个性,舒展自我,在教育中将人提高到“人”的高度,最终把人“还原”为“人”,达到人的“自我实现”。

新教育实验有以下五个基本观点。

1. 无限相信学生与教师的潜力

唤醒潜能、激发力量、促进教师和学生走向成功,这是“新教育实验”的一个重要观点。科学家指出,人的能力有90%以上处于休眠状态,没有开发出来。如果我们能多挖掘自己一些潜能,那将会创造一道亮丽的人生风景线。这一点,

“皮格马利翁效应”以及“期望值与孩子成长正相关”的心理学实验是最好的说明。人们通常这样来形象地说明“皮格马利翁期待效应”:说你行,你就行,不行也行;说你不行,你就不行,行也不行。要想使一个人发展得更好,就应该给他传递积极的期望。期望对人的行为有巨大影响。积极的期望促使人们向好的方向发展,消极的期望则使人向坏的方向跌落。在我们的教育中,如果能灵活运用“皮格马利翁期待效应”,必将受益无穷。

2. 教给学生一生有用的东西

“教育应当促进每个人的全面发展,即身心、智力、敏感性、审美意识、个人责任感、精神价值等方面的发展。应该使每个人尤其借助于其青年时代所受的教育,能够形成一种独立自主的、富有批判精神的思想意识,以及培养自己的判断能力,以便由他自己确定在人生的各种不同的情况下他认为应该做的事情。”(联合国教科文组织国际21世纪教育委员会:《教育——财富蕴藏其中》)为什么新课程提出要在知识和技能基础上重视过程和方法,重视情感态度与价值观呢?其潜台词是:教科书对孩子有用,但管不了孩子一生,因此,你教材编得再好,不能解决学生所有的问题;考试是一种选拔,但更多的是知识和技能的选拔,因此考试考得再好,不一定能在往后的工作和人生中胸怀大志、实现自我。现在苏州蓝缨学校任校长的陆一鹏先生曾经让他那些当年以优异成绩考入高校的南师大附中学生重做两三年前的高考题,结果成绩糟糕透顶。客观地说,让学生考取一所好大学作为我们基础教育的目标是符合当前教育消费者,也就是群众意愿的;但作为终结目标、唯一目标,则是实用主义、急功近利的表现,那样会使我们的学生走出校门后“剩下来的东西”不多,那样会使我们的国家、我们的民族在未来的竞争中丧失“核心竞争力”。

3. 重视精神状态,倡导成功体验

一位诗人说过这样的话:世界上许多事情都可以等待,唯有孩子们的事情不能等待,因为孩子的名字叫“今天”。如果孩子的“今天”是失魂落魄,是萎靡不振,是痛苦难熬,是得过且过……那还有什么健康,还有什么快乐,还有什么自信,还有什么向上可言?苏霍姆林斯基在他的博士论文《全面发展的人的培养问题》中有这么一段话:“培养全面发展的人的技巧和艺术就在于:教师要善于在每一个学生面前,甚至是最平庸的、在智力发展上最有困难的学生面前,都向他打开他的精神发展的领域,使他能在这个领域里达到顶点,显示自己,宣告大写的

‘我’的存在，从人的自尊感的泉源中汲取力量，感到自己并不低人一等，而是一个精神丰富的人。”培养一个人积极的态度非常重要。学校教育要努力让学生在教育中获得成功的体验，而后在成功的体验中确立新的目标，求得更大的进步。学生的“成功”，不能仅仅停留在“一考定终身”这样一个层面上；要倡导教育的“新成功主义”思想，着眼于个性发展，着力于特长形成。

4. 强调个性发展，注重特色教育

个性发展是指个人在禀赋、气质、兴趣、情感、思维等方面的潜在资质得到发现，心灵自由和精神世界的独特性得到尊重，思考的批判性、思维的独特性和思想的创造性得到鼓励。一句话，在心理方面存在的个别差异性得到正视和发展。要由“个性化的教师”来培养“个性化的学生”，而个性发展的至高境界就是前面所说的精神发展。至于特色教育，特色并不意味着圆满，但特色就是卓越。2005年，美国《时代周刊》评选世界九大新兴科技城市，苏州是唯一入选的亚洲城市。那么，能说苏州就是亚洲最好的城市吗？当然不能。但苏州有它的特色，它是一个把传统和现代结合得很完美的城市，又有两千五百多年的文明底蕴。学校也是这样，没有自己的特色，是谈不上辉煌的。对个体生命来说也是如此。

5. 让师生与人类崇高精神对话

人类之所以伟大，不是因为他能够征服世界、主宰世界，而是因为他拥有文化，拥有精神。如果说我们的教育对人的问题已经开始注意，那么我们对于人类的命运，对于人类文化的发展延续，对于人类文明的进程，我认为还没有引起足够的关注。文明不应该在我们这一代人身上，或者说，不应该在我们这一代教育者手里失落。“一个真正的人应当在灵魂深处有一份精神宝藏”（苏霍姆林斯基），我们要让我们的孩子、我们的老师亲近大师，拥有思想，直抵精神；我们要让我们的孩子、我们的老师带着强烈的社会责任感、使命感、正义感融入社会，而不是逃避现实，逃避责任。

我们的目标追求是：追寻理想，超越自我。我们认为参加实验的所有学校的师生都应该有自己的梦，都应该给自己一种挑战自我的勇气，一种超越自我的精神。成长并快乐着，这是我们追求的一种境界。

“新教育实验”追求这样四重教育境界：

(1) 成为学生享受成长快乐的理想乐园；

(2) 成为教师实现专业发展的理想舞台；

(3) 成为学校提升教育品质的理想平台；

(4) 成为“新教育共同体”的“精神家园”和共同成长的“理想村落”。

每个人都有自己的梦想和对成功的渴望，但是，成功的关键，不仅在知之，更贵在行之，贵在持久不懈地全心投入。我们的价值取向是：行动。我们相信：只要你去做，你就有可能成功。

（本文原载于《生活教育》2006 年第 1 期）

第三篇

晓庄师范篇

兼任“晓庄师范指导员”

——“张宗麟在晓庄”系列研究之一

喻本伐　郑刚　张汶军*

摘　要：张宗麟在1927年受聘担任南京特别市教育局学校教育课指导员后，不久便受聘兼任晓庄师范指导员。他在协助恩师陈鹤琴办理教育行政的同时，又协助恩师陶行知办理晓庄师范。尽管他是兼职于晓庄，然而在此兼职的一年之中，还是主持创设了燕子矶幼稚园、晓庄幼稚园和神策门小学，且在试验、倡行“艺友制”方面多有作为。此为“张宗麟在晓庄”的第一阶段，本文予以了较为详尽的介绍。

关键词：张宗麟；晓庄师范；燕子矶幼稚园；晓庄幼稚园；神策门小学；艺友制

张宗麟是陶行知的高足之一。在1927年7月之后，他开始兼任晓庄师范“指导员”，协助陶行知推进“乡村教育运动”。有关张宗麟在晓庄师范的任职和工作情况，在过往的“陶研”中，多有语焉不详甚至错讹之处。笔者试图依据业已掌握的史料，以“张宗麟在晓庄”为总题，分别对某些问题进行深入探讨，或可补缺，或能加以澄清，从而丰富对晓庄人物和晓庄校史的研究。

一、任职晓庄的时间及职任

可以肯定的是，张宗麟兼任晓庄师范“指导员”的时间，是在1927年7月之后。这是因为，此前他因北伐战事等原因，滞留于绍兴、宁波、杭州等地，主动投

* 喻本伐，男，华中师范大学教育学院教授；郑刚，男，华中师范大学教育学院副教授；张汶军，男，华中师范大学教育学院博士研究生。

身于“大革命”的洪流,未能如期回到鼓楼幼稚园履职,因而他也就不可能参与晓庄师范的筹办,并担任或兼任该校的职务。

张宗麟回宁的时间,当在1927年6月下旬或7月上旬。是年的6月中旬,陈鹤琴接受了时任南京特别市教育局局长陈剑翛的力邀,应允出任该局“学校教育课(第二课)”课长之职。于是,他函召张宗麟速来南京协助。当张宗麟抵宁后,旋即受聘为南京特别市教育局学校教育课“指导员”。其职责,类同于“视学”或“督学”。但是,该职隶属于“研究股”,故他还兼管小学和幼稚园的教研或科研。

张宗麟抵宁的最晚时间,为1927年7月15日。因为次日,他出席了南京特别市教育局“南京市立学校第一次校长会议”。该会议记录的起首文字为:“时间,七月十六日;主席,陈剑翛;出席,校长二十三人暨全局职员;记录,张宗麟。”[1]此校长会议,大体每周召开一次。在此后的“会议录”中,多有张宗麟出席或担任记录的载录。若考虑他抵宁后的安顿、受聘等活动还需数日的话,则7月上旬抵宁的推断相对合理。

之所以要确定这个时间点,是因为可借此证明:张宗麟兼任晓庄师范指导员的最早时间,理当在“1927年7月16日”前后,即为是年的7月中旬。若能分清主次地考虑问题,那么最有可能兼任晓庄职任的时间,当为是年的7月下旬。

可能的质疑是:张宗麟难道是一回南京便兼任了晓庄师范的指导员一职吗?为什么不是在9月开学前后才兼任是职呢?笔者如此推断的理由有二:

一为是年7月中下旬,张宗麟接受了陶行知的委托,将陶行知提交给“世界教育联合会”第二届年会的英文论文《中国乡村教育运动之一斑》,由英文稿转译成中文,以应约稿之急。此稿于同年9月发表于《教育季刊》第3卷第3期。由此看来,这很可能是张宗麟兼职晓庄后所完成的第一项工作。

二为在晓庄师范于1927年3月15日开学后,陶行知便计划增办“第二院”。第一院为“小学师范院”,由赵叔愚担任院长;第二院为“幼稚师范院”,拟由陈鹤琴出任院长。本来,陈鹤琴已面允此事;但是,当他承担了南京特别市教育局的职任后,已无精力来承担第二院的筹办任务。因此,他也愿意迅速委派张宗麟兼任晓庄职任,负责筹办第二院的相关事宜,用以减轻自己的工作压力,并兑现此前的承诺。

基于以上两点,可知张宗麟几乎是在接受南京特别市教育局聘任的同时,又接到陶行知的兼职之邀，并得到陈鹤琴的首肯。因此，此兼职事是不会久拖不决的。那么，他所接受的兼职，究竟是什么名称呢？

有一种说法是，张宗麟在晓庄师范所兼任的职务，是“幼稚教育指导员”。若从筹创第二院和燕子矶幼稚园的现实任务而言，又若从张宗麟业已在幼教界所获得的名气而言，这种称谓顺理成章。但是，晓庄师范究竟是否曾分科设置指导员呢？这又是一个值得研讨的问题。

理论上看，陶行知之所以要以“指导员”取代“教师”之称，一则旨在体现师生之间的人格平等，二则便是力求打破各科教学之间所存在的鸿沟。依据“教学做合一”原理，指导员须“以教人者教己”。因此，指导员既不应有分科之别，也不应有德育与智育之分。

有鉴于此，在晓庄师范所制订的简章或规章中，确实没有“幼稚教育指导员”或“小学教育指导员”，“语文指导员”或“数学指导员”，“智育指导员”或“德育指导员”等称谓的分别。换言之，指导员的职责范围相对较宽，而以上训下的意味也相对较淡。

应当承认的是，当时的晓庄，分科称呼指导员并非罕见。如称邵德馨为“农事指导员”、姚文采为“生物指导员”、许士骐为“艺术指导员”、陈志潜为“卫生指导员”等。因此，称张宗麟为“幼稚教育指导员”，也并非不可；只是须知，此乃为“俗称”而已。

二、受命创设“燕子矶幼稚园”

张宗麟兼任晓庄师范指导员的时间，为一年有余。即从 1927 年 7 月至 1928 年 8 月。在此期间，他所承担的工作，首先是主持筹创燕子矶幼稚园。

该园的筹议，始于 1926 年秋，当时，陶行知在征求陈鹤琴的意见时，便曾听取过张宗麟的相关建议，并委托他在课程设计上预作准备。后因所聘该园指导陆慎如女士的猝然病逝，加之陶行知决定首先创设试验乡村师范学校，所以燕子矶幼稚园未能如期开办。

当张宗麟兼任晓庄师范指导员后，陶行知便想了此夙愿，委托他先行筹办燕子矶幼稚园，以作为创设幼稚师范院的基础。是年 9 月底，经陈鹤琴介绍，聘得徐世璧女士来晓庄专任指导员，具体负责燕子矶幼稚园的筹创和办理。于是，是年 10 月，张宗麟便与徐世璧一起，来到燕子矶，开始筹办该园。

其实,该园的筹办颇为顺利。因为园址借用的是燕子矶小学的用屋一间。由于该校是晓庄师范的"特约中心小学",校长丁超又是"乡村教育同志会"的骨干会员,他不仅与陶行知私交甚笃,而且也与张宗麟熟识。因此,丁校长对于借屋一事,答应得十分爽快,并能在各方面予以支持和配合。其夫人也热心参与了其事。

所借得的房舍,为该校最后面的"第三教室"。教室右侧,有一块平整的活动场;教室左侧,有一扇边门通往"学校林"和燕子矶;教室后,便是可以与学校共用的厨房。具体筹办过程为:"(教室)用板壁隔成一大间、一小间。大间是工作室,小间是储藏室。这时候,一室空空,真是有意思。不久,得到市教育局的补助,得到几张小椅子、小凳子;又向鼓楼幼稚园(也是本校特约中心幼稚园)借了一架小风琴,到师范部里借了几个破镜架,用树叶子点缀起来,买了几个小面盆、小便桶……"[2]如此,便算是雏形初具。

燕子矶幼稚园的实际开办,是在1927年11月8日(据陶行知致母亲的书信中所称);而补行开园典礼的时间,则是在该月的11日。在多种载录中,均将燕子矶幼稚园的开办时间,确定为1927年11月11日,即所谓的"双十一"。这大体不错,然而经不起深究。因为补行开园礼的时间,不宜等同于开园的时间。

是日,除本园和燕子矶小学的师生外,晓庄师范的师生,也多有前来者;还有,从南京城里赶来的嘉宾多人。在燕子矶当地的农人看来,此典礼简直如同赶庙会,于是也纷纷前来凑热闹、看稀奇。

香山慈幼院院长熊希龄,还从北京专门寄来了亲书的贺词:"老吾老,以及人之老;幼吾幼,以及人之幼。"陶行知在开园典礼上发表了演说,介绍了该园的创设动机和筹办经过。在《大江滨的乡村幼稚园》中,张宗麟记录了陶行知的演讲大要:"(1) 听到宋调公先生的农家妇女爱婴孩的苦况,又看到田头孩子的啼哭,因此发生宏愿。(2) 找地点、找人才、筹经济的困难。(3) 找到燕子矶,又找到陈鹤琴、张宗麟、陆慎如诸君,又得到陈陶遗先生的援助,得到五百元。(4) 国民军到南京,孙传芳几次来扰;又不幸陆慎如女士去世,因而停顿。(5) 十六年十月张宗麟、徐世璧等下乡来,遂举办此园。到十一月十一日正式开学。"

正式开园后,招生30名,均为附近的农家子女。指导员除徐世璧驻园外,还聘得丁超校长的夫人予以协助;张宗麟因有南京教育局的公务在身,故只能不时来园指导。不久之后,又招得燕子矶小学两名年长的女毕业生作为"徒弟",来园免费学习幼稚教育。因她们是燕子矶当地的人，故学习、生活两便。

次年春季开园后，张宗麟除不时来此指导外，另一项重要的工作，便是负责督造新的园舍。他首先将设园要求，提供给设计师朱葆初；然后在工人兴造时，又不时予以督理。仅数月，新园落成。1928 年 5 月 27 日，张宗麟主持了燕子矶幼稚园园舍的落成典礼。在暮春明媚的阳光下，朴质的环境、崭新的校舍、活泼的儿童、欣悦的来宾，组构成一幅和美的图画。

新园的建筑风格，与晓庄师范的所有建筑浑然一体，均为草顶泥墙，颇具民族风情。它虽与村居的建筑材料一样，但形式则有尖顶、有飞檐。依张宗麟的说法，是“如皇宫，如宝塔”。加之它坐落在长江之滨，周边有树林，有农田，门前还有一片绿草地；风景优美，空气清新，处处散发出大自然的气息。

该园的整体建筑，为长方形，东南向；内分一大间、一中间、二小间，分别用作活动室、导师研究室、图书室和指导员卧室。活动室里，置有风琴、玩具、工具、清洁用具等；门前草地上，架有滑梯、秋千等运动器械。园门上，悬挂着陶行知亲书的门联：“谁说非学校，就是非学校；彼且为婴儿，与之为婴儿。”[3]

在落成典礼上，首先请校长陶行知发表演说，接着是特邀来宾王云五讲话，再后是张宗麟报告建园经过；在来宾鱼贯参观了新园舍后，随即观看该园幼稚生表演的“蝴蝶舞”和燕子矶小学学生的“童子军军操”表演。来宾均尽兴而散。

在迁入新园后，燕子矶幼稚园的幼稚生，由原来的 30 名，增加到 40 余名；来此肄习幼稚教育的“艺友”，也由此前的 3 人，增加到 4 人。此增加者，为尧化门小学校长宋鼎的夫人。该园此时的办理，也日益规范。同时，该园又能兼顾“乡村特色”，专辟了“小农场”和“小花园”，尽量让农家孩子得到展示自己劳动技能的机会。这其中，无疑凝聚了张宗麟的诸多心血。

三、协助陶行知试验“艺友制”

前已言及，在燕子矶幼稚园创办之初，便曾收有三位“徒弟”：一位是燕子矶小学校长丁超的夫人；另两位，则是家在附近的原燕子矶小学的女毕业生。经过数月的实践之后，陶行知发现，这是培训幼稚教师的又一方式，而且是一种极简便、极有效的方式。

陶行知在忆及这种方式的发现过程时，曾明确指出：“去年秋季燕子矶幼稚园成立，丁夫人和两位女毕业生，随着张、徐二指导学办乡村幼稚园，进步也很快。至此,我们对于这种办法,发生了极大的希望。"[4]在当时,苦于"找不到一个更适当的名词",因而"只好迁就称他为徒弟制"。

其后,陶行知与陈鹤琴就此进行了一次"极畅快"之谈话,遂将此制正式定名为"艺友制"。在《艺友制师范教育答客问》中,陶行知对"艺友"二字的解释是:"艺,是艺术,也可以作手艺解。友,就是朋友。"该制的简明定义即是:"凡用朋友之道教人学做艺术或手艺,便是艺友制。"

1928年1月8日,晓庄师范、燕子矶小学、尧化门小学、晓庄小学、鼓楼幼稚园和燕子矶幼稚园6单位,共同发布广告,宣布联合招收艺友。次日,陶行知在《申报》和《民国日报》上,同时发表了《艺友制师范教育答客问》一文。艺友制自此面世于社会。在"南京六校"联合招收艺友的同时,陈鹤琴在与张宗麟商议后,决定在南京市教育局下辖的南京市立实验小学,也同时试行艺友制;在征得该局"中学师资科"的同意后,又接收南京女子中学即将毕业的学生,来实验小学充当艺友;他们还在南京市教育局内,"招收艺友十余人,以培植教育行政人才"。[5]

在幼稚教育方面,张宗麟除继续指导燕子矶幼稚园的艺友外,还负责鼓楼幼稚园的艺友招收和指导工作。由于他当时的主要职任还在南京教育局,加之他又在鼓楼幼稚园工作过年余,所以,他对该园所试行的艺友制,致力尤多。

1928年2月,晓庄师范举行了第三期招生。在此期招收的学生中,除"正式生"和"试做生"外,还招收有"艺友"。在艺友中,又以肄习幼稚教育者为多。此后,张宗麟不仅亲自指导晓庄各幼稚园的艺友,而且还与徐世璧、王荆璞等,共同研讨指导艺友方法的改进,终使晓庄的所有幼稚园,均成为通过"艺友制"培训乡村幼稚教师的园地。

是年底,张宗麟撰写了《怎样指导幼稚园的教学做》一文。其中的第一部分,便是专论"怎样指导艺友"的问题。其步骤,大体有四:

第一期,为时一个月,用来体会幼儿生活:"初来的艺友,不问他怎样,给他一个座位,叫他做幼稚生:唱的时候同唱,游戏的时候同游戏,吃点心的时候同吃,认字的时候也同认……这样做了一个月,才做第二步。"

第二期,为时至少半年,在导师的指导下试做、试教:"例如讲故事的简明点,认方块字的变化法,带小朋友在地上玩的应注意诸点。他得了方法,就看时机给他一群小朋友去试做。试做以后,当天或几天来讨论一次,问问有什么困难,应该怎样改进。"

第三期，为时近半年，还是继续做各种基本技能的练习："导师常常放手，只和他们定一个活动的大纲，给他们找材料的方向。他们找到材料，依着预定的大纲，在那里自己作主地干，导师在旁边看。干了以后，再来开会讨论。只有做，不去对照别人，会变成孤陋寡闻的。所以这期有一个重要的工作，是参观。"

第四期，亦为时近半年，采用轮值制，由艺友独当一面地"教学做"。"在这期里，每两个艺友，担任整个幼稚园工作二个月，导师完全处于旁观的地位，每星期开讨论会三次。其中一次，是预定下周活动大纲，指定材料所在地、方法所在地；其余两次，都是讨论做过的情形。"[6]

这"四期培训法"，是张宗麟培训艺友的经验总结。此后，无论他是南下厦门，还是北上山东，在办理乡村师范时，均始终不渝地试行艺友制。而且，在他的著述《乡村教育经验谈》《怎样办乡村师范》中均曾专论过艺友制，将其纳入自己的乡村教育理论体系之中。

四、协助创设晓庄中心幼稚园

晓庄幼稚园，是晓庄师范所创设的第二所"中心幼稚园"。若论其前身，甚至比第一所燕子矶中心幼稚园的设立还早。

1927 年秋，当李楚材等人创设晓庄中心小学后，入学儿童均将未及学龄的弟弟、妹妹们带来了学校。为了便于教学，办学者便将这些弟弟、妹妹组成"学前班"，分专人引他们玩乐。其后，分派徐企周专管这批幼儿，拟定了活动时间表，购置了少量玩具，这便是晓庄幼稚园的雏形。

1928 年 2 月，由于晓庄师范第三期学生中招有幼稚师范生，因而决定将此"学前班"交由"幼稚师范院"（实际有名无实）办理，并单设为"晓庄中心幼稚园"。其创设经过和办法为："从幼稚师范院接收后，由世璧常驻指导者约一月。这一月中，最初由四个师范生共做，约一星期。然后交第一组两个学生做；又一星期，换第二组做。以后，第一组做一个月，第二组做一个月。在每月开始的时候，必有世璧和宗麟共同来指导一个星期。"[7]经过两个月的试办，在春耕时节该园业已成形，从而解决了农家孩子无人照看的困苦。

到了是年 5 月，在张宗麟的鼓励下，"第一院"男师范生黄志成，自愿转入幼稚师范院，并随即来到晓庄幼稚园服务。他不仅有着慈母的心肠，而且还对儿童教育有着浓厚的兴趣。他的到来，使幼稚园里增添了不少生气。

其后，为了解决“幼小衔接”的问题，经张宗麟提议，并经校“指导会议”议决：今后“第一院”的女生，也必须到各幼稚园“教学做”三个月至半年；男生则欢迎选做。由于晓庄幼稚园毗邻校部，故来此“试做”的师范生日渐增多，并且来此参观者也是络绎不绝。

在张宗麟的主导下，在晓庄幼稚园重点试验了“读法”，并以农村中的常见、常用字为重心。注重故事教学，请儿童讲故事，训练他们的表达能力。至于唱歌、跳舞，也尽量赋予其乡土特色，如唱《锄头歌》《镰刀歌》等。对于儿歌与游戏，张宗麟的做法是：“儿歌，大都可以与游戏结合起来的；同时，每个游戏都可以缀上儿歌的。这步工作，我们也着手做了。游戏材料，除随时搜集当地通行的以外，就用宗麟三年前搜集各省的游戏材料，一个一个地来试验。倘若以为可用的，就把它用文字写出来，将来或可成为幼稚教师的一助。”[8]正是在张宗麟的支持和指导下，晓庄幼稚园在“读法”试验方面多有突破。

五、指导筹创神策门小学

1928 年春季开学后，晓庄师范的中心工作，便是“到前方去”。此口号的内涵，即师范生在指导员的指导下，深入北固乡各村，自主创设和办理“中心小学”，在实践中锻炼和提高自己的能力。与“前方”相对的“后方”，即为校本部。它是进行系统学习、提供理论指导和经济支持的机关。前后方的学生，定期轮换，从而使理论与实践兼顾。

当时计划在是年的 3 月，共创设 5 所中心小学。它们是吉祥庵中心小学、万寿庵中心小学、三元庵中心小学、神策门中心小学和黑墨营中心小学。张宗麟负责指导筹创神策门小学，具体的创校办学者为师范生葛尚德和曹佶(曹吉人)。

在该校的筹创过程中，首先受困的便是校舍的难觅问题。从吉祥庵、万寿庵、三元庵等校的校名可知，它们均是利用“庙产兴学”的产物。自清末兴学以来，此风已开，故相对容易。至于黑墨营小学，则是借用金陵大学农场的房舍开办，因而也不存在这个问题。

南京神策门，为明城墙的 13 座城门之一。它位于中央门以东，南京火车站附近。该门后改名为“和平门”。城外原本荒僻，但因此地面临紫金山，毗邻玄武湖，风景优胜；所以自火车站设立后，居民渐多。然而，此处的教育设施则奇缺，甚至连传统私塾也不如他处。鉴于此，晓庄师范决定在此设学。

经过办学者一段时间的寻觅、洽商，最终租得当地清真寺之一部(房屋4间)作为校舍。因其设于清真寺之内，故当地人多称之为“清真寺小学”。此处尽管房舍狭小，然而活动场所则较为开阔；加之位于火车站对面，人口稠密、交通便利，因而办学条件相对较好。

之所以分配由张宗麟指导该校的创办，是因为当时他的主职为南京特别市教育局指导员。因此处离城内较近，故如此便可两方面兼顾。是年3月18日签订了校舍的租约后，张宗麟便经常到此处指导筹办工作，并亲自联系课桌椅和教具的购置，又协助开展招生工作。

经过一星期的筹备后，该校于3月26日开学。开学前夜，张宗麟干脆住宿于此，与葛尚德共同拟出《课程表》和《本学期工作计划书》。所拟课程，为国语、常识、算术、工艺、唱歌、图画、故事等；所确定的试验重心为国语读、写能力的提高。

开学典礼，于3月26日上午10时举行。陶行知及晓庄师生陆续到来；该校新招学生，共有23人；还有家长、农友的踊跃参加。张宗麟首先报告了该校的筹创经过；葛尚德则对当地人士的支持，表示了由衷的感谢；陶行知应邀发表了较长的演说，阐述了创设此校的三个目的。“继陶先生演说的，有指导员陆先生、马先生，同学程君，农友周子卿先生、陈金禄先生等。”[9]“指导员陆先生、马先生”，为陆静山和马绍季；“同学程君”，则是晓庄师范第一期学生程本海。最后，在《镰刀歌》的歌声中结束了开学典礼。当日下午，该校正式开课。

学校开办后，张宗麟虽可松一口气；但时隔未久，他便对该校国语设计教学的试验投入了较多的精力。由于神策门小学的学生大小不一，有的还读过私塾，因而在班内分为了甲、乙、丙三组，只能采用“复式教学”授课，故对教法的要求颇高。因此，对于国语课的教学设计，并不是一件简单的事。

1928年6月17日，晓庄师范“第十一次小学活动设计会”在神策门小学举行。这种设计会，在5所中心小学创设后，基本每周日举办一次，由各中心小学轮流承办，指导员和师范生均须与会。研讨重心虽各有不同，但均围绕教学内容的精选和教学方法的改良来确定主题。在这次设计会前，张宗麟便指导葛尚德进行了精心准备。

当日，陶行知率晓庄师生莅临。先由葛尚德讲授“公开课”，全体来宾均认真听课。在下午的公开课上完后，即由听课的师生评课、研讨。在潘遗尘、陆静山发言后,张宗麟进行了更为细致的点评:“(1) 默书不可偷看,目光要周顾全体。(2) 学生猜东西的时候,不可不留意。(3) 与少数人谈话,声音要低。今天未免太高。(4) 小孩子是否要默书、抄书,回校后要细细讨论一下。(5) 教学时,是不是教师的座位要退后一点?(6) 讲故事是否要画图?又怎样使他们由讲故事到读书?(7) 怎样使学生写生字。如人人都写,必多雷同。今天还对。不过,错字宜改正。(8) 怎样巡视。如讲故事,走来走去,恐怕不好。但不巡视,又不好。(9) 复式教法,很吃亏的。笔顺不能顾到,如何办法?写字姿势,如何不犯近视病?如何注意到,同时须顾到几班?(10) 教师不应奖学生。一次还好,下次再奖,如同吃糖一样。(11) 下午不及上午精神好。如学生要睡,可以听凭他们。”[10]这种商讨式的评课,既表示了对授课者的尊重,同时又有利于他今后的改进。

在这次研讨会上,不仅有陶行知和指导员的评课,而且听课的师范生也积极发言,并参与相关的讨论,从而使讲课者和听课者均能获益。正因为神策门小学经常举行此类教研活动,所以使该校的办学质量得以不断提高,并获得社会的好评。在其后晓庄学校改行学园制后,陶行知欣然兼任“和平学园”的园长。

张宗麟在兼职晓庄师范指导员期间,重点虽在幼稚教育,但他对小学教育也多有作为。指导并参与神策门小学的创办,即为实例。这也是不宜称之为“幼稚教育指导员”的理由之一。除以上四项主要工作外,在这兼职的一年之内,他对于民众教育、社会运动,也竭尽所能地予以推动。在这个过程中,他愈加坚定了对乡村教育运动的信仰,使他能义无反顾地选择了这条道路。

参考文献:

[1] 第一次校长会议记录[J].南京市教育月刊,第1卷第1期(1927年9月).
[2] 张宗麟,王荆璞.大江滨的乡村幼稚园周岁的燕子矶中心幼稚园[J].地方教育(第1卷,第15、16合期),1929(4).
[3] 程本海.在晓庄[M].北京:中华书局,1930:113-114.
[4][5] 陶行知.陶行知全集(第2卷)[M].长沙:湖南教育出版社,1985:56,235.
[6] 张宗麟.怎样指导幼稚园的教学做[J].乡教丛讯,第2卷第24期(1928年12月30日).

[7][8] 张宗麟,徐世璧. 一个山村幼稚园[J]. 乡教丛讯,第 2 卷第 24 期(1928 年 12 月 30 日).
[9] 葛尚德. 创办神策门中心小学经过[J]. 乡教丛讯,第 2 卷第 7 期(1928 年 4 月 15 日).
[10] 曹佶. 第十一次小学活动设计会记录[J]. 乡教丛讯,第 2 卷第 20 期(1928 年 7 月 1 日).

(本文原载于《生活教育》2020 年第 4 期)

“被代理校长风波”始末

——“张宗麟在晓庄”系列研究之三

喻本伐　郑刚　张汶军*

摘　要：张宗麟于1929年9月曾一度被宣布“代理”晓庄学校校长。由于他事前既不知情，事后也并不接受，故可称之为“被代理校长”。由于此次风波是以原任校长陶行知的辞职而揭幕的，又由于辞职事件并非像所言的那般简单，所以有必要对其经过进行梳理，并对其前因后果进行探讨。笔者认为，这次的“被代理校长风波”，实际上反映了张宗麟与陶行知在办学理念上的某些不合。所幸的是，经历了这次风波之后，因采用了“学园制”，从而使晓庄学校得以更健康地发展。

关键词：张宗麟；陶行知；被代理校长；集团军制；学院制；学园制

自张宗麟1928年9月专职于晓庄学校后，其主要精力均放在了教育行政工作上，即履行“生活部部长”和“晓庄教育局局长”的职责。在这一年间，通过陶行知和全体晓庄人的共同努力，晓庄学校发展迅速，且更为迅速地获得了声誉。此时，作为具体办学者的张宗麟却深知，学校是在继续“摸黑路”，并且已深陷“混乱无序”的泥潭。鉴于此，他提议再次进行改制，并获得校内师生的广泛共鸣。然而始料未及的是，其结果是自己“被代理校长”了，遭受了无端误解。但是，值此危殆关头，他忍辱负重，多方斡旋，并提出“学院制”方案，从而成功化解了这次办学危机。

---

* 喻本伐，男，华中师范大学教育学院教授；郑刚，男，华中师范大学教育学院副教授；张汶军，男，华中师范大学教育学院博士研究生。

一、提出“一个建议”

论及晓庄的这次办学危机，还须从张宗麟此前提出改制建议说起。1929 年 7 月 5 日早，张宗麟在参加完“寅会”之后，回房将事关晓庄前途的《一个建议》完稿。然后，他将此稿交由晓庄师生传阅，而并未首先征求校长陶行知的意见。

在旧学年即将结束、新学年即将来临之际，张宗麟在该文中，首先肯定了一年来的工作成绩：“一年以来，事业大增。如小学由八所增至十四所，学生由一百〇八人，增至二百十四人（特别生在内）。”接着，他又毫不避讳地指出，当前所存在的问题是：“现在呢，全校同志对于全校事业，都有‘三个和尚没得吃’的态度；每个人的事呢，又是抱着‘债多勿愁’的态度。”

他接着还指出，在改制为“一处一局三部制”后，“一切事归入教育局”，“事繁而权集”，使校部机构整日陷入事务之中。张宗麟的看法是：“在现在组织之下，无论如何，不能充分地去做这样的试验。因为后方校务太繁，不能充分去帮助前方；前方呢，又因后方这样，存着得过且过之心。这样因循下去，哪里有效果呢？”[1]本来，指导员最紧要的工作，除试验研究外，便是实地指导。然而在这种体制之下，指导员研究、指导的时间极少，与学生“在做上教，在做上学”的时间也不多。于是，“学生对于教学做，渐流入‘雇员化’了”。致使有的学生，不服从安排，摆出一副冷面孔；极少数人，甚至是口出恶言。

此惰怠之习，进而毒化了晓庄生活，致使“仇视、轻视之言论，非但形于言，且笔于书，公开于众。近复有驱逐指导员之谣”。在张宗麟看来，“本校之所以不振的原因之一，是招考不严密，招收了投机分子进来。他们是来享利益的，不是来探险的”。这当然极其危险。

有鉴于此，张宗麟提出了改制建议。该建议的核心内容为：“注重研究，减轻事务，培养有特长的乡村导师，并试验小学中心活动。”

要达成这个目的，便须改变晓庄学校原有的组织系统。具体而言，便是校部仅保留校长办公处或者行政部，撤销晓庄教育局，然后将原设的五部或三部，分编为如后 7 组：(1) 农艺组；(2) 生物组；(3) 社会组；(4) 卫生组；(5) 工艺组；(6) 数理化组；(7) 艺术组。

由各组名称可知，各组均有自己的研究重心，故可能“术业有专攻”。每组须有一“专任指导员”负责，学生则一二十人不等；每组组成，采用指派与自由选择相结合的方式；各组分住，实行“共同生活”，以自订《自治规约》作为行为规范；各组专任两个小学或幼稚园，现有的11所小学和3所幼稚园（燕子矶、晓庄、和平门），正敷分派；各组分担“校务教学做”，采用轮值方式，“每组担任一月”。

以上，便是这个建议的大致内容。在该文的最后，张宗麟的表态和愿望是：“肤浅的见解，幼稚的思想，粗野的语调，向大家建议，原意是抛砖引玉。还望诸同志本着平素爱晓庄、爱乡教的热忱，不吝金玉，务使已经下种的乡教，浇水、受温，然后发芽、抽条，开美丽的花、结香甜的果。”

该建议在校内传阅后，迅速引起广泛热议，像一粒石子扔进了水塘，泛起了阵阵涟漪。应该说，大多数人均认同张宗麟的看法，并认为他的“分组”建议可行。因此，启动晓庄下一轮的体制改革，已经箭在弦上，不得不发。

二、组建“集团军”

现已难以确知，陶行知是何时读到这份建议的。可以推知的是，他既不是最先，也不是最后。不过，在他读完此建议后，也颇受触动，于是迅速通知于7月8日召开“晓庄全体会议”，来专门讨论这份建议。

会议罕见地召开了6个小时。由此可见，讨论之充分和争辩之激烈。所形成的会议决议，居前的三项为：“(1) 减轻事务，注重小学，采用集团出发前方，实地培养小学的人才。(2) 每一指导员，率领兴趣相同的同志，组织集团，开赴前方。(3) 全校分六集团，六路出发。每路分配指导员一人，同学若干人。出发日期，由各集团军自行择定。”[2]这“六集团”，也称为“六集团军”。每一集团军，“得以某组为主体”。其构成，可简明介绍如下：

(1) 万寿庵、墨黑营集团军。指导员邵仲香，同学二十四人；主体农艺组。

(2) 吉祥庵集团军。指导员唐谷，同学十人。

(3) 和平门集团军。指导员陶行知、陆静山，同学二十人；主体晓庄剧社、社会组。

(4) 三元庵集团军。指导员吕镜楼，同学十人；主体工艺组。

(5) 晓小集团军。指导员张宗麟，同学二十人；主体生物组。

(6) 幼稚园集团军。指导员王荆璞、徐世壁；同学若干人，主体女同学。

其他决议尚有：(1) 潘一尘为巡回指导员；(2) 丁柱中为后方留守主任；(3) 前方指导员，取“三三制”（每星期三天前方、三天后方）；但是，初期须为“四二制”;(4)各集团军,暂定半年换防;(5)每个同学,自今日会毕以后,必须到生活部签名,承认加入某一集团。限至明日止。如不愿加入任何集团而无充分之理由者,得施以相当之处分。

但是,其后在“指导会议”上,依据陶行知的主导性意见,对全体会议的决议进行了重大修订。即决定只组建前五个集团军,最后的幼稚园集团军,不予组建。其理由,便是已设立的3所中心幼稚园,不应该也不可能集中于一处办理。若是如此,那大多农家幼儿将无法入园。因此,还是将其分属于所在地的集团军较为合理。

此改议的决定公布后,指导员徐世璧、王荆璞,学生戴自俺、孙铭勋等,对指导会议推翻全体会议的决定,颇有看法;尤其是戴自俺,他的活动能量甚大,反复找陶行知、张宗麟和其他指导员说项,认为如此不利于幼稚教育的研究与办理。

尽管现今已无从确知张宗麟在指导会议上对此事的明确意见,但从指导会议后他便固辞“晓小集团军”的职务分派来看,或许是与不满这种随意变动有关。再从陶行知辞校长职风波平息后,张宗麟不愿参与“幼稚学院”复议设立事的态度来看,很有可能由于此前与陶行知的意见不尽一致。

在“晓庄全体会议”后,除张宗麟不愿担任晓小集团军的指导员外,吉祥庵集团军的指导员唐谷(现之),也改变了原先的应允;他做得似乎过分,干脆不辞而别地回故乡广西任职去了。至于三元庵集团军的指导员吕镜楼,也明显对“到前方去”持消极态度。加之暑假将至(虽晓庄规定不放暑假,但暑假归里者实际仍多),因此,全体会议后即刻组建集团军的计划,事实上被暂时搁置。

此时的张宗麟,因一年来的事务缠身,致使身心俱疲;加之改制之事也进展不顺,心情不悦。用他在《晓庄三岁话“吉祥”》一文中的解释,是“病假回家”。此后,他便归里养病。他此次归里的时间是在1929年7月20日左右。

三、“被代理校长”

1929年9月4日,张宗麟携长子张元,由绍兴回到晓庄学校。40余日的别离后,尽管病体未愈、旅途劳顿,但还是环顾学校一周。熟悉的环境、熟悉的师生和农友,均使他感到亲切。随即,他找到陶行知,汇报了自己归里后的生活和思考,并表明了自己愿去吉祥庵集团军的态度。

对于张宗麟的回校和表态,陶行知倍感欣慰。他于是召集相关人员,对于业已搁置的集团军计划予以调整。调整后的具体安排是：

(1) 和平门集团军(和平门幼稚园在内)，指导员陶行知；

(2) 万寿庵集团军，指导员邵仲香；

(3) 小晓集团军(晓庄幼稚园在内)，指导员潘遗尘；

(4) 吉祥庵集团军(燕子矶幼稚园在内)，指导员张宗麟；

(5) 三元庵集团军，指导员陆静山；

(6) 黑墨营小学停办，因金陵大学农场已收回校舍；

(7) 由罗良铸接丁柱中职，任校长办公处主任。

由于其后的辞职风波，与罗良铸和丁柱中相关；因而有必要对他们二人的基本情况作一简要介绍。

罗良铸(1891—1965)，湖南长沙人。早年毕业于南京金陵大学。后留学德国6年，获明星大学教育学博士学位。归国后，历任教育行政要职。因热衷于乡村教育研究，于1929年9月任晓庄学校校长办公处主任，计划筹办“乡村教育研究所”。

丁柱中(1899—1940)，安徽怀宁人。早年毕业于上海震旦大学，后留学法国里昂大学，攻读电机工程。1929年3月，经好友操震球介绍，应聘为晓庄学校“物理指导员”。后任校长办公处主任。

丁柱中与张宗麟共事已有半年；而张宗麟与罗良铸谋面，估计是这次回到晓庄之后。在要事商定后，张宗麟便回到居室安置了一个铺位，便疲惫不堪；后将积信、电报看完，便躺在床上开始思考“前方”的办理方案。

次日上午，张宗麟首先赴吉祥庵小学，看望了在那里教学的师范生。然后，再赴万寿庵小学，与在那里工作的师范生也见了面。他勉励这两处的师范生说：“今后我们在生活上，一律平等；在学术上，严守规律。”[3]

张宗麟来到万寿庵小学的主要目的是找邵仲香商讨可否将两个集团军合组为“万吉联团”事宜。由于俩人私交甚笃，加之两处相距也不是太远，所以商谈颇为顺利。他们决定，“万吉联团”合设社会、儿童、校务三部，职任由师范生分担。社会、儿童两部，各占40%；校务部则由20%的人员充任。张宗麟自己的时间分配则是：“百之五十在联团，百之二十在后方，百之二十在幼稚园，百之十干其他的工作。”

组建“万吉联团”一事，事前既未在会议上讨论，也未能私下征求校长陶行知的意见。张宗麟与邵仲香的个人行为，肯定会被某些人视为“非组织活动”。现已无从得知陶行知闻此事后的态度；但可以推知的是，陶行知的愤而辞职，此事肯定成为内隐的诱因之一。

9月6日上午，张宗麟继续为“出发前方”做准备。他特地专访了三元庵小学与和平门小学，探寻两校的可供借鉴之处。下午稍事休息后，便关门为自己拟订了一份《自省表》，并撰写了几封回信，完全不知道门外发生了何事。就是在这天，晓庄校本部所发生的事件是：“有一位师范生不满意罗、丁俩指导员，写东西在墙上出‘揭晓’”。一时间，全校皆知，张宗麟此时却还蒙在鼓中。

在9月7日清晨举行的“寅会”上，陶行知突然宣布辞职。散会后，他又令校长办公处贴出布告，宣布由张宗麟代理校长之职——“今后校长职务，请张宗麟先生代理”。随之，罗良铸和丁柱中俩指导员也提出了辞职，并随即离校。

一时间，张宗麟惊诧莫名。这不仅因为“代理校长”之事在宣布之前并未征得他的同意；而且还因为：“晓庄公然侮辱(不算得公然侮辱，不过大家吃了饭没事，发牢骚罢了)，何止这一次呢？骂是寻常事，打都不止一次了。不过有许多件，陶先生或者不知道罢了。”[4]如此习见之事，何至于会闹到如此地步呢？

不过，事情既已发生，当然应竭力挽回。后经全体会议议决：“攻讦事，仍交纪律部议罚；对校长与罗、丁俩指导员方面，推举代表五人慰留”。张宗麟亦为“代表五人”之一。结果是城内城外跑了半天，依然毫无头绪。张宗麟感叹道：“干这种事，真真无聊”。

“屋漏偏逢连夜雨”，当五代表进城斡旋辞职事时，晓庄某同学因皮箱遭盗，并怀疑为住处农友所为，于是报告联村自卫团，并带着武装人员前去搜赃。结果，赃物未获，反而引发当地农人的愤激。9月8日一早，群聚的农人来校讨说法，弄得学校十分被动。

另一波及之事是，第六届所招收的新生来校业已多日，既无人安排他们的学习与工作，又无人关心他们新来乍到的生活困难。当他们看到因辞职事学校乱套后，更是情绪不稳，并多了一层隔膜，益增诸多不满。

张宗麟虽未接受“代理校长”名义，但因此前的任职还得勉为其难地出面解决。恰在此时，秉志先生又来晓庄，拿出了他所拟订的《晓庄生物组六年计划》，并要求由张宗麟来主持晓庄生物组。加之还有吉祥集团军的校舍问题，急需向当地士绅、农友商借或租用。这一切，用“心乱如麻”来形容，可谓恰切。

然而，更有钻心之痛的则是遭人误解，蒙受不白之冤。他在日记中如此表达了自己的愤懑：“这次同志的‘揭晓’，说我是好的，我就得了嫌疑。其实，唆使了人们去骂人，还请他来赞自己，我虽下愚，不致于此。但是……事实会告诉我们，一个真切的证据。”[5]张宗麟的难言之隐，现已难以深究了；况且这仅仅是一面之词，不宜偏听偏信。

因此，对于引发这次辞职事件的深层原因是无法予以探讨的；在此所须进一步介绍的，则是这次危机的化解。

四、“辞职风波”的化解

尽管张宗麟自感为挽留某人而东奔西走、苦口婆心，“真真无聊”；但为学校前途计，为了不辜负众人的委托，他还是态度诚恳、勉力而为。他若是负气的话，完全可以“你辞职我也辞职”，斗气地将事情引向难以收拾的局面。应该说，他在此事的处理上是理智的，表现了君子之风，能够忍辱负重地寻求解决之道。

在陶行知宣布辞校长职的当天，罗良铸、丁柱中也辞职离校。一个回南京，一个回上海。当天五位代表的“进城”，即为对他们俩人的极力挽留。陶行知宣布辞职后，仍居留晓庄，并未他去。因此，张宗麟首先要化解的便是他与陶行知之间所心存的芥蒂。

知识分子化解不和的方式，绝少有那种“负荆请罪”的戏剧化场景。张宗麟的相关活动，可逐日予以分述：

9 月 7 日，在陶行知寅会宣布辞职之后，张宗麟随即找到陶行知，绝口不谈辞职事，而是专谈《教学做方案表》的拟订事：“今天与陶先生谈到师范生去学院里教学做，决不应随便放松过去，与其失于随便，不如取严厉的态度来干。在事前有极缜密预算，虽然当时情景变了，不能再用，但是为着师范生带小朋友起见，只有小变，不能全变，于事实上已经有了一番准备，触类旁通，也可以得到许多好的结果。”[6]

9 月 8 日，当晓庄某学生因搜查赃物而激怒晓庄农友，而农友聚集到校部讨说法时，张宗麟随即召开会议，讨论“补救之方”。当会议议决请陶行知出面后，张宗麟遂恳请陶行知出山。由于“陶先生于农人有相当信仰”，终致此事得以平息。当秉志下午来晓庄后，又参加他与陶行知的谈话，“谈了两小时之久”。

9 月 9 日，与邵仲香商议，如何向当地农友商借“老土地庙”，又如何租得民房供师生居住。商定结果是，于 9 月 13 日在吉祥庵小学召开聚谈会，会商租借校舍问题。随即书写了请帖，请吉祥庵小学师范生分送。

9月10日，“今天我尽奔走之劳，把陶、罗、潘、王、吕、徐等先生都聚在一堂，讨论今后晓庄问题”[7]。“陶”为陶行知，“罗”为罗良铸，“潘”为潘遗尘，“王”为王荆璞，“吕”为吕镜楼，“徐”为徐世璧。加上张宗麟自己，共为7人。这次聚谈，当然是想化解辞职危机，然而谈来谈去，却谈出一个“学院制”来(后定名学园制)。

此“学院制”，其实质，仍为“集团军制”或“分组制”，只是名称稍微好听点、更为切合实际点而已。它就像政治制度中的联邦制一样：校长类同于总统；学院类同于联邦。它取分权制，而非集权制，因而各学院相对独立自主。具体而言，校长办公处的职责便是：“供给我们三样东西，一是工具；二是经济；三是人才。大本营方面，就是供给我们的人才；学院，就是训练人才的地方。”[8]

在《学院制大要》的演讲中，张宗麟具体论及学院制在组织方面、指导方面、训练方面、环境方面的优势。其要点之一，便是“不要时时换新花样”。即，就训练而言：“我们之受训练，也正如和尚之受戒一样，是要吃相当的苦的。在训练的时候，无论如何应使师范生都完全了解。这样，就不能一天一天地换新方法，朝三暮四，使得师范生无所适从。一定要用科学的方法，就是一步步地上去，不能时时换新花样。”

从这里，大体可看出，张宗麟不主张在制度层面随意变更，朝秦暮楚；而要求保持相对的恒定性，以获得稳定的发展。他之所以理出“一个建议”，主张分组或分团办学，其主旨便是缘于此。而陶行知，则是在教育观念层面与时俱进，“喜欢翻弄新花样”，甚至将“教人变”视为生活教育的特质。如此，二人的办学思路难免抵牾，并最终因一小事而演变成辞职风波。

在9月10日的这次聚谈中，作为弟子的张宗麟当然不会挑明与其师办学理念上的矛盾；而作为师长的陶行知，当然也不想让这次辞职事再僵持下去。因此，他们均借学院制这个“台阶”，化解了各自的难题：“谈罢学院制，罗先生即日可以来晓了，陶先生辞意也渐渐和缓了。谈罢学院制，陶先生即暗示我，可以不代理校长，可以即日出发。”[9]

这次辞职风波的化解，颇具戏剧性。在得到陶行知首肯后，张宗麟于次日早晨便率队赴“吉祥学院”了。在离开晓庄学校本部之时，他的心情十分矛盾：既想早点离开这是非之地，又对在这里所度过的岁月恋恋不舍。

陶行知复校长职的“复职会”，于9月15日在晓庄学校本部召开。是日，除罗良铸与会外，丁柱中也特地从上海来校。会议由张宗麟主持。他报告了这次辞职风波的经过后，随即宣布陶、罗、丁复职。陶行知随后在讲话中声明了三点："(1) 此后校长有经济支配权；(2) 此后校长有进退同志权；(3) 此后倘遇有同志侮辱同志而正义不伸者，知行与之同去。"张宗麟特意在日记中记录下这三个条件。或许他对此是持有保留意见的。

从 1929 年 9 月 7 日至 15 日，是张宗麟"被代理校长"的时间。尽管为时仅八九天(实际为时 4 天)，然而在他的教育生涯中，这肯定是他最难以忘怀的一段。其中的是非究竟若何，还须待陶研工作者作出深入研究。不过，从张宗麟化解风波的所作所为来看，其人格，属健康、磊落无疑。

五、由"学院制"到"学园制"

陶行知复校长职后，随即将原定的"五集团军"，更名为"五院"；同时，又重新确认了各院院长及其研究重心：

(1) 和平学院——院长陶行知(以校长兼任)，以研究戏剧、社会为主；

(2) 万寿学院——院长邵仲香(德馨)，以研究农事为主；

(3) 晓小学院——院长潘一尘(遗尘)，以研究生物为主；

(4) 吉祥学院——院长为张宗麟，以研究卫生为主；

(5) 三元学院——院长为陆静山，以研究音乐为主。

学院制实行后，晓庄学校赋予了各院更大的办学自主权。陶行知甚至明确告知："各院应有一个时期，是'各人自扫门前雪'"。[10]

改行"五院制"后，随即要求师范生再次自主报名，依据各自的志趣，确认并选择不同的"学院"。在任者，留在原岗位工作；新任者，则即刻准备"出发"。晓庄学校的"五院"，在 1929 年 9 月中旬，于各中心小学的所在地次第设立。

前文在介绍"集团军制"时，曾介绍有"幼稚园集团军"的成议。后在"指导会议"上否定了此议，使"六集团军"瘦身为"五集团军"。在决定实行"学院制"后，在 1929 年 9 月下旬的"晓庄全体会议"上，终于议决增设"幼稚学院"。是年 10 月上旬，幼稚学院设立，院址设在燕子矶幼稚园，院长为徐世璧。晓庄学校原定的"五院制"，至此已变为"六学院制"。

晓庄学校的"学院制"实行未久，大约在是年的 10 月中旬，便有人指出，此"学院"与《大学组织法》里的相关规定抵牾，易使人产生误识，理解为高等教育设施。

《大学组织法》由当时的教育部于1929年7月26日颁布。其中规定:“大学分文、理、法、教育、农、工、商、医各学院。凡具备三个学院以上者,始得称为大学;不具备三学院者,为独立学院,得分两科。”有鉴于此,晓庄学校遂改“学院”为“学园”。此后的晓庄办学体制,于是改称“学园制”。

“学园”之称,引自日本,属基础教育设施;它由私人或社团创立,具有实验性。此实验性,或为幼稚园、小学和中学的“一条龙”实验,或就艺术特长、职业技能等方面进行的办学实验。在此前的1925年,匡互生等人便曾在上海创设“立达学园”。

“六学园制”施行未久,因考虑到乡村小学毕业生的升学需求,遂将“劳山中学”从“晓庄学园”中分离出来,另组为“劳山学园”,专门试验乡村中等教育。因其设于晓庄,通常也称该学园为“晓庄中学”。又因民众教育的办理与幼稚教育一样,均具有特殊性,因而又将晓庄、神策门、三元庵和万寿庵这四所民众学校合并,设立“蟠龙学园”,专门办理和研究成人教育。

在1930年3月晓庄学校纪念建校三周年时,实际已拥有上述“八学园”。由“五院制”演变为“八学园制”,为时大体半年。这“八学园”与“校本部”,实际合构为“晓庄学校”。由本文所述可知,这次变制的起因,实与张宗麟“被代理校长风波”相关。

参考文献:

[1] 张宗麟. 一个建议[J]. 乡教丛讯,第3卷第15期(1929年9月15日).

[2] 徐鸿仪. 十八年七月八日全体会议记录[J],乡教丛讯,第3卷第15期(1929年9月15日).

[3][6][7][9] 张宗麟. 开步走[J]. 乡教丛讯,第3卷第15期(1929年9月15日).

[4][5][10] 张宗麟. 开步走(续)[J]. 乡教丛讯,第3卷第15期(1929年9月30日).

[8] 张宗麟. 学院制大要[J]. 乡教丛讯,第3卷第15期(1929年9月30日).

(本文原载于《生活教育》2020年第6期)

“吉祥学园”的办理

——“张宗麟在晓庄”系列研究之四

喻本伐　郑刚　张汶军*

张宗麟在晓庄的工作与生活，大体可分为三个阶段：一为1927年7月至1928年9月，是为兼职指导员阶段；二为1928年9月至1929年8月，是为专职指导员并兼领校政阶段；三为1929年9月至1930年4月，是为专职指导员兼吉祥学园园长阶段。至于“系列研究之三”所介绍的校长辞职事件，仅可视为由第二阶段向第三阶段过渡中的一个“小插曲”或“大风波”。本文专门介绍张宗麟在第三阶段的所作所为、所思所想。

一、领军“吉祥”及预拟办理方案

在“系列研究之三”中，已介绍组建“集团军”的决议形成后，曾分派张宗麟为“晓小集团军”的领军人物，并确定该集团军以“生物”为研究重心。本来，此为他的合愿之事。但不知何故，数日后他便固辞是职，告病归里。由于其他集团军的领军人物也发生变故，致使集团军的组建未能在暑假前如期完成。

张宗麟在《晓庄三岁话“吉祥”》一文中，曾明说他的这次离校，是“病假回家”，同时又说：“因种种关系，函请校长不愿就小庄学园园长事。”这“种种关系”，似有难言之隐；而“小庄学园”，当时还称为“晓小集团军”。“晓小”，即为“晓庄中

* 喻本伐，男，华中师范大学教育学院教授；郑刚，男，华中师范大学教育学院副教授；张汶军，男，华中师范大学教育学院博士研究生。

心小学”的简称。

尤其值得注意的是，为何是“函请”，而不是面谈？两人同处一地，朝夕相见，又有着师生之谊，哪至于须得笔谈己见！若联想到一年前杨效春的辞职，再由“函请”来反推，张宗麟的归里病休，是否也夹杂有某种意气用事的因素？这大概也是导致后来陶行知意气用事地辞去校长之职的因素之一。

归里后的静思、反省，使张宗麟的情绪平伏。当然，也肯定有晓庄来函中师友的好言相劝。于是，他决定还是重返晓庄，继续投身于乡村教育运动。

1929 年 9 月 4 日，秋高气爽、日朗风清。张宗麟在离开晓庄 40 余日后，重回晓庄故地。他来到学校后，倍感亲切；所遇故人，无不热情。“看看吉祥学园的领导还虚悬，便自荐于吉祥学园之事。”[1]当然，此“学园”只是后来的称谓，当时实际仍称之为“集团军”。

陶行知立即同意所请，随即对集团军制进行了调整，并要求他不日“出发”。这在前文“系列研究之三”中，已有详明的介绍。

张宗麟原想先在晓庄休息几日，一方面，调养一下刚刚痊愈的病体；另一方面，处理一下积压的书信、电报和杂事；还有一方面，便是对吉祥庵小学和其他小学的办学状况进行一番考察，然后在此基础上预拟出一套方案，作为以后办理“吉祥”的行动纲领。

在接下来的数日中，张宗麟主要进行了以下几项准备工作：

第一项工作，是参观考察，调查研究。

在 9 月 4 日回到晓庄学校的当天，张宗麟首先到邻近的晓庄小学和晓庄幼稚园转了一圈，感觉均“还维持着现状”。接着，他又去考察“师范部”。他对此的感觉，则不是太好：“因新同志初来，旧同志出发，青黄不接，所以小有凌乱之象。其中最使人难过的，就是生物室了，杂乱到不成样子。”[2]联想到本来自己是主持此处的人选，他还是不免有所感慨。

9 月 5 日一早，张宗麟首先赴吉祥庵小学考察。这是他即将前往工作的地方，所以考察得也就特别仔细。他不仅听了师范生们的讲课，而且还分别进行了评课。在与他们进行了深入的交谈后，他的总体感觉是：“这班青年，实在都是有为的。只看我们如何指导。”[3]其后，他又对校舍、寝室、操场及周边的环境，进行了一番巡视。在告别了吉祥庵小学的师范生后，他又专程考察了邵仲香所主持的万寿庵小学，并与他商定了组建“万吉联团”的相关事宜。

9月6日上午，张宗麟又专程赴三元庵小学与和平门小学（原名神策门小学）考察。前者，现为陆静山主持；后者，现在则由陶行知兼管。在考察和平门小学时，他自然联想到一年半以前自己指导葛尚德等创办该校时的情景。如今，该校的面貌已"焕然一新"。今昔对比，真有不胜唏嘘之慨。

在考察完这5所中心小学之后，张宗麟便对"吉祥庵集团军"今后该如何办理这个问题，有了初步的考虑。

第二项工作，是筹组"万吉联团"。

所谓"万吉联团"，即为"万寿庵集团军"和"吉祥庵集团军"的联合体。根据张宗麟的日记可知，在明确由他领衔吉祥庵集团军之后，他几乎是第一时间找到邵仲香，共商"万寿、吉祥两院，取联团制"一事，进而"谈进展方针，并计划一切"。次日，他们共同拟订出了《万吉联团组织系统》。

吉祥庵与万寿庵两处，相距不是太远。若以吉祥庵为圆心，以5里为半径，那么，万寿庵小学、燕子矶幼稚园和晓庄校本部，均在此范围之内。因此，距离较近，可能是"联团"的原因之一。再者，张宗麟与邵仲香的私交甚笃，遇事好商好量，这可能是"联团"的原因之二。还有，吉祥集团军包括燕子矶幼稚园，而万寿集团军无幼教设施，这可能是"联团"的原因之三。这种"联团"，无疑是对前定"集团军制"的变更。

可以肯定的是，这种变更，只是个人行为，而非晓庄学校的组织决定。因此，无论其动机如何，遭受非议几乎是无法避免的。其性质，可由如后两事进行反推：一为自9月7日陶行知宣布辞校长职后，"万吉联团"事便再未提及；二为自9月11日议定改行"学院制"后，万寿与吉祥还是分立为两学院。简言之，这是一种随意且幼稚的行为。既然两单位可以"联团"，那么五单位同样可以"联团"；如此，"分组研究"的初衷又该如何体现呢？

第三项工作，是制订吉祥集团军的工作计划和拟订相关表格。

关于工作计划，仅仅是一个粗略的大纲："九月，测验月——明了测验大意、测验手续、核算方法、各种成绩考核法。十月，儿童心理月——心理学大意、学习心理的原则、训练法大意、学科心理大意。十一月，调查月——参观法大意、材料整理法、教育调查大意、学务调查大意。十二月，统计图表月——统计学大意、教育统计方法、画图表的方法、小学通用图表。一月，教育史月——近代西洋教育思想发达史、重要教育学说、中国兴学史、今后中国教育趋势。"[4] 此计划，只是按月分列出是月的工作重点。

关于具体的教学计划，张宗麟也特地预拟了一份《教学做方案表》，分列了以下 6 项要求：(1) "什么活动？"(2) "什么时间？"(3) "用什么材料？"(4) "在什么环境里？"(5) "要多少时候？是第几次？"(6) "用什么方法(注意开场、进展、结束三项)？"要求每一节课均有教案，并须严格依照前述的 6 项要求来编拟。此表，上课前须"经指导员签字，然后去教学做；事后，又须写一张报告"，交指导员存档。这样，看似"极麻烦"；然而，对师范生的训练，则极为有效。

关于每人每天均须填写的表格，还有如后两种：一为《师范生工作自省表》；二为《指导员工作自省表》。前者列有室内的整洁、工作时儿童反应是否与预定相合、分组工作的效果、批改儿童的成绩、调查或测验儿童的进步、儿童卫生、学校行政、家庭联络、集会、个人修养等 20 小项；后者列有指导师范生、回答问题、时间的分配、与儿童共同工作、个人修养等 9 小项。此《自省表》与《教学做方案表》，将共同作为评价学习成绩或工作绩效的依据。

二、开赴"吉祥学院"后的"一日活动"

据《金陵梵刹志》载，吉祥庵明初即有。当时的南京，有大寺三、次大寺五、中寺三十二、小寺一百二十四。吉祥庵位于南京北郊，属小寺，址基仅一亩。

吉祥庵中心小学的创设，是在 1928 年 3 月。当时所提出的口号是"到前方去"；所布置的任务，便是创设 5 所中心小学。该校即为其中之一。该校是"庙产兴学"的产物，只需将菩萨移拢在一处，让老道腾出多余的空间来(约三分之一)，校舍的问题便得到了解决。

离吉祥庵最近的村庄，名"四棵柳村"。此村人口较多，学校、私塾皆无，儿童均处于失学状态，因而招生容易解决。负责指导创校的指导员，为马绍季(1905—？)，他是北平人，1927 年初南来，协助陶行知筹创晓庄师范。学校创设后，担任该校专职指导员，擅长武术。该校的具体承办者，为谢纬棨和韩度。谢纬棨(1910—1930)，又名宗晖，湖南长沙人，晓庄师范第一期学生。韩度，据李楚材回忆，亦为第一期的补录生。只是在吉祥庵小学创办后不久，便离校他去，因而有关他的记载极少。

吉祥庵小学的创校时间，一说为 1928 年 3 月 7 日，另说为是月 12 日。两说法仅相差 5 日。开校时，仅招得学生 12 名。后由多位师范生接力办理，马侣贤在是年9月主持该校。由于办学有成，学生已增加到30余人，故甚得当地农友信任。

1929年9月10日，在晓庄的辞职风波渐渐和缓、“学院制”业已定案之后，陶行知首肯张宗麟赴“吉祥学院”任。次日早，在参加完晓庄“寅会”后，张宗麟便整理好行装，召集同去的王作舟、沈雪之、宋瑾瑜三人，还带上自己的长子张元，一行5人同赴“前方”。

约11时，抵达吉祥庵小学。已在此处工作的师范生刘光绰、刘琼瑶、夏光春、陈炬璧、庄行雄五人，高兴地跑出来迎接，忙前忙后地协助安顿，并生火做饭予以招待。同来的3人和在此的5人，共有8位师范生；还有储良征、芮立德两位师范生，将在中秋节后下乡。据此可知，当时的吉祥学院，共由1位指导员、10位师范生和近40个小学生所构成。其实，还有一位编外的学生，那就是张宗麟的长子张元。他当时近10岁，每日也与农家子弟一起入学上课。

吃过午饭后，张宗麟专门去了一趟燕子矶幼稚园。该园是由张宗麟主持创办的。其后，又得其指导甚多。由于现已将该园划归于吉祥学院，故须对其工作予以督察。好在两处相距仅三里多路，他不一会便来到了燕子矶幼稚园。在与徐世璧、王荆璞二指导员商量了今后的工作安排后，又看望了那里早已熟悉的小朋友们，然后才踏上了归程。

回到吉祥学院后，张宗麟看看天色尚早，就回到住房，首先为师范生拟订了一份《九月份读书目录》：(1)《一个乡村小学教员的日记》或《爱的教育》；(2)《家庭教育》或《前期儿童教育》；(3)《幼稚园教育丛刊》。接着，又拟订了一份《每日工作要求》：(1) 每天写日记；(2) 学唱歌，弹琴五首；(3) 会讲故事五首，极纯熟；(4) 书画五张。

晚饭后，他召集吉祥学院的全体同志开会，议决了如下三事：

一为每日的作息时间表。从早晨6时起床，到晚上10时就寝，除午休一小时外，其余时间，均为工作所排满。

二为学院工作的分工。院长，张宗麟；总务，刘光绰；社会部，刘琼瑶、夏光春；儿童部，陈炬璧、王作舟、宋瑾瑜、储良征、芮立德；农场兼校务记录，沈雪之；整洁兼烹饪，庄行雄。

三为明日的工作安排。教学为：“上午晨会(绰)、欢迎会(又)，国语(陈、王、琼)，常识(张)；下午小字(沈)，用数(宋)，农事(琼)，唱歌(张)。”生活为：“烧饭，光绰、光春；挑水，炬璧。”[5]看来，张宗麟所承担的两门课程，是“常识”和“唱歌”。

以上便是张宗麟1929年9月11日的“一日活动”。之所以要在此不厌其详地予以介绍，是因为可据此一日而推知他其后的工作的忙碌；由此也可知，要取得办学实绩，非得付出加倍的辛劳不可。

三、对“吉祥学园”的成功办理

大体在1929年10月中旬，因“学院”称谓与《大学组织法》里的规定相冲突，晓庄学校决定将原定“学院制”统一改称为“学园制”。于是，“吉祥学院”也便改称为“吉祥学园”；张宗麟的“院长”之职，也便改称为“园长”。

张宗麟自1929年9月接手“吉祥”起，到1930年4月晓庄学校被封、吉祥学园停办，为时仅半年多。在这不长的时间内，他使该园面貌焕然一新，并使“学园制”成为办理乡村师范的另一法宝(第一法宝为“艺友制”)。现依他所倾向的“归纳法”，对他这半年来的工作实绩予以总结。

其一，有关园务的整理与拓展。

前已言及，在吉祥庵小学创办时，仅占用了该庵三分之一的房舍。其后，学校用房虽有所扩充，但面积仍未过半。在张宗麟主持吉祥学园后，他再次找老道士协商，请他移住偏屋，并将菩萨、神龛聚拢于一处，从而使学园用屋达该庵的四分之三。

学园校舍扩大后，张宗麟对教室和办公室进行了重新安排；另辟出一间，专门用作“儿童公读室”；另外，还专门布置了一间会客室，并辟出专间作为厨房之用。屋外，则自己动手，将原有的操场扩大，甚至辟出了一个“小花园”来。至此，学园的基本用房，算是得到了保证。

但是，如此安排后，指导员和师范生的住宿用房，便只能租用附近的农舍民居。如此，不仅不经济，而且不太方便。恰好，离吉祥庵不远处有一座“老土地庙”，里面仅住着“两个道姑”。由于此庙为季家冈的地方“公产”，于是，张宗麟便邀集当地有影响的士绅、农友，来校聚谈借用之事。在获得了他们的“默认”后，女师范生的宿舍问题，算是得到了解决。

园舍尽管够用，然而房屋破旧，粉壁脱落，小窗采光不好，屋顶大多漏雨，加之陈设凌乱、不讲卫生等，致使办学条件极差。于是，张宗麟发起了“整理月”活动。其首要任务，便是治理校园环境。在师生的共同努力下，未久，便使校园面貌焕然一新。

在是年年底，或许是受到吉祥学园顺利办理的鼓舞，张宗麟对于来年在设施方面的设想是："(1) 买园地二十亩；(2) 造房子两幢；(3) 布置儿童乐园；(4) 开辟民众运动场；(5) 建造卫生厕所；(6) 筹办教育图书馆；(7) 添置儿童用品。"[6] 现今看来，这种雄心未免过大。不过，从这种乐观主义的情绪中，也可反映出"学园制"对晓庄学校健康发展的影响。

其二，对幼稚教育的关心与支持。

前已言及，燕子矶幼稚园分属于"吉祥学院"。即是说，张宗麟在办理吉祥庵小学的同时，也须兼顾燕子矶幼稚园的办理。就在改"学院"为"学园"前后，这种体制也发生了重大变化。即将晓庄学校的所有幼教设施，合设为"幼稚学院"。其后，该学院又更名为"蟠桃学园"，从而使燕子矶幼稚园从吉祥学院中分离了出去。

具体说来，早在是年 7 月 8 日的"晓庄全体会议"上，便决定分设"六集团军"。其中，便有"幼稚园集团军"。只是在其后的"指导会议"上，陶行知否决了幼稚园集团军的单设，故其后只有五集团军和五院的创设。在是年 9 月 29 日举行的"五院联合会议"上，孙铭勋、戴自俺共同提出了《把各幼稚园集合成一个独立的学院案》。后经"晓庄全体会议"表决，决定增设"幼稚学院"，遂改晓庄的"五院制"为"六院制"。

在其后召开的指导会议上，明确委托张宗麟，让他找相关同志商定并细化"幼稚学院"的筹办方案。商量定案的具体办法是："学院设立在燕子矶。院长由徐先生担负。燕子矶幼稚园与吉祥学院脱离关系。晓庄幼稚园，经济独立；其他研究及试验事业，全属于幼稚学院。和平门幼稚园，规定每礼拜去指导二次，张、王二先生各负责一次。院长当然常住学院，须立即搬住燕子矶；王先生，则换来常住晓庄。另外，每礼拜开讨论会一次。地点，三园轮流。但张先生每次得到会主席，并解决一切重要问题。"[7] 在 10 月中旬幼稚学院单设时，恰逢改"学院"为"学园"，于是定名为"蟠桃学园"。

照说，当燕子矶幼稚园分出后，张宗麟理当轻松一点。实则不然。因为其后，他还肩负指导晓庄幼稚园与和平门幼稚园的任务。难怪他在《十九年的张宗麟》中，在"时间分配"方面，要专列这么一项："每周赴各幼稚园一次，共六小时。"此外，他还特别提出："设计儿童玩具五种；编辑幼稚园用书一种。"[8]

当蟠桃学园设立后不久,晓庄学校又发起成立了"幼稚教育研究会"。该会定期研讨时,也必请张宗麟到会指导。在其后创设迈皋桥幼稚园时,他也担负起了实地指导的责任,对孙铭勋、戴自俺的工作多有支持。看来,他要将20%的精力贡献给晓庄幼稚教育的承诺,并非虚言。

其三,对儿童教育的重视与改进。

吉祥学园的基本工作,还是小学教育。由于它由该园的"儿童部"主管,故也称"儿童教育"。这方面投入的人力最多,不仅张宗麟须亲自兼课,而且过半的师范生都投入了这项工作。

对于儿童教育,张宗麟首重教师的态度。他不仅反复要求师范生阅读意大利作家亚米契斯所著《爱的教育》,而且还明确对师范生提出了四项要求:(1)笑——"见儿童终是有微笑的脸";(2)低软的声音——须"低声而有抑扬";(3)性气温柔而细密——如此可"给儿童极好的人格教育";(4)"多说'请',少说'不'"。[9]如果没有态度作为保证,再确当的目标,再适切的内容和方法,也难以取得教育的实效。

有关课程的改革,尽管开始阶段还是依照部颁标准,设置分科课程;但其后,便有了较大的变动。张宗麟的说法是:"儿童生活不应分为国语、算术、常识等科目。只应该分为四个方面,就是对人、对物、玩耍、工作。所谓文字、数目,都是这四种生活的工具。我们已经想弃去分科目,只过这四方面的生活了。"[10]当然,读书、写字、计算、写日记等基本训练,仍应有充分的时间保证。至于教材,并未尝试自编;而是将各书局所编的教材购来,参照选用,再补充点乡土内容。

有关教学方法的改革,主要依据"教学做合一"原理,从农村儿童的兴趣出发,对"设计教学法"予以适当变通,来进行实验性教学。其中心意旨,即为一"活"字。由于吉祥庵小学为"单级学校",即是将不同年龄、不同程度的儿童混编为一班,所以在采用"复式教学"时,对教学方法的要求更高,而试验变革的空间也越大。

其四,对社会教育的开拓与扩充。

在吉祥学园设立之前,当地的社会教育设施几乎为空白。当吉祥学园专设"社会部"后,即分有专人推进此事。他们首先从"会朋友去"入手,加深与农友的感情;然后宣讲些普通道理,增进农民对教育的信仰。在此基础上,创设了"民众夜校",开展扫盲工作,并取得了初步成效。

此后，则仿效晓庄，创办了“中心茶园”，以作为农民的休闲之所。又在对农民宣传卫生防疫知识的同时，动员村民集资筹建“民众医院”，以解除病痛，并破除对巫医的迷信。尤使张宗麟“印象深刻”的是，“农村信用合作社”的组建，真正可能帮助农民解决实际的经济困难。他甚至还想，“单写一文来讨论此事”。

此外，又对原设的联村自卫团、救火队等组织予以完善，使其发挥出真正的功能；还组织村民开展文娱、自治等活动，通过“壁报”形式，表彰好人好事；至于专项的社会调查，也曾进行过多次；甚至还通过民意测验等方式，来获知农民的现实需求，从而为改进工作提供参考。

其五，重视自修、研讨和旅行。

在吉祥学园中，张宗麟尤其重师范生的自修。为此，他专门开列出书单、每晚留出读书时间，并以身作则，带头读书。在张宗麟 1930 年的计划中，一年中计划“用书报”五千万字。其种类为：“(1) 中英文教育新著；(2) 中英文儿童用书；(3) 日报三种；(4) 杂书如文艺、社会、常识、科学等。”[11] 况且这种阅读量，是在工作之余，因此常人很难做到。

在张宗麟为吉祥学园所制订的《工作时间表》中，每一工作日的晚饭后，均安排有一个小时的“导师讨论会”，用以研讨当日工作的得失。每月终了，必开两个会议：一为“决算会议”，用以总结本月的工作；二为“预算会议”，用以计划下月的工作。此外，还须不定期地参加晓庄学校举办的学术讲演会或研讨会。当然，还有各种社团所举行的活动。通过这种学术研讨，使吉祥学园的学术氛围相对浓烈。

张宗麟重视参观考察，同时也重视旅行修学，这是“生活教育”的特色之一。在他拟定的计划中，春秋两季必带领学生外出旅行一次。为了扩大师范生的眼界，他于 1929 年 11 月中下旬，率领吉祥学园师范生赴无锡、武进、丹阳、下蜀、栖霞山、南京的 6 处小学参观。其中，对武进“人范小学”和无锡“惠山小学”的印象最好。

在张宗麟的勉力主持下，半年来的吉祥学园发生了显著的变化。他在《晓庄三岁话“吉祥”》中的介绍是：“小朋友由三十几个，增加到八十几个；师范生，也增加到十五人；根据地由十方丈，增加到四亩半。虽然是一块离得很远的山地，不过已经买下来了。同时，更养成一个园风：‘勤劳互助’。”应该说，“勤劳互助”四个字，最值得珍视，也最有益于人生。

更为可贵的是，张宗麟并没有沾沾自喜，更没有自命不凡。面对成绩，他所取的态度是："'吉祥'负有两个使命：一个是全园的普遍使命，为乡村教育辟一条新道路，为农民谋出头，为儿童谋幸福；另一个是单独的，就是想尽力分析乡村小学教师的职业，并谋改进之方。说起此事，国内也有人着手，并且拟出了许多应有的内容。不过，教育试验似乎也有演绎与归纳两法。我们想取归纳法，所以半年来，还不敢说出一句话来。"[12] 正是这种实事求是的态度，使他其后对学园制进行了精当的理论总结。

参考文献：

[1] 张宗麟，等. 晓庄三岁话"吉祥"[M]//张沪，编. 张宗麟乡村教育论集. 长沙：湖南教育出版社，1987：604.

[2][3][4] 张宗麟. 开步走(续)[J]. 乡教丛讯，第 3 卷第 15 期(1929 年 9 月 15 日).

[5][9] 张宗麟. 开步走(续)[J]. 乡教丛讯，第 3 卷第 16 期(1929 年 9 月 30 日).

[6] 方与严. 吉祥学园十九年大纲[M]//晓庄一年计划. 上海：儿童书局，1933：13-14.

[7] 孙铭勋，戴自俺. 晓庄幼稚教育[M]. 上海：儿童书局，1934.

[8][11] 方与严. 晓庄一年计划[M]. 上海：儿童书局，1933：39-42，40.

[10][12] 张宗麟，等. 晓庄三岁话"吉祥"[M]//张沪，编. 张宗麟乡村教育论集. 长沙：湖南教育出版社，1987：606，604.

(本文原载于《生活教育》2020 年第 7 期)

晓庄师范与国立师范学院:永远的旗帜

林银光　沈燕菁*

摘　要:陶行知和廖世承是我国近代两位杰出的教育家,晓庄师范、国立师范学院在二十世纪二三十年代中国师范教育界高举教育改造、民族复兴的大旗,至今仍是我们新时期教师教育和教育改革发展的榜样。

关键词:教师教育;教育改造;民族复兴;改革发展

十九世纪九十年代初,中国接连诞生了两位彪炳史册的教育大家——陶行知(1891)、廖世承(1892)。二十世纪二三十年代中国先后创办了两所光耀后世的师范学校——晓庄师范(1927)、国立师范学院(1938)。

陶行知和廖世承先后出洋学习教育,陶行知在美国哥伦比亚大学师从杜威,获教育学博士学位,廖世承在美国勃朗大学学习教育学、心理学,获哲学博士学位。他们深谙"教育是立国之本"的道理,学成回国,毅然走上了兴办师范、从事教师教育的艰辛之路。他们的教师教育理论与实践,为中国一代又一代教育工作者树起了鲜艳夺目、永不褪色的旗帜。

一、为社会为民族办师范

新文化运动后,新型学校兴起的同时,取消师范的呼声也日渐高涨。独立师范并入中学,高等师范或升为大学或并入大学。1922 年教育部公布学校系统改

---

* 林银光,男,曾任上海师范大学陶行知研究中心副秘书长,上海市陶行知研究协会副秘书长等职;沈燕菁,女,时为上海师范大学陶行知学习研究会成员。

革方案，决定将高等师范学校提高程度，称为师范大学校，由此掀起了“高师改大”的风潮。1932 年 10 月，教育部拟定的《改革我国教育之倾向及办法》中甚至提出：“现行师范教育一律取消，小学师资以中学毕业，受一年师范训练者充之；中等师资以大学毕业，再受一年师范训练者充之。”[1]师范教育的衰落，直接导致了中小学师资数量的短缺与质量的滑坡。

以天下为己任的陶行知与廖世承，从社会进步、民族兴盛高度，强调师范办学的重要和必需。陶行知回国后，担任中华教育改进社总干事，投身平民教育运动。他痛感，如果平民教育不能深入最广大的农村，不惠及亿万农民，那就没有前途，而培养农村学校教师尤为重要。陶行知在《中国乡村教育之根本改造》一文中深刻指出：“要有好的学校，先要有好的教师”[2]“必须出代价去培养教师，去培养教师的教师”“这是地方教育根本之谋，也是改造乡村根本之谋”。[3]1927 年 3 月 15 日，陶行知亲自选址在南京和平门外一个名叫小庄的地方创办晓庄试验乡村师范学校(1928 年改名为晓庄学校)，他亲自确定晓庄师范的办学目的，认为乡村师范的使命“是依据乡村实际生活造就乡村学校教师、校长、辅导员”[4]，陶行知希望以此实现为“三万万四千万农民服务”“改造一百万个乡村”的宏愿。[5]培养乡村教师——教育乡村百姓——改造乡村社会，这正是陶先生创办乡村师范的追求和理想。廖世承在《师范教育与抗日建国》《师范学院的使命》《抗战十年来中国的师范教育》等专论中，反复强调教育与抗战的关系，他强调办师范、办教育，就是为了培养拯救民族、共赴国难的有为青年，他认为“教育方面最重要的，当然是师范教育。没有良好的师资，各级教育都不会上轨道。”① 因此他临危受命，奔赴湖南，创办了独立建制的国立师范学院，并担任首任院长。

1927 年，陶行知脱下西装革履，“以青天为顶，大地为底”，开启了晓庄师范艰难的办学之路。1938 年，廖世承在湖南蓝田山区，盖土楼简屋、睡板床竹榻，空袭声中讲课、桐油灯下办公，支撑着抗战时期唯一的一所国立师范学院。他们以中国知识分子赤诚的报国情怀、执着的敬业精神，为社会进步，为民族兴盛，在灾难深重、内忧外患的中国，忘我地奋斗、艰难地前行，造就了中国教育史上两所巍巍学府，担当起教育改造、民族复兴的历史重任。

二、教师为学校之命脉

作为师范学校校长的陶行知和廖世承，深知“教师为学校的命脉”，他们都提出过严格的从教标准。

1926年底，晓庄师范还在筹备之中，陶行知就提出乡村教师必须具备三个条件："第一，有农夫的身手；第二，有科学的头脑；第三，有改造社会的精神。"[6]后来他又增加了两条，即要有"健康的体魄"和"艺术的兴味"。[7]也是在1926年，廖世承在《我国中等学校教师的概况》中指出："一个学校最后的成功，就靠着教师。无论宗旨怎样明定，课程怎样有系统，训育怎样研究有素，校内怎样良善，要是教师不得人，成功还没有把握。"他提出，"理想的教师，须合乎下列几种标准。第一，有专门的知识，肯继续研究。第二，对职业有清晰的认识，并有浓厚的兴趣。知道教师的使命，不在教书，在教育整个的青年；不在追求物质的报酬，在得到精神上的快乐。第三，对于民族复兴，具有坚决的信心，深信各教师在本位上的努力，为推进教育效率的先决条件。教师应随时随地激发青年的爱国热诚，矫正青年的错误观念。青年行为上有缺陷，须反躬自省，检讨原因。第四，对于同事须和衷共济，对于校长须一心爱戴。"

正如陶行知强调的"要想小学办得好，先要造就好教师；要想造就好教师，先要造就好师范学校，造就教师的教师。"[8]陶行知和廖世承为办好师范学校，为造就师范学校优秀的师资团队，可谓殚精竭虑、呕心沥血。

陶行知千方百计为晓庄师范从全国各地聘请了众多的专家学者，他们中有赵叔愚、邵仲香、秉农山、陈志潜、陈鹤琴、吴研因、姚文采、张宗麟等。晓庄师范师资力量之雄厚，令师范同行刮目相看。廖世承面对重重"师荒"，礼贤下士，广揽名流，为国立师范延聘了一大批名师大家。从数量上看，国立师范师生比最高时(1943年)为8.5，最低时(1941年)也达3.6；从质量上看，国立师范办学9年，聘为副教授及以上职称者有130人之众，覆盖人文科学、社会科学、自然科学各个领域。钱基博、陈传璋、吴澄华、罗士苇、孟宪承、高觉敷、钟泰、刘佛年、钱钟书等中国学界一代英杰云集，群星璀璨，蔚为壮观②。他们和国立师范其他教职员一起，建构了国立师范生机勃勃的命脉。

三、学校服务改造社会

陶行知和廖世承从民间走来，向着平民，他们都力主学校和师生服务社会、改造社会。他们都认为，"要改造中国、改造社会、改造世界，要实现大同之治"，唯一的希望就是"能够以整个的心贡献给乡村教育的这种教师"。[9]而为社会、为民众,“这一副重担子,又非师范学校来挑不可”。

陶行知曾指出,传统教育下,“学校和社会中间造了一堵墙。改良者主张半开门,使‘学校社会化’。生活教育者主张把墙拆去,我们承认‘社会即学校’”。[10]廖世承也痛切地指出,“以前学校的门关得太紧了,以致对于民力的伟大,民生的疾苦,没有深切的了解。关了门办学,不能称为‘学校’,只能称为‘修道院’。我们要的是学校,不是修道院。我们要把全国‘修道院’的门打开了,变成民众的学校。”

晓庄师范和国立师范是服务社会、改造社会的根据地和大本营,陶行知和廖世承是师范学校服务社会改造社会的倡导者和领路人。

陶行知在《师范教育下乡运动》中指出,“乡村师范学校负有训练乡村教师、改造乡村社会的使命”。[11]晓庄师范专门设立了社会改造部,陶行知亲自担任部长,全校每个学生都必须参加。在他的带领下,1927—1928年短短两年晓庄师生依托自己的学校,在附近农村创办了晓庄、吉祥庵、万寿、三元庵等中心小学和燕子矶、迈皋桥中心幼稚园,主要招收农家子弟,免收学费,教师全由晓庄师范学生担任,在为农民及其子弟服务的同时,培养了自己的亲民精神,提高了自己的教学本领。1928年初,晓庄师范与中央大学合办实验民众学校,为广大农民扫盲,开展普及教育。1929年1月,晓庄师生还专门成立了乡村妇女工学处,招收乡村青年妇女于农暇时上课。此外,晓庄师生还创办了2所民间医院,为当地农民免费治病,推进乡村卫生运动;开办了1所木匠店,招募失学失业青年,学习一技之长,以利自身的发展。陶行知和晓庄师生们切实服务于社会最底层的民众,赢得了社会各阶层和国际友人的赞誉。

廖世承在国立师范办学的9年间,开展了各项社会教育活动,亲身实践了他服务社会、改造社会的教育主张。和陶行知一样,廖世承把普及大众教育视为师范学校服务社会、改造社会的首要。1939年国立师范成立了社会教育推行委员会,廖世承亲自担任主席。他倡议将33名院工和院警组织起来,成立工警补习班,提高他们的文化水平和思想觉悟。随后又租借民房开办民众学校和民校补习班,从筹备办学到教学管理,全由国立师范学生负责,教师、教务主任、训育主任等也都由学生担任,国立师范教师参与指导,廖世承还带头与教师一起按月捐款资助办学。在设立民校的基础上,国立师范广泛发展了其他社教活动:创办民众教育馆,对农村青年、店员学徒及失业人员普及教育;兴办培训、服务机构,如纺织、缝纫、印刷技术训练班,设置民众图书馆、民众施诊所等;开办生产事业,如豆腐厂、粉条厂、贩卖所(即小商店)、农村等,让失学失业民众半工半读,自食其力;举办康乐机构,如民众俱乐部、民众歌咏队、民众剧团、民众体育场等。

值得注意的是国立师范社教活动的开展是以国立师范学生为主体的,在组织、参与社教活动的过程中,国立师范逐渐培养了学生社会服务和社会改造的意识和能力。当时任国立社会教育学院首任院长的教育家陈礼江曾热情赞扬国立师范以普及社会教育为己任、以教育实践为培养学生的途径,国立师范做到了“把教育扩充到校外,散布于民间,而学校自身……公开给社会,为社会大众所共有”。[12]

四、教育创新改造

陶行知与廖世承都受过中国旧式教育,也接受过先进的国外教育,但他们一不“沿袭旧法”,二不“仪型他国”,而是立足本国现实社会,吸收传统教育之精华,探究西方教育之长处。廖世承曾精辟地指出:“教育是最富于革新精神的一种科学。”他们的教育理论与实践闪烁着现代化、本土化、科学化的光华。

陶行知曾师从杜威,但他绝不是“书呆子”,更没有“读书死”,他始终秉持着“敢探未发明的新理,敢入未开化的边疆”的创新精神和开辟精神。[13]还在晓庄师范筹备之初,1927 年 2 月 26 日,陶行知在给友人季通的信中指出:“为今天计,唯有开辟生路,勇猛前进,庶可免于沉沦。倘仍惯于抄袭,不加省悟,则教育亡国之罪,天下后世,不能为吾辈恕也。”[14]他坚定地扬弃了杜威的“教育即生活”“学校即社会”“从做中学”教育理论,完成了教育观念的华丽转身,创造性地确立了“生活即教育”“社会即学校”“教学做合一”的教育理念。陶行知在晓庄师范充分实践自己的教育理念,为后人留下了教育创新的光辉典范和学习楷模。按“教学做合一”的思想,改师范学校附属小学为中心小学就是成功的师范教育创新案例。

廖世承一生崇尚新教育,称之为“创造新民族、新国家、新社会、新文化的教育”。他极力反对因循敷衍、遇事盲从,他的教育思想始终是与时俱进的。“体育第一”就是廖世承教育思想的一个革新创造。1939 年国立师范制订年度计划,其第 19 条明确规定:“体育第一,德育第二,智育第三”。对此,廖世承做过解释,一是当时正处抗战时期,欲求明耻教战,洗刷“东亚病夫”之污名,应以增强民族国人之体魄为教育之根本,所谓“强国必须强体”即是此意;二是人们常称“德智体并重”，但实际上，体育很少被重视，多数青年体质衰弱、精神萎靡，纵有高深学问，也难望其为国效力。在廖世承的“体育第一”思想引领下，地处穷乡僻壤的国立师范，在办学经费极度匮乏的情况下，建设起当时湖南省最标准的足球场和跑道，甚至把学校附近的小溪改建成游泳场。1944 年参加省第 16 届运动会，学校获得总分第一的佳绩。

百年大计，教育为本；教育大计，教师为本。努力造就一支高素质专业化的教师队伍，是时代的需要、社会的需要、人民的需要。陶行知、廖世承丰富而独特的教育思想，晓庄师范、国立师范可贵而可敬的办学精神，永远是中国教育改革发展的动力和源泉。

注释：

①本文引用廖世承语未注出处者，均引自汤才伯编《廖世承教育论著选》(人民出版社，1992 年出版)。

②钱基博，国学家、教育家，任职国立师范前曾任圣约翰大学、清华大学、中央大学、浙江大学教授。

③陈传璋，数学家，法国理学博士，任职国立师范前曾任山东大学、重庆大学教授。

④吴澄华，经济学家，美国华盛顿大学博士，任职国立师范前曾任大夏大学、湖南大学、浙江大学、西北大学、兰州大学教授。

⑤孟宪承，教育家，圣约翰大学毕业，美国华盛顿大学教育硕士，任职国立师范前曾任东南大学、圣约翰大学、中央大学、浙江大学教授。

⑥高觉敷，心理学家，香港大学毕业，任职国立师范前曾任四川大学、中山大学教授。

⑦钱钟书，文学家，清华大学毕业，留学英国牛津大学，任职国立师范前曾任清华大学教授。

参考文献：

[1] 教育部.改革我国教育之倾向及办法[N].大公报，1932-10-16.

[2][3][4][6][9][11] 陶行知.陶行知全集(第 2 卷)[M].成都：四川教育出版社，2005：277，345，275，275-276，358，243.

[5] 陶行知. 陶行知全集(第 1 卷)[M]. 长沙:湖南教育出版社,1983:646.
[7] 陶行知. 陶行知全集(第 2 卷)[M]. 长沙:湖南教育出版社,1983:163.
[8] 陶行知. 陶行知全集(第 8 卷)[M]. 成都:四川教育出版社,1991:190.
[10] 陶行知. 陶行知全集(第 3 卷)[M]. 成都:四川教育出版社,2005:504-505.
[12] 陈礼江. 战时各级学校社会化[J]. 教育通讯,1938(14):618.
[13] 陶行知. 陶行知全集(第 8 卷)[M]. 成都:四川教育出版社,2005:362.
[14] 陶行知. 陶行知文集[M]. 南京:江苏人民出版社,1981.

(本文系全国高等学校陶行知研究机构第 6 次联席会议交流论文)

(本文原载于《生活教育》2012 年第 22 期)

20世纪30年代在南宁加入中共的晓庄学生

孙丹年*

20世纪30年代中期，陶行知派出20多名生活教育派（当时尚未成立生活教育社，故称为“派”）的同仁，到南宁雷沛鸿先生（时任广西省教育厅厅长）主持的广西普及国民基础教育研究院参加工作，包括黄齐生、潘一尘、方与严、孙铭勋、程今吾、唐文粹、徐敬伍、杭苇、梁金生、李志坚等人。

部分晓庄学生如方与严、孙铭勋、唐文粹等，在南宁参加了中国共产党。晓庄学生程今吾，之前在上海加入中共，也列入南宁当地党员名册。

一

这批生活教育派成员在南宁十分活跃，与广西的大好形势有关。广西地处边陲，原本民智不开，闭塞散漫，贫困落后。以李宗仁、白崇禧、黄绍竑为代表的新桂系，1929年为争夺湖南地盘与蒋介石打了一场蒋桂战争，失败了。1930年又参加中原大战打蒋介石，也输了。痛定思痛，改变策略，退回广西经营自家园子，一心要强大广西以抵制蒋介石的势力。他们践行“三民主义广西化”，宣示“建设广西，复兴中国”，政治、军事、经济、文化教育全面发展，一片新气象，一跃而成全国“模范省”。这些不仅增强了同蒋介石集团抗衡的实力，也为后来广西有能力派出10万精兵奔赴抗日战场埋下伏笔。

在建设模范省高潮中，广西普及国民基础教育运动，被称为民国时期影响最

* 孙丹年，女，儿童教育专家，晓庄校友孙铭勋之女，曾任红岩革命纪念馆副馆长。

大的普及教育运动，直到今天，学界对这次教育运动的关注度依然很高，搜一搜百度网，在 2016 年秋天时相关条目就已达 9268 条。

1933 年 12 月，广西普及国民基础教育研究院在南宁津头村成立，广西省教育厅厅长雷沛鸿兼任院长，划定周围 20 公里为实验中心区，共计 20 个村、2 条街，共 10 多万人参加实验。研究院之下设办公室、实验推广委员会、编译委员会、训练辅导委员会等，具体工作为进行调查、制订计划、编写教材、短期训练、辅导前方（试验区、推广区）服务人员等。研究院吸纳了陶行知、梁漱溟、晏阳初、黄炎培等全国各著名教育学派的成员参加。研究院还有自己的无线广播电台，每天中午和傍晚播音，宣传雷沛鸿的教育思想，辅导各学校学习。

二

南宁的中共党组织，大革命时期已有相当发展，1927 年国共分裂后遭受严重破坏。之后恢复组织，至 1930 年春又被破坏，数年间未能恢复。到 1934 年秋，红军转移，中共党组织“在红区损失了百分之九十，在白区损失了百分之百”，南宁不存在党的组织，只有个别党员各自为战。

杨守真和唐敬中两名党员，因被捕入狱失掉组织关系。获释后他们来到南宁，注意到了研究院里这一批生机勃勃的青年知识分子，认为研究院具备发展党组织的条件，决心在没有上级领导的情况下，先将这批优秀人才聚集起来，重建党组织。他们深信中共郁江特委还存在，等以后找到上级再请求承认。

于是，1934 年秋，杨守真在研究院首先发展属于生活教育派的徐敬伍、李志坚入党。同时艰难寻找上级党组织，1934 年冬，杨守真等终于联系上原郁江特委委员陈岸，但是陈岸也与上级两广特委失掉联系。陈岸来到南宁，以原郁江特委委员的身份，对二人的政治历史尤其是被捕入狱获释的经过做严格审查，未发现问题，便承认杨、唐两人发展的党员。1935 年夏，经陈岸同意成立中共邕宁（即南宁）县委，杨守真任县委书记。但邕宁县委是一个未经中共省级组织和中共中央批准的县委。

徐敬伍、李志坚在研究院经过慎重考查，发展了包括孙铭勋（1935 年秋）、方与严（1935 年冬）、唐文粹（1935 年，具体时间不详）在内的一大批党员，同年冬建立研究院党支部，李志坚任书记。这是广西红军转移后在南宁重建的第一个党支部，受邕宁县委领导，但未经省一级的组织领导承认。

1936年广西发生“六一事变”，这是一次影响相当大的抗日反蒋运动。导火线是胡汉民(南方反蒋实力派领袖，国民党中常委主席)于5月12日突发脑溢血病逝。两广忽失重心人物，蒋介石借此机会强力整肃，要求撤销设于广州的两个行政机构，欲终止两广与南京相抗衡的半独立状态。此举激起强烈反弹，粤系陈济棠与桂系李宗仁、白崇禧联合发动“六一事变”，也称“六一运动”“两广事变”“西南事变”，以“要求南京政府立即对日抗战”为舆论导向，实为抵制蒋介石势力染指两广。

日寇紧逼，国难当头，各派政治力量都不赞成两广实力派与蒋介石翻脸，力促化解矛盾团结抗日，陶行知也曾代表救国会出面与李宗仁斡旋协商。9月份，两广与蒋介石和解，“六一事变”消弭于无形。

“六一运动”中，一定程度上放开言论自由，政治压力减轻，南宁党组织趁机寻找联系上了中共南方临时工作委员会(南临委)。南临委派李守纯来到广西，召开广西省第二次党代会并成立中共广西省工委，陈岸任书记兼组织部部长，省工委机关设在南宁。至此，中共南宁党组织正式接受上级领导。

但是意料之外的情况也有发生，1936年夏，雷沛鸿先生遭到排斥，省教育厅厅长换人，研究院被迫改组，许多进步教师包括晓庄师生都离开了。研究院停办，随即合并于广西民团干部学校。之后，民团干校的党组织成为中共在南宁的骨干力量。

三

晓庄学生中，对中共南宁组织贡献最大的是方与严。方与严(1889—1968)是晓庄学生，比陶行知年长2岁，来南宁时已46岁了。他与陶先生同为安徽歙县老乡，入晓庄之前担任过侬坑小学的教师和校长。方与严被委以晓庄校务主任、代理校长，后由陶先生派往湘湖师范担任校长。他于1931年主编《儿童生活》《师范生》等刊物，1933年担任山海工学团联络处主任。1935年2月底方与严被派到南宁，在研究院主编《国民基础教育》月刊，兼任国文教师，然后到教育厅做编审，再担任南宁17个县的国民基础教育指导专员。

方与严参加中共的过程是互动的，他主动找党，党也发现了他。方与严多方探听，得知南宁的地下党员通过世界语学会联系群众，就写信去说明自己愿意参加该学会。不久，学会派来人来接洽，来人是生活教育派同仁、研究院同事徐敬伍。徐敬伍对方与严进行引导培养,介绍入党。

方与严阅历丰富,举止稳重,入党后即发挥重要作用。1935 年,中共中央在长征途中发表《八一宣言》,这个消息,中共郁江特委书记陈岸(后任中共广西省委书记)是从方与严那里知道的。陈岸后来写回忆录说:“1936 年初,我从方与严处得知党中央发表了《八一宣言》,因为方的友人从巴黎寄来发表有《八一宣言》的报纸。我了解《八一宣言》的精神后,便逐渐把工作重心(由农村)转移到城市,以便开展工人运动、学生运动和统战工作。”

1936 年三四月间,百色民团分校、龙州民团分校、国民基础教育研究院合并,组成广西民团干部学校。民团即“寓兵于团”,是广西“三自三寓”政策中重要一环,类似于“全民皆兵”,一旦战争爆发,正规武装力量的兵源将来自民团。广西民团干校师生约 3000 人,分 3 个大队,24 个中队,每中队有一个政治指导员。方与严随着研究院合并到民团干校,担任政训处第二科长兼国民基础教育主任教官。师生中的进步青年,都先经过徐敬伍考察,再介绍给方与严。

1936 年 6 月底,方与严发现民团干校教官刘敦安思想进步,同刘多次谈话之后,吸收入党。出乎意料,刘敦安入党后马上向方与严汇报:他此前已经是党员了,当年 1 月已由广东的陈勉恕介绍入党,属于广东党组织。原来,另有一支脉在广西龙州民团干校,刘敦安、梁寂溪、凌焕衡主动到广东找到了原中共南宁地委书记陈勉恕,陈当时在广东高明县任地下党书记,陈吸收三人入党,建立广西龙州民团干校支部(归广东党组织领导),刘敦安任书记,发展一批党员。刘敦安向方与严提出,把他那个广东领导的支部合并到广西。方与严向上级杨守真汇报,当时杨不同意,因为不了解广东组织的情况(后来龙州民团支部合并于广西民团学校总支)。

方与严、刘敦安、路伟良等能力很强,到抗战前夕已发展党员近 30 人。民团干校成立党总支,路伟良任总支书记,下设两个支部,一个是外省籍党员支部,方与严任支部书记;一个是本省籍党员支部,路伟良兼任支部书记。

方与严对文化建设也颇有贡献。当时,广西抵御南京,而遭到文化封锁,所有南京上海北京的进步刊物一概不能进入广西。趁此文化空隙,南宁自己出版刊物,如中共广西省委创办月刊《现实》;中共党员谢和赓在学生军中创办抗日刊物《动向》;共青团南宁县委秘密出版期刊《抗日先锋》。方与严拿出他的大部分工资办了两个刊物《新动向》和《新大众》,稿件大多由党组织以及民团干校教师供给。《新动向》的读者主要为中小学教师和一般青年,1936 年 7 月 16 日出版第一卷第一期,至年底共出了七期,发行量不断扩大,由第一期的 1500 份增加到第七期的 7000 份。《新大众》是供农民大众阅读的,只出三期,销数不多。方与严用笔名“劲民”“锄今”发表文章。

1936 年秋,方与严发起成立了南宁市文化协会,当选为会长。

1936 年 10 月下旬,方与严到南宁市内民族路一座只住一户人家的房子里去参加邕宁县党代会,出席者共 7 人,时间半天。会议讨论重建郁江特委,选举出席郁江党代会的代表。1936 年 11 月 7 日,方与严与彭懋桂、李俊成、滕雪心等到贵县参加广西省第二次党代会,会议选举产生广西省工委,撤销邕宁县委,成立南宁临时市委,方与严被选为市委宣传委员。

方与严后来被广西当局驱逐出境。1936 年 11、12 月,南宁女中罢课,时任广西省政府主席黄旭初从桂林赶来南宁处理,勒令校方开除学生领袖。方与严正主持召开《新动向》杂志的读者座谈会,也被黄旭初下令驱逐出境。后来方与严回忆说:“我在教育厅工作时,租住在凌铁村,许多进步的座谈会在我宿舍里开,已引起反动派的注意,加上 1936 年 12 月南宁市文化协会成立,我又被选为主持人,全市的中小学教师和中学生,大部分来参加了协会的成立典礼(影响很大)。由于市文化协会没有完成立案的合法手续,反动派有所借口,遂决定将我撤职,并派便衣警察于 1936 年 12 月 13 日押解上小火轮,由水路一直押送到梧州,监视着我登上了往香港的海轮,便衣警察才算完成了驱逐我出境的任务。”

四

晓庄学生中,对中共南宁组织贡献较大的还有孙铭勋。孙铭勋(1905—1961),贵州平坝人,贵阳师范学校毕业,在晓庄选定终生的事业为幼稚教育。当时幼稚园还是新生事物,男性自愿从事幼儿教育的,仅有陈鹤琴、张宗麟等,犹如凤毛麟角。孙铭勋的幼教实践于 1929 年从晓庄幼稚园开始,1930 年创办了迈皋桥幼稚园,1932 年创办了新安幼稚园,1934 年创办了上海劳工幼儿团。面对孩子,他的个人风格温和、亲切、宽容,被孩子们呼唤为“孙妈妈”。至 1935 年,孙铭勋出版《幼稚教育》《乡村幼稚教育经验谈》《劳工幼儿团》等共 8 部专著,已经是国内知名的幼稚教育家。

孙铭勋被陶先生派到南宁时还不到 30 岁,任研究院幼稚师范班主任,地点在邕江边的平南村。生活教育原理“过什么生活就受什么教育”，孙铭勋经验丰富，根据当地实际情况，培训方式以示范为主，启发鼓励，再加理论指导，学生们兴趣盎然，热情高涨，充分调动聪明才智。幼师班开办仅一个月，就可以派出20名同学到邕江对岸的津头村去创办幼稚园。1936年春又派出第二期学生到亭子乡办幼稚园。课程中有一项是“研究中国现行教育学派”，包括研究陶行知，这门课请方与严来指导。陶行知平南诗中“一群野姑娘，好像没规矩，叫她穿袜子，嘴许心不许”，半是批评半是赞扬，批评的是不文明的习惯，赞扬的是独立自主的精神——“粉碎烂规矩，创造新规矩；无须人干涉，万事自做主”，体现出孙铭勋为了开发智慧激励学习热情，对学生们的宽容甚至纵容。那可是八十年前民智未开观念落后的少数民族地区，别说袜子，她们多半连鞋也不穿。孙铭勋喜欢看学生们意态张扬的样子，而不要他们唯唯诺诺。

孙铭勋此前对共产主义有初步认识，1931年他在上海加入左翼“教育工作者联盟”，初步靠拢了中国共产党。孙铭勋到南宁没几天，徐敬伍就找他谈话，很快宣誓入党。

孙铭勋入党后负责共青团的工作。当时研究院已经具备了发展共青团组织的条件(大革命时期，曾规定年龄在23岁以上的积极分子可吸收为党员，23岁以下的先吸收加入共青团)，党支部决定该项任务交给孙铭勋。在两届幼师班、两届师资班、工读班共一百多名学生中，孙铭勋做了大量工作，发展了30多个学生为党团员，1935年冬，恢复建立共青团南宁市委。这批党团员同南宁市各中小学学生组织建立联系，使党团组织发展到中小学校。

按照组织深入工厂的决定，孙铭勋派幼稚师范班党员到附近的染织厂去活动，通过结拜姐妹、办识字班等形式培养发展对象。甘穗姑、刘雯两位女工被吸收入党。1936年11月，甘穗姑当选广西省工委妇女委员。

1936年上半年，由孙铭勋负责发展的团员都转为党员，只有一位因当天没有参加会议不能转党，后于1937年3月也转为党员。

程今吾和唐文粹在南宁的活动情况不详，有待于史料的进一步发掘。

1936年夏，广西普及国民基础教育研究院撤销，党员分散，孙铭勋等离开南宁，该支部不再存在。唐文粹后来牺牲了，李志坚、刘敦安、彭懋桂等也牺牲了。南宁党史资料这样评价：南宁党组织重建后能较快发展，与当时一批较强的领导干部有关。他们思想较成熟，活动能力较强，能正确贯彻执行党的方针政策。但是后来杨守真病逝,唐敬中调离,李志坚、方与严先后被驱逐出境,徐敬伍也离开南宁,南宁党的领导力量及上层统战工作便大大地削弱了。

研究院支部的许多党员,离开广西以后转到其他省份,等于输送出去一批骨干,他们在广东、上海、安徽、浙江、四川、湖北等地都发挥了应有的作用。

附:中共广西普及国民基础教育研究院支部党员名单(1934冬—1936夏)

(说明:此名单只见到第一、第二页)

徐敬伍,入党时间1934年10月,入党介绍人杨守真,党外身份研究员,党内身份支部书记。

李志坚,入党时间1934年10月,入党介绍人杨守真,党外身份督导员,党内身份支部书记。

孙铭勋,入党时间1935年秋,入党介绍人徐敬伍,党外身份教师。

彭学文,曾用名彭德辉,入党时间1935年10月,入党介绍人徐敬伍,党外身份教师。

梁金生,入党时间1934年,介绍人杨守真、范文中,党外身份督导员。

李德和,入党时间1935年,党外身份督导员。

唐文粹,入党时间1935年,党外身份教师。

程今吾,入党地点上海,党外身份教师。

盛震淑,入党时间1935年秋,入党介绍人徐敬伍,党外身份教师。

廖铎,入党时间1935年9月,介绍人李志坚,党外身份职员。

滕雪心,女,入党时间1935年11月,介绍人梁金生,党外身份学生。

方与严,入党时间1935年冬,介绍人徐敬伍,党外身份研究员。

肖明,曾用名肖炼石,入党时间1935年11月,介绍人李俊成、徐敬伍,党外身份学生。

吕良,曾用名李良史,入党时间1936年,介绍人徐敬伍,党外身份学生。

李俊成,曾用名鲁克,入党时间1936年1月,介绍人梁金生,党外身份学生。

吴燕宾,入党时间1936年,介绍人徐敬伍,党外身份学生。

张力克,曾用名张权衡,入党时间1936年,介绍人徐敬伍,党外身份学生。

杨楚妙,入党时间1936年,介绍人徐敬伍,党外身份学生。

白彦,曾用名肖施培,入党时间1936年,介绍人徐敬伍,党外身份学生。

李振翻，曾用名李振欢，入党时间1936年，介绍人徐敬伍，党外身份学生。
刘文景，女，入党时间1936年，介绍人孙铭勋，党外身份学生。
张晖，女，曾用名张光瑜，入党时间1936年，介绍人徐敬伍，党外身份学生。
何恒，女，曾用名阳玉容，入党时间1936年，介绍人徐敬伍，党外身份学生。
于兆华，女，入党时间1936年，介绍人孙铭勋，党外身份学生。

（本文原载于《生活教育》2017年第4期）

生活教育社发展演变历程粗析

王晋丽*

摘　要：生活教育社是陶行知发起的以宣传、发展其生活教育理论为宗旨的教育社团。对一般社团而言，正式注册即为其成立之时，但生活教育社比较特殊，它先成立后注册。本文从生活教育社萌芽谈起，分析生活教育社发展演变的历程，以期读者对生活教育社有新的认识。

关键词：生活教育；陶行知；晓庄学校；乡村教育先锋团；国难教育社；生活教育社；中国陶行知研究会

生活教育社是陶行知为宣传其生活教育理论而创办成立的教育社团，它的成立标志着"生活教育运动的长足进步"①。事实上，在1938年正式注册成立之前，"生活教育社"的名称已被提及，随后由陶行知发起的国难教育社，以及后来成立的中国陶行知研究会，都在实践后来正式注册成立的生活教育社的宗旨，这在有关生活教育社的研究中多少有所提及。笔者在前人研究的基础上，对生活教育社从萌芽到其后来的发展演变进行了梳理，以期抛砖引玉。

一、前人对生活教育社成立观总括

一般而言，社团注册之日即是其成立之时，但生活教育社特殊。早在生活教育社正式注册成立之前，"生活教育社"之名已经存在，许多学者对此也有共识。著名的陶行知研究者斋藤秋男认为，"生活教育社是在当时晓庄以陶为中心组织

---

* 王晋丽，女，时为华中师范大学教育史硕士研究生。

的研讨教育问题小组和乡村教育先锋团的基础上结成的"[②]。斋藤秋男的这一论述表明,他将晓庄及乡村教育先锋团作为生活教育社的萌芽,可惜的是他没能进一步作出论述。方与严在《方与严教育文集——陶行知及其生活教育》(下)一书中的《生活教育简述》中有乡村教育先锋团是生活教育社前身的提法[③]。他还指出,从1934年2月16日起,《生活教育》半月刊刊行,使生活教育理论进一步得到阐扬,"生活教育之理论因此得以普遍的发扬与发展,教育异军突起,虎虎有生气,生活教育名义也因此而建立"[④]。晓庄学生张健在《生活教育是什么——为生活教育社成立十五周年纪念而作》一文中写道:"1927年3月15日,陶先生所办的南京晓庄学校成立了,大家都把这天当作生活教育诞辰纪念日,今天恰满十五周年。"[⑤]这里,他把生活教育运动与生活教育社混同在一起。陶行知在1939年谈到生活教育社时,也基本认定生活教育社应该从1927年算起。中共当时在一些文件中也有此观点,如1942年3月15日、1942年3月18日的《解放日报》上,分别刊有徐特立所写的《生活教育社十五周年》以及报刊《延安庆祝生活教育社十五周年》的报道。王洞若在《生活教育运动与生活教育社》一文中认为,"生活教育是一个历史性的运动"[⑥],"一切运动都带有主观努力的成分,一切运动都不是开始便有广大的人士参加,因此要想生活教育成为一种运动,就必须首先确定生活教育社是推动这一运动的先锋部队"[⑦]。

其他学者也基本上持此观点,即认为晓庄学校及乡村教育先锋团是生活教育社的前身。根据社团成立的标准也大致可以追溯到此。但笔者认为,"生活教育社"的名称是从1932年开始出现的,并且在当时以及后来都有人指出,不应把生活教育与生活教育社相混淆,所以笔者认为,晓庄学校及乡村教育先锋团是正式注册成立后的生活教育社的萌芽阶段;1932年生活教育社之名出现,随着形势的发展,国难教育社成立,虽无生活教育社之名,但它在那时却在行生活教育社之实;直到1938年生活教育社正式注册成立,新中国成立后生活教育社虽被撤销,但其精神实质却被中国陶行知研究会继承并发扬光大。

二、生活教育社发展演变的历程

(一)生活教育社的萌芽阶段——晓庄学校时期

晓庄学校时期,生活教育社成立的条件已经成熟,笔者没有把其列为生活教育社的一个正式阶段,主要是由于此时还没有出现"社"之名,因此其着眼点在运动而不在社团,正如有人提及的,不能把生活教育运动与生活教育社混同。

生活教育理论是陶行知教育理论的核心所在,也是生活教育社的理论支撑。1917年陶行知回国至1927年晓庄学校成立,是生活教育理论从探索、萌芽到成型的阶段。陶行知回国后,一面从教,一面摸索改造中国旧传统教育。1918年,陶行知在《生利主义之职业教育》一文中已提出了"生活主义包含万状,凡人生一切所属皆属之"的观点,他把生活与教育紧密地联系起来,认为"有什么样的生活就有什么样的教育"。1919年2月,陶行知在《教学合一》一文中提出"教的法子必须根据学的法子",提出了"教学合一"的观点。1921年,陶行知第一次对生活教育下了定义,即认为生活教育是"生活的教育,为生活的教育,为生活的提高和进步的教育"。到1925年,"教学做合一"的理论已初步形成,同年,陶行知开始使用"教学做合一"这一名词。到1926年底,陶行知通过一系列的文章、讲话等明确提出了以"生活即教育""社会即学校""教学做合一"为核心的生活教育理论。

以生活教育为理论支撑的生活教育社,其成立及成立后的运作必须有固定的宣传阵地,以保证其活动主张向纵深方向发展。晓庄学校及此时的一些相关刊物即是这一时期的理论宣传阵地。1927年3月15日,宣传、实践生活教育理论的实体——晓庄试验乡村师范学校诞生了。在晓庄,陶行知精心安排了一系列实践生活教育理论的活动,以实现其改革教育的愿望,并取得了丰硕的成果。晓庄的办学方法和理念、教育目标、教学内容、教学精神等无不体现了陶行知的生活教育思想。但此时的晓庄,名义上仍然隶属于中华教育改进社,这也是笔者没有把其作为生活教育社一个正式发展阶段的又一原因。

相应的,在此阶段还有一些宣传生活教育理论的固定刊物。应该说,从1919年陶行知任《新教育》月刊专任师范教育审稿员起,到1927年晓庄学校成立前,包括1922年接任《新教育》月刊主编,1925年创办《新教育评论》等刊物,其间宣传的教育主张包括生活教育理论,但并不能算是固定的宣传阵地。其理由,笔者认为有二:其一,这期间的一切教育宣传及活动虽很大程度上以陶行知为主,但毕竟不是陶行知单门独户在搞,他主持的许多教育宣传实践是附属于其他社团的,如《新教育》是属于新教育共进社的刊物;其二,这期间生活教育理论还没有完全成熟,在一定程度上生活教育理论与新教育理论两者相提并论,并没有明确的界限,所以其相应的刊物也不能作为生活教育理论的固定宣传阵地。

也正是这样，不能把这一阶段归为生活教育社的正式阶段。综合考虑，笔者在此认定的生活教育的固定宣传刊物，包括 1927 年 1 月 1 日创刊的《乡教丛讯》周刊，以及 1930 年 2 月 1 日开始创办的《乡村教师》周刊。这两个刊物刊名虽不带有"生活教育"字眼，但实质上是专门宣传生活教育理论的固定刊物。

与后来成立的生活教育社不同，这一阶段宣传生活教育的成员构成中，除了陶行知及其弟子外，赵叔愚、陈鹤琴、杨效春等人也在其列。这期间开展的主要活动有普及教育和乡村教育。乡村教育运动当时是由乡村教育先锋团牵头的。方与严认为，乡村教育先锋团是生活教育社的前身。笔者认为，它只能作为生活教育社的萌芽阶段。

（二）生活教育社的有实无名阶段——国难教育社

晓庄被封、陶行知被国民政府通缉时期，生活教育理论及其公开活动曾一度消沉或中止，直到"九一八"事变，日本帝国主义进一步加紧侵略中国，生活教育以救亡图存为主题再次投入战斗。生活教育社于 1932 年成立，但没有正式注册。稍后，随着国难日益深重，成立了国难教育社。相对于生活教育社来说，国难教育社在此阶段实际履行着其后正式注册成立的生活教育社在特殊历史时期的特殊使命，所以笔者把其归为生活教育社的有实无名阶段。

这一时期，生活教育理论又有了新的发展，其基调总的来说是配合国难教育。1934 年，陶行知再次对生活教育下了定义："生活教育是生活所原有、生活所自营、生活所必须的教育。"至此，生活教育理论发展日益成熟、完善。在以后的实践中，生活教育理论又根据不同的形势，有了新的内容，如人口统制论的教育思想、科学教育思想、国难教育主张及集体主义的自我教育等，内容不同，但其精神实质是一脉相承的。1934 年 2 月 16 日创刊的《生活教育》半月刊，及 1937 年为配合抗战创办的《战时教育》是其固定的宣传刊物。1932 年九十月，即山海工学团创办前后，陶行知即组织起生活教育社，但此时的生活教育社没有正式注册，并且进行的仅仅是一般性的活动，没有多大的影响，倒是 1936 年成立的国难教育社承载了以后正式注册成立后的生活教育社在特殊历史时期的生活教育使命。不仅《生活教育》半月刊上刊载了发起组织国难教育社的缘起，国难教育社成立宣言以及国难教育社简章、工作大纲等一系列文章，全国各地也纷纷响应，成立国难教育分社，开展国难教育运动。抗战爆发后，随着形势的变化，全民动员，在国难教育社之下，开展战时教育，1937 年创刊的《战时教育》即是其理论宣传阵地。加入国难教育社的，主要还是以陶行知为领导的晓庄师生，另有其他各界爱国人士及团体。

（三）生活教育社的有名有实阶段——生活教育社

生活教育社在1938年正式注册成立，原因很多，包括当时复杂的国内外形势。但笔者认为，更集中、更直接、更重要的一个原因是陶行知在当时特殊形势下的特殊身份，更确切点说，是与陶行知被国民党政府三次通缉有关。1927年晓庄学校成立后，由于学校奉行自由主义，与当局的文化专制主义不共两立，加之当时晓庄与冯玉祥的密切关系，晓庄学生中的“赤化分子”活动频繁，最终以“坐火车不打票”事件和“四五”游行事件为导火索，蒋介石密令晓庄停办。1930年4月12日，当局勒令解散晓庄，同时正式下令通缉陶行知。关于晓庄被封的原因各界学者早有共识，笔者在此不赘述了，仅就陶行知此时的特殊身份作一简介。就在国民党正式下令通缉陶行知的前一天，他得到消息避居在上海。起先他还可以召集晓庄成员秘密反省晓庄学校的运动，但发展到后来，中共在长江下游密谋城市暴动失败，9月中旬东北军进关拥蒋，10月中旬冯玉祥、阎锡山通电下野，宣告中原大战的胜负分晓。所有这些情况都使当局对陶行知的追捕日迫，于是陶行知只能东渡日本，暂避凶锋，历时半年之久。1931年蒋介石与胡汉民的矛盾深化，导致国民党内又一次大分裂，国民党各派系反蒋大联合日益形成，这使蒋系统治发生了很大的动摇，相对放松了对陶的通缉。1931年春陶行知返国，但通缉令并没有解除，陶这时期一直在《申报》秘密供职，同时关注中国教育的发展。1932年2月22日，当局解除对陶行知的通缉。但同年6月底7月初《申报》所发的“三论有关《剿匪和造匪》”的文章又令当局极度震怒，把陶行知视为眼中钉。1932年中秋节后山海工学团成立，在此期间生活教育社成立，但由于陶行知当时的处境，要呈送当局正式注册是不可能的。后来日益深重的国难，迫使举国上下集中于“救亡”这两个大字上。1936年2月23日生活教育社正式成立，陶行知也投入积极的抗战中。1936年7月11日陶行知又登上“哥夫号”海轮进行环行世界宣传抗日的活动。

1936年“七君子”被捕，陶行知在国外积极号召各界人士营救。1937年4月3日，当局正式向“七君子”提出公诉的同时，又把陶行知等六人作为“共犯”一并立案提出公诉，这样陶行知第二次被当局通缉，在国内失去了自由权。1937年9月23日国共合作正式形成，陶行知因被通缉一度在美国处境艰难的情况顿时得到改观。同年9月28日,国民政府取消对陶行知的通缉。当时国人由于忙于抗战,许多活动都是自发的,加上陶行知行踪的经常变动,生活教育社迟迟没有注册,直到1938年他回国后雄心勃勃要改造教育之时。

1938年12月15日,生活教育社在广西省政府开成立大会,通过了一系列正式程序后,正式注册成立,仍然是以陶行知的生活教育理论为指导。在这一时期,生活教育配合民主宪政进行教育,主要开展了全面教育运动、民主教育运动,相应的以《民主教育》为其理论宣传阵地,成员组成仍以晓庄师生为主。生活教育社正式注册成立后的活动及其影响在多种论著中都出现过,笔者在此就不重复了。

(四)生活教育社的有实另名阶段——中国陶行知研究会

新中国成立前,随着救国会的撤销,生活教育社也随之被撤销。新中国成立后,国内对陶行知教育思想的研究一度终止,生活教育社的重振更无从谈起。直到1978年后,全国政协开展纪念陶行知活动,国内对陶行知的研究再度兴起。不久,四川生活教育社成立,此机构是对前生活教育社的继承和发展,但由于它是地域性的,影响面相对较小。后来成立的中国陶行知研究会,是一个全国性的研究、宣传、继承和发展陶行知生活教育思想的机构,其最终目的是推动中国教育改革,促进中国教育的发展、人民的进步,遵循了生活教育社"检讨过去,把握现在,创造将来"的初衷。中国陶行知研究会的成员基本上是当时生活教育社的成员,结合当代中国的教育问题,开展了一系列的教育活动。所以笔者认为,它是生活教育社的有实另名阶段。与国难教育社不同的是,现在的中国陶行知研究会是在和平发展年代对生活教育社的继承和发展。

三、总结

综上,生活教育社从萌芽到正式注册成立,再发展到后来被撤销后又开始重振,无论从其理论支撑、相应的宣传阵地,还是从其教育活动、主要成员的组成来看,都是一脉相承的。虽然提法不同,但其精神实质是不变的,即以"探讨最合理、最有效的新教育原理与方法,促进自觉性之启发,创造力之培养,教育之普及,生活之提高"为宗旨[8],以"调查生活需要,设计教育方案,编辑教育材料,研究专门问题,试验教育方法,推广探讨所得,介绍社员服务,促进社员互助,倡导社员进修"为社务[9],在不同历史条件下有不同的内容。生活教育是陶行知教育思想的核心部分，作为宣传其生活教育理论的生活教育社尤其显得重要，所以我们有必要对其进行进一步的研究探讨，以对我国当前的教育有所启发。

注释：

①章开沅，唐文权. 平凡的神圣——陶行知[M]. 武汉：湖北教育出版社，1992：405。

②(日)斋藤秋男. 陶行知评传[M]. 杨畅，译. 成都：四川教育出版社，1987：76。

③④方与严. 方与严教育文集——陶行知及其生活教育(下)[M]. 成都：四川教育出版社，1995：1258。

⑤⑥⑦陶行知，等. 生活教育文选[M]. 成都：四川教育出版社，1988：208，193，193。

⑧⑨摘自《生活教育社社章》。

参考文献：

[1] 陶行知. 陶行知全集[M]. 成都：四川教育出版社，1991.
[2] 华中师范大学教育科学研究所. 陶行知全集(八卷本)[M]. 长沙：湖南教育出版社，1992.
[3] 童富勇，胡国枢. 陶行知传——纪念伟大的人民教育家陶行知诞辰一百周年[M]. 北京：教育科学出版社，1991.
[4] 朱泽甫. 陶行知年谱[M]. 合肥：安徽教育出版社，1985.
[5] 余子侠. 山乡社会走出的人民教育家陶行知[M]. 武汉：湖北教育出版社，1999.
[6] 章开沅，唐文权. 平凡的神圣——陶行知[M]. 武汉：湖北教育出版社，1992.
[7] 江苏省陶行知研究会. 陶行知日志[M]. 南京：江苏教育出版社，1991.
[8] 江苏省陶行知教育思想研究会. 纪念陶行知[M]. 长沙：湖南教育出版社，1984.
[9] 中国陶行知研究会. 陶行知教育思想、理论和实践[M]. 合肥：安徽教育出版社，1986.
[10] 董宝良，周洪宇. 陶行知教育学说[M]. 长沙：湖北教育出版社，1993.

[11] 中国第二历史档案馆. 中华民国史档案资料汇编(第三辑教育)[G]. 南京:江苏古籍出版社,1991.
[12] 戴伯韬. 陶行知的生平及其学说[M]. 北京:人民教育出版社,1982.
[13] 方与严. 方与严教育文集——陶行知及其生活教育(下)[M]. 成都:四川教育出版社,1995.
[14] (日)斋藤秋男. 陶行知评传[M]. 杨畅,译. 成都:四川教育出版社,1987.
[15] 戴伯韬教育文选编选组. 戴伯韬教育文选[M]. 北京:人民教育出版社,1985.
[16] 程今吾. 程今吾教育文集[M]. 北京:北京师范大学出版社,1982.
[17] 周洪宇. 陶行知研究在海外[M]. 北京:人民教育出版社,1991.
[18] 徐特立. 徐特立教育文集[M]. 北京:人民教育出版社,1986.
[19] (日)斋藤秋男. 生活教育社的成立、停止、恢复[C]. 北京:纪念陶行知诞辰100周年学术研讨会,1991.
[20] (日)斋藤秋男. 40年代解放区与生活教育——中国革命与“生活教育运动”续[J]. 专修大学人文科学研究所月报,1986(5).

(本文原载于《生活教育》2006年第3期)

陶行知对杜威教育思想与实践的继承与发展

——晓庄学校与芝加哥实验学校之比较

张亚兰　史降云*

摘　要：杜威与陶行知是20世纪伟大的教育家。陶行知曾在哥伦比亚大学接受杜威的指导，而后积极邀请杜威来华讲学。陶行知基本继承了杜威的教育生活理论，但由于两人的社会文化背景不同，陶行知发展教育生活理论为生活教育理论。两人都注重在实践中践行和完善自己的理论，创办学校、参与教育运动以及关注社会问题。但是在具体的教育实践中，陶行知结合中国国情改造杜威在美国的教育实践经验，致力于本土化的教育实践。

关键词：杜威；陶行知；教育思想；教育实践

杜威是美国20世纪伟大的教育家，实用主义教育代表人物，提出著名的教育生活理论。陶行知是中国现代杰出的教育家和思想家，他的生活教育理论为人们所熟知。从杜威的教育生活理论到陶行知的生活教育理论可谓是一脉相承，然而后者又有其独特之处。杜威为验证其关于教育学的假设曾创办"芝加哥实验学校"，陶行知也致力于理论的践行，在中国创办"晓庄学校""山海工学团""育才学校"等学校组织，在实践的同时不断地完善自己的教育思想。

一、陶行知与杜威的师承关系及日后交往

1914年，陶行知赴美国伊利诺斯大学攻读政治学，出于对教育学的兴趣，他

* 张亚兰，女，时为华中师范大学教育学院硕士研究生；史降云，女，时为华中师范大学马克思主义学院副教授

于第二年秋天转入哥伦比亚大学攻读教育行政学。在哥伦比亚大学学习的两年中，他在孟禄、斯特雷耶(G·D·Strayer)、杜威、克伯屈、斯纳顿(D·Snedden)、康德尔(I·Kandel)等教授的指导下，攻读了教育史、教育行政学、教育哲学、教育社会学、财政学、学校和社会、进步的社会教育、中学原理、外国教育制度的行政和社会基础等学科。[1]因此，陶行知虽受斯特雷耶的直接指导，但是他同时接受了当时进步主义教育学主要代表人物的指导，杜威是其中之一。在当时，杜威直接指导的中国留学生是胡适，然而，许多学者认为陶行知是杜威中国弟子中对杜威教育思想研究最深刻的一位。学者费正清曾表示："杜威博士的最有创造力的学生却是陶行知"。[2]

1919年，杜威利用休假时间在日本讲学，陶行知得知这一消息后，致信胡适说："三个礼拜前，听说杜威先生到了日本，在东京帝国大学当交换教员，当头一棒，叫我觉得又惊又喜。为何惊呢，因为我两三年后所要做的事体，倒日本先做去了。既而又想到杜威先生既到东方，必定能帮助东方的人建设新教育，而他的学说也必定从此传得广些。"[3]可以看出，陶行知很早就有邀请杜威到中国讲学的想法，并且认为杜威能够帮助中国建设新教育。陶行知的想法是有据可循的，彼时中国正处于政治、经济、社会、文化大动荡的时期，民主主义思想在中国萌芽，青年知识分子正在为"五四运动"的爆发做准备。为迎接杜威，陶行知携胡适、蒋梦麟、陈鹤琴等杜威的中国弟子做了许多前期准备：筹集资金、联系学校及接待人员、发表文章进行宣传。1919年3月31日，陶行知在《时报》的《教育周刊》上发表《介绍杜威先生的教育学说》，文中讲述了杜威生平并列举了杜威的书籍，以及指出杜威先生素来所主张的是要拿平民主义做教育目的，实验主义做教学方法。[4]杜威于1919年4月30日到达中国，在北京、南京、上海、广州等十多个城市作系列演讲，在中国停留的时间长达两年零两个月。陶行知作为杜威在南京讲学的主要接待人员，介绍翻译了杜威的许多文章并致力于杜威实用主义教育思想在中国的传播。

二、杜威与陶行知教育思想比较

19世纪末，美国完成了近代工业化，从一个年轻的资本主义国家成长为世界第一经济大国，政治经济上的巨变必然引起一系列不可预测的社会问题，对社会问题的关切是杜威教育理论的重要基石。而在当时的中国，面对被打压的民族、贫瘠的社会和迂腐的旧教育等惨不忍睹的社会现象，陶行知毅然决然打起教育的大旗。一开始，陶行知将杜威的民主主义和实用主义思想全盘搬运到中国来，他曾形容自己是教育上的“东洋车夫”。然而，在从 1917 年至 1925 年的八年实践里，一次次的失败证明了照搬美国的教育是行不通的，于是陶行知说：“我们现在要在中国实际生活上面找问题，在此问题上，一面实行工作，一面极力谋改进和解决。”[5]因此，杜威和陶行知的教育思想虽有异曲同工之妙，却有实质上的区别。

（一）教育目的：教育“适应社会”与“改造社会”

杜威和陶行知同样强调教育的社会性目的，追求“新”社会下的“新”教育。但是杜威主张教育“适应社会”，陶行知主张教育“改造社会”。杜威的教育“适应社会”思想建立在民主主义社会之上，他在《民主主义与教育》中这样定义“民主主义社会”——“如果有一个社会的全体成员能够以同样的名义，享受同等的社会利益，能通过各种不同形式的共处生活进行互动，从而保证社会的各种机构得到灵活的重新调整，这样的社会就是民主主义社会。”[6]杜威进一步规定了这种民主主义社会的教育类型：“给予每个个体对社会关系与社会控制的个人兴趣，给予每个个体确保不会引起混乱的社会变革的心理习惯。”[7]可以说，杜威的教育目的是社会性的，教育是为了培养民主主义社会的合格公民。一直以来，杜威的“教育无目的论”被人们所熟知：教育本身是没有目的的，教育过程就是它自己的目的。然而，强调过程内目的不等于否定社会性的目的，因为社会性的要求与儿童的需要并不总是相对抗的。[8]

杜威追求“新”社会下的“新”教育，“新”社会即杜威笔下的民主主义社会，“新”教育就是为了适应这种“新”社会。杜威的这种思想不免带有对美国资本主义社会的盲目崇拜和理想主义的色彩。与他不同的是，陶行知强调还原社会本来面目，通过“新”教育改造“旧”社会为“新”社会，即教育改造思想。陶行知希望从乡村教育入手，寻找改造中国教育和社会的出路。他认为乡村教育是当时中国教育的根本教育；当时中国教育的根本问题是乡村教育之根本改造；乡村教育之根本改造的生路是建设适合乡村实际生活的活教育；而建设乡村生活的活教育唯一可能的中心是乡村学校。这一系列的思考促成了“晓庄学校”的建立，陶行知设想通过该学校造就优秀的乡村学校教师、校长、辅导员，再通过好的教师造就一批好的乡村学校，如此循环往复。陶行知的教育改造思想虽然有教育万能论和教育救国论的倾向，但是他这种直面社会问题的精神非常值得我们钦佩。正如费正清所说："陶行知是杜威的学生，但他正视中国的问题，则超越了杜威。"[9]

（二）教育理论：教育生活理论与生活教育理论

杜威提出教育生活理论，即"教育即生活""学校即社会"和"做中学"。陶行知将杜威的理论"翻了半个筋斗"——"生活即教育""社会即学校"和"教学做合一"。陶行知称："在山穷水尽的时候才悟到'教学做合一'的道理。所以'教学做合一'是实行'教育即生活'碰到墙壁把头碰痛时所找出来的新路……到了'教学做合一'的理论形成的时候，整个教育便根本地变了一个方向，这方向是'生活即教育'"。[10]生活教育理论是对杜威教育生活理论的继承与创新。杜威的"教育即生活""学校即社会"是将学校看作一个雏形社会，将社会生活放进学校教育里面，强调教育的社会性。如果说杜威的教育思想是教育将生活"引进来"，那么陶行知就是让教育"走出去"，生活就是教育，将学校教育真正延伸到社会中去。

杜威意识到直接经验对儿童教育的重要性，因此提出"做中学"的教育思想，而陶行知在教育生活理论行到山穷水尽之处，找到了提出生活教育理论的契机，即"教学做合一"。陶行知明确指出："教学做是一件事，不是三件事。我们要在做上教，在做上学。在做上教的是先生；在做上学的是学生……如果破除成见，六十岁的老翁可以跟六岁的儿童学好些事情。会的教人，不会的跟人学……因此教学做是合一的。"[11]"在做中教、在做中学、教学相长"是陶行知"教学做合一"的中心观点。陶行知的"教学做合一"观点与杜威的"做中学"相比较，增加了"教"的内容，即将教师的"教"纳入生活教育理论之中。比之杜威的儿童中心论，陶行知在尊重儿童个性的同时也看重教师在教学活动中的主导作用。

三、杜威与陶行知教育实践比较

1894 年，杜威应聘到芝加哥大学任教，并担任图书馆馆长。为验证自己的教育学假设，杜威于 1896 年创建"芝加哥大学实验学校"，该校从 1896 年开办至 1904 年他离开芝加哥大学，先后历经八年，是杜威教育理论体系建立的基石，在美国进步教育运动中亦发挥了重要作用。1897 年杜威发表《我的教育信条》，几乎称得上是杜威教育理论的纲领之作，其之后的教育著作只是对这一纲领的拓展和延伸。陶行知在美学习期间不仅认真研习了杜威的教育思想，而且对杜威的教育实践活动进行了深入研究，回国后于 1927 年在南京和平门外晓庄创办南京晓庄试验乡村师范学校，后改名“晓庄学校”。陶行知的“晓庄学校”仅持续了三年时间，1930年，因学校学生参与南京学生反帝爱国示威游行而被迫关闭，陶行知也逃亡日本避难。“晓庄学校”办学时间虽短，但是其对平民教育、教育普及、儿童教育的影响却是巨大的。此后，陶行知陆续创办“山海工学团”、“育才学校”和社会大教学等进行教育实践，将自己的一切毫无保留地奉献给教育事业，“捧着一颗心来，不带半根草去”。杜威与陶行知的教育实践既有联系又有区别，主要表现在以下几个方面：培养目标、课程设置、教学方法等。

（一）培养目标：儿童个性发展与培养师范儿童

杜威的“新”教育思想以儿童的心理发展为中心，在注重教育社会性、实行社会性课程的原则下，力求儿童按需要发展、自由发展、个性发展。“芝加哥实验学校”创建的主要目的是验证杜威根据哲学与心理学原理提出的教育学假设：(1) 如何使儿童的家庭生活与学校密切联系；(2) 如何使儿童在学校中学到的知识与经验互相联系；(3) 如何激发儿童的动机和兴趣；(4) 如何使教材与儿童的活动相联系；(5) 如何处理发展个性与社会合作的关系。[12]因此，杜威“芝加哥实验学校”强调以儿童为中心，以顺应儿童的心理发展为培养目标。

杜威实验学校的实验研究性质决定了其顺应儿童发展的培养目标，而陶行知学校和组织则注重教育师范性。在陶行知的教育改造思想中，乡村学校是为了培养出好的乡村教师、校长以及辅导员而存在的。在陶行知乡村教师的条件中，农夫的身手、科学的头脑、改造社会的精神是必不可少的三个条件。而“晓庄学校”的小学培养目标明确规定小学教育应培养手脑双全、志愿自立立人的儿童，其目标如下：(1) 康健的体力；(2) 劳动的身手；(3) 科学的头脑；(4) 艺术的兴趣；(5) 团体自治的精神。[13]该培养目标正是对乡村教师条件的继承和发展。在陶行知看来，儿童是中国实现普及教育的重要力量，他提出“小先生制”，让儿童教儿童，儿童教大人；儿童既是学习者，又是教育者。师范生是陶行知教育的重点目标，在之后“山海工学团”的创办中，之前培养的“小先生”成为主要师资力量发挥作用。陶行知和杜威在对待儿童的态度上都十分尊重儿童，不压制他们的兴趣和个性，陶行知更是真心将儿童看作一种重要的教育力量，并努力发挥其创造作用。

（二）课程设置：儿童本能课程与实际生活课程

杜威“芝加哥实验学校”的课程设置以他的儿童心理学理论为依据。杜威认为儿童的本能或冲动包括四种类型:社会冲动、建造的冲动、探究的冲动、表现的冲动。在此基础上,杜威设置了符合儿童本能的、合理的和恰当的课程,主要包括三种类型:(1) 与职业有关的课程,包括木工、金工、厨艺等科目;(2) 与社会生活背景相关的课程,包括历史、地理等科目;(3) 与智力活动相关的课程,包括阅读、书写、算术等科目。[14]杜威学校中学生直接经验的获得是通过精心设计的教学活动,带有强烈的实验性质,而陶行知学校的学生每天的实际生活便是他们的课程,早晨开一个十分钟至十五分钟的寅会,筹划每天的工作;开完寅会,便是身体训练,用武术代替体操课;上午的生活是阅读,阅读的书籍分为两种类型,一种是学校规定的书籍,另一种随个人兴趣爱好自选;下午参加社会工作,主要有农事、简单仪器制造和到民间去等;晚上有平民夜校、做笔记和日记等。全部的课程包括了全部的生活:一切课程都是生活,一切生活都是课程。[15]

(三) 教学方法:社会作业活动和"教学做"活动

杜威认为活动是儿童课程的中心,主要表现为社会作业的方式。活动计划为:每个班级每天安排 10—15 分钟的集体讨论,反思之前的经验;拟定一天的计划;分配个人的作业。[16]具体的作业内容则根据儿童年龄的不同设置不同的内容,主要包括游戏、智力活动、故事、工厂的建造工作、烹饪、计算游戏等。杜威非常重视直接经验在教育中的重要性,直接经验通过活动取得,这种做法纵然有其先进之处,但是对教师和教材的要求非常高,可操作性不强。活动同样是陶行知所创办的学校的中心课程,"教学做"是活动的主要方法,全部的活动分为 5 个部分:中心小学活动教学做、分院任务教学做、征服自然环境教学做、改造社会教学做、学生自动的教学做。"教学做"是陶行知教学方法的核心,所有的教学目标、内容、模式都与之紧密相连。活动是陶行知和杜威课程的中心,杜威的活动是依照社会上作业的方式,在学校开设与之相仿的实验性的活动课程,而陶行知则是让学生真正参与社会生活,获得真实的社会经验。

综上所述,杜威在"芝加哥实验学校"的教育经验没有脱离儿童中心。儿童个性发展的培养目标、儿童心理发展阶段理论以及尊重儿童社会本能的课程都是杜威儿童中心论的表现。而陶行知则是站在整个人类教育的发展角度,提出更为全面和普遍的、更具有操作性的教育理论。不只是面对儿童,成人教育也是陶行知关注的重点,这也是陶行知生活教育理论的信度之所在。不同的社会背景决定了杜威与陶行知视域上的不同:在经济发达的资本主义社会,杜威关注的是如何深入地探究教育过程；而陶行知处在内忧外患的中国，中国人民大众的教育问题便成了陶行知研究教育理论必不可少的考虑。值得注意的是，两人都十分重视教育理论的验证，即重视教育实践性。杜威学校和陶行知学校前进的每一步，都是教育实践的宝贵经验。研究两者不同之处，对借鉴外国优秀教育理论和实践有着不可忽视的意义。杜威与陶行知既有师承关系，又反映了出身于两个完全不同的社会文化背景下的教育家的不同教育理念。陶行知虽学习了杜威的教育思想，但是陶行知在继承杜威思想的过程中，没有盲目地全盘吸收，而是采取实践、分析、批判、创新的态度，对其进行本土化的适应与发展，这种态度是值得许多人学习和借鉴的。

参考文献：

[1] 冬景. 陶行知在美国哥伦比亚大学师范学院[C]. 纪念《教育史研究》创刊二十周年论文集(2) ——中国教育思想史与人物研究,2009.

[2][9] 周洪宇. 陶行知研究在海外[M]. 北京:人民教育出版社,1991:397.

[3] 中国社会科学院近代史研究所中华民国史组. 胡适来往书信选(上册)[M]. 北京:中华书局,1979:29.

[4] 陶行知. 陶行知全集(第1卷)[M]. 长沙:湖南教育出版社,1984:102.

[5][10][11][13][15] 陶行知. 陶行知全集(第2卷)[M]. 长沙:湖南教育出版社,1985:18,42,110,33.

[6][7] 杜威. 民主主义与教育[M]. 陶志琼,译. 北京:中国轻工业出版社,2014:5,98.

[8] 吴式颖. 外国教育史教程[M]. 北京:人民教育出版社,1999:515-516.

[12][14] 张斌贤,王晨. 外国教育史[M]. 北京:教育科学出版社,2008:8,351-352.

[16] (美)凯瑟琳·坎普·梅休,等. 杜威学校[M]. 王承绪,赵祥麟,等译. 北京:教育科学出版社,2007:1,41,61.

（本文原载于《生活教育》2016年第1期）

第四篇

乡村教育篇

农村校推进素质教育要立足农村

顾明远*

我国是一个农业大国，虽然从全国范围来讲已经走上现代化的道路，但农业现代化还刚刚开始，我国约有70%的人口在农村，农业、农村、农民"三农"问题仍是我国当前要着重解决的问题。解决"三农"问题，实现农业现代化、农村城镇化、农民现代化，关键是科学技术，基础是教育。只有依靠科学技术才能使我国的农业摆脱传统的生产方式，跨越到现代农业。但是要发展农村科学技术，就需要依靠教育来创新科技、培养人才。至于农村城镇化则是农业现代化的必然结果。农业现代化完成以后，将释放大量农村劳动力进入城市，农村为了配套农业现代化而发展起来的第二产业、第三产业也就促进了新农村的建设，使农村城镇化。三者之间，农民现代化是最根本的一环。农业科学技术要靠农民来掌握和运用，新农村要靠农民来建设。因此，农村教育是实现"三农"现代化最基础的环节。

农村教育和整个国家的教育一样，既需要普及，又需要提高。普及就是要巩固九年义务教育，大力发展农村职业技术教育，培养现代化农民；提高就是要让高等院校的毕业生到农村去，开展农业技术创新，培养农业科技人才。

农村教育如此重要，那么如何巩固义务教育成果呢？就是要提高义务教育的质量。当前我国教育正处于一个重要的转折点上，就是从数量的发展转向质量的提高。义务教育已经普及，但还是低水平的。

* 顾明远，男，北京师范大学教育学部教授，博士生导师，教育部社会科学委员会副主任、国家教育发展研究中心专家咨询委员会副主任、教育部教师教育专家委员会主任、中国教育学会会长。

有些地区国家规定的课程还不能开齐，有些地区缺乏教师，特别是体育、音乐、美术教师。因此，要巩固义务教育成果，首先需要加强农村教师队伍的建设，一方面要配齐各科教师，另一方面要提高他们的业务水平。同时要大力推进素质教育，提高学生的整体素质。推进素质教育需要结合农村实际。现在有一种趋同现象，一切都按照城市的办法，片面追求升学率，增加了学生的负担，使有些学生产生了厌学情绪。要改变这种状况，就需要分类指导，结合农村和学生的实际，因材施教。我国现在接受完义务教育升入高中阶段学生的比例已经达到66%，但还有34%的初中毕业生升不了学，在农村，这个比例会更大一些。因此，农村教育就应该考虑这部分学生的出路问题。

农村教育的课程要切合农村的实际，使学生学得下去，觉得学了有用。目前农村学生的辍学，主要原因不是经济问题。尤其是在学费全免并补助书本费以后，上学的经济负担已经大大减轻。辍学的主要原因是学习负担太重，有些学生学不下去，产生厌学情绪；有些家长也因为自己的孩子学习成绩不好，觉得不如让孩子早点出去打工挣钱。

所以，巩固义务教育成果，降低辍学率，就要从农村的实际出发，改革课程和教学方式，在完成国家课程的前提下，加强地方课程和校本课程的建设。有些省区在农村实行毕业证书和绿色证书“双证”制度，很有成效，值得借鉴。有些人可能会担心，课程与城市的不同，会不会降低学生升学的竞争力。要解决这个问题，可以增加选修课程，使有能力的学生选学一些课程，以便与城里学生竞争。同时，农村教育应实现“三教统筹”，建立终身教育体系，使一些有志于学习的青年，都会有各种机会学习。

推进素质教育遇到的另一个问题是学校间发展不平衡。由于评价制度的单一，不管什么条件和环境都用一个标准，都要向优质学校看齐，这就造成了各校之间的无序竞争。这对一些条件差的学校也是不公平的。因此需要改革评价制度，实行发展性评价，国外叫绩效评价。就是说评价要看原来的基础，有发展就是成绩，就值得肯定，无论对学校还是对学生都要看他有无发展。当然，作为政府，要尽量改善薄弱学校的条件，教育投入要向薄弱学校倾斜，使学校均衡发展。但是要真正实现均衡，有一个时间过程。在还没有统一均衡之前，对各校的评价就需要实事求是，在学校原有基础上进行评价。无论哪一类学校，只要有进步、有提高，就要加以肯定和鼓励。对学生的评价也应采取发展性评价，只要有进步，就应该肯定、鼓励。总之，评价本身并不是目的，评价是一种保证质量、促进提高的手段。所以，我们常常讲“以评促改、以评促建”，评价要有利于激发学校、教师和学生的积极性。

农村教育中还有一个留守儿童的教育问题。学校要关心这部分孩子的教育，要组织一些课外、校外活动，丰富他们的生活。要帮助他们经常与外出打工的父母联系，增强孩子对父母的了解和理解。老师要把一片爱心献给他们，使他们有幸福感。

（本文原载于《生活教育》2008 年第 10 期）

黄质夫的乡村师范教育思想体系

王运来*

欣闻《黄质夫乡村教育文集》即将付梓出版，我既感到喜出望外，又觉得天经地义。之所以感到喜出望外，是因为被历史淹没了半个多世纪的黄质夫已鲜为人知，了解此人的差不多也仅限于少数教育史专家和相关地区的民众，加之“乡村教育”又不是一个多么高大上的话题，因此，该书的出版是让人有些“意外”和惊喜的。之所以觉得天经地义，是因为黄质夫是中国近现代史上名重一时的乡村教育先驱和中国乡村师范教育思想的代表性人物，先后创办或主持江苏高邮界首乡村师范学校、南京栖霞乡村师范学校、浙江湘湖乡村师范学校和国立贵州师范学校等，积累了一系列兴办乡村师范学校的教学经验，形成了一套独特的乡村师范教育思想理论，其教育实践的业绩与教育思想的光辉，终归会为人们所关注，不会一直被尘封的。因此，该书的出版，又是天经地义的。

《黄质夫乡村教育文集》汇集了黄质夫的 4 部专著、40 余篇各类文章和歌曲，比较全面、系统地收录了他的代表性论著。通过初步研读黄质夫的论著，我觉得他业已从教育作用、培养目标、教学内容、教学方式四个方面，完整地构建起了他的乡村师范教育思想。

就教育作用而论，黄质夫认为，“改造乡村唯一的工具，就是教育”（语出《中国乡村的现状和乡村师范生的责任》，以下简称《责任》）。此处的教育显然是指乡村教育，他在另一篇文章中就明确指出“乡村教育为乡村复兴之源泉”（语出

* 王运来，男，现为南京大学教育研究院院长、博士生导师。

《服务乡教八年之自省》,以下简称《自省》),而乡村教育的发源地就是乡村师范。他从中国当时的国情出发,针对中国农村经济文化非常落后的现状,抓住中国农业、农村和农民存在的突出问题,通过兴办乡村师范学校,发展乡村文化教育,培养乡土人才,开发智力,以发展农村生产力,促进农村经济和社会的发展。就是要"救百万村庄的穷,化万万农民的愚,争整个民族的脸"(《栖霞乡师校歌》)。他希望短期之内就能够建成"野无旷土、村无游民、人无不学、事无不举"的"理想乡村"(语出《栖霞乡村师范服务社会之实况》),并将这种理想乡村称之为"栖霞新村""大家出入相友,守望相助,忧乐与共,携着手儿齐向那光明路上走,实现新中国的乡村,跻中国于自由平等的地位"(语出《〈栖霞新村〉半月刊发刊词》)。具体而言,仅在"推广"方面就要做到"六要":"改良农村组织,增进农民生活,普及农村教育,提高农民知识,提倡农村娱乐,培养农民道德"。(语出《我们的主张与实施》,以下简称《主张》)。当然,"最后的责任,还在改进农业社会,使它科学化、工业化、商业化起来"(语出《中等学校劳动生产训练》)。

就培养目标而论,黄质夫对当时中国乡村的状况有着清醒而痛苦的认识,提出乡村师范学校的学生必须是"在校好学生,出校好教师"(语出《自省》),要成为能文能武、能官能民、能屈能伸、德才兼备的多面手,做一个集"良好的乡村教师""灌输农民知识、改进农民生活的导师"与"发展乡村社会事业的领袖"于一体的英雄式的人物(语出《责任》)。黄质夫为《我是师范生》写的歌词中就有这么一句话:"学有专长,当仁不让,献身教育,造福边疆,唤起民众我担当。"这些学生在毕业之时要具备七项资格(语出《责任》):他们不仅是坐而言的人,还要是起而行的人;对于各种基本知识,应有充分的修养;体格健全,能耐劳苦,品格高尚,堪做乡民的表率;有各种应用的常识,且明白教育原理以及近代社会的趋势;对于本身职业,有浓厚的兴趣,肯认定他的职业为终身职业;长于社交,能得各方面的助力;了解乡村社会情形,熟知农民习性,安于乡村生活,视改造乡村为最有乐趣的事业。当然,在黄质夫的设想中,要想培养出这种"赫赫英雄",那就必须拥有"才能胜任、德能感人"的导师,这些导师应该是一些十项全能的人——他们要具备这样十个条件(语出《自省》):有许身乡教宏愿、改造乡村决心;厉行俭朴,重视劳作,为学生倡;遵守学校纪律,努力为学生表率;努力进修,力求深造;师生共同生活,不自居于例外;精选教材,恳切指导,务使学生学有所用;有劳而不怨、诲人不倦精神;爱惜公物,共体时艰;见利思义、见危授命,示学生以楷模;爱学生如子弟，视学校如家庭，认乡教为终身事业。

就教学内容而论，针对中国当时的实际和乡村师范学校的特点，黄质夫提出了包括教导、训育、体育、推广在内的全面教育思想(语出《主张》)。他格外重视学生道德品质和实用技能的培养。他认为德育(即训育)是核心，是办学的方向和重心所在，始终强调"爱国报国，求实苦干，献身乡村，文明礼貌"等。他明文规定"校长负训导上的最高责任"，并制订各个年级的具体要求和实施方案，循序渐进，严格执行。在智育等方面强调学以致用，"务期教应所需，用出所学""以教育求合于社会需要"(语出《自省》)，讲究的是水无定势，兵无定法。可以说是，除了最基础的文化知识之外，农民需要什么，乡村需要什么，农业需要什么，他就组织乡村师范的学生学习什么，这便是他的"职业课程宜增加""浅尝课目宜减并"的思想。他所讲的浅尝课程是指那些"无所不能"而又"未成一技""实无可用"的"空泛"课程(语出《自省》)。除基本文化课和教育专业课外，在他掌校的学校均增设农业常识、工艺常识、医卫常识、手工劳动、音乐、美术等课程，所有课程均严格考核。栖霞乡村师范学校规定学生须学会一两种乐器，毕业考试前多出现秉烛夜弹、校园乐声悠扬的情景。学校还将课外活动视作第二课堂，引导学生开展绘画、音乐、读书、作文、冬泳、园艺、标本采集等活动，举行国语(普通话)演讲、书法、美术、歌咏、专题辩论比赛等，在丰富多彩的活动中陶冶情操，增长知识、发展才能。在体育中，创设了"千分制"的千分考(语出《主张》)。而且，黄质夫所主张的教学内容的重点是动态的，变化的。例如，在抗战的非常时期，他就在教学中加进了一种"探试"——训练，包括精神、体格、生产、特殊技能、社会活动的训练(语出《非常时期教育设施的一种探试》)。

就教学方式而论，黄质夫既不赞同中国传统的教育方式，也反对对欧美教学方法"未敢稍加变更"的做法，独创性地提出了"教育方法不妨多，教育形式不必同"的黄氏教法。他根据乡村师范教育的宗旨，通过调查中国社会的实际需要，参考中外名家的研究，审察当时教育失败的原因，提出了主张"实施工读，以代实习；加紧劳作，以代体育；利用休闲，以代音乐"的、强调"纪律军队化，生活劳苦化，思想笃实化"的乡村师范教学新思路(语出《自省》)。就系统性、逻辑性、深刻性、新颖性而论，它们都称得上是黄质夫"三三教法"或"黄氏三三法"。

黄质夫先生的教育思想博大精深，拜读《黄质夫乡村教育文集》，高山仰止之情油然而生。对于前辈学者的文集,我是丝毫没有资格写序的。感动于黄质夫老前辈之子黄飞先生的真诚相邀,出于对南京大学、东南大学杰出校友的无比敬重,膺服于乡村师范教育的研究旨趣,我斗胆应承下来,并不揣浅陋,撰成此文。

(本文原载于《生活教育》2017年第10期)

讲学稿：演绎现代“乡村教育”的传奇

——对话讲学稿发明人、南京东庐中学校长陈康金①

特约记者：鲍成中

一、乡村教育的守望者

鲍成中(以下简称“鲍”)：陈校长您好！我在未与您见面之前，在网上输入您的名字或“讲学稿”，成千上万条的信息扑面而来，可见您和讲学稿在全国的影响力和知名度！请问您是如何带领一所曾经面临关门停办的乡村学校创造了这样的教育传奇的？

陈康金(以下简称“陈”)：陶行知先生一直是我学习和崇拜的偶像。他的思想是我的思想源泉。我正是在陶行知教育思想的指引下，按照教育规律在做点实实在在的事情，今天学校的成绩都离不开陶行知教育思想的引领和启发。我们东庐中学是南京市溧水区永阳镇的一所农村中学，创办于1958年。曾长期处于硬件差、师资差、生源差和观念落后、手段落后、质量落后的“三差三后”状况，一度面临着停办或关门的困境。

我出生于20世纪60年代的贫苦农家，1980年，我从师专毕业后回到母校东庐中学工作，直到现在。当年，我刚毕业回来教书，连教了三年全校最差的班。我把弱班变为强班的经验和做法，得到了全校教师和领导的认同，我工作三年就

① 陈康金，男，时任江苏省南京市东庐中学校长，“讲学稿”发明人，曾获“南京市名校长”“全国优秀教育工作者”“陶行知奖”等荣誉，其所倡导的“讲学稿”及形成的“东庐教改经验”，曾被《中国教育报》《中小学管理》《中国教师报》等媒体广泛报道。

入了党。但正是这三年,让我对那些“后进生”和他们的家庭有了深切的了解,使我在办学过程中总是处处从农民的角度思考问题。当年,看到农民的后代在自己这所没有任何优越条件的学校里,跟在人家优质学校后面,靠大量做习题、拼时间和体力苦苦追求高分,最终又败下阵来,我被深深地刺痛了。我下决心要通过教改把农村学校办好,让农村孩子和城区的孩子、名校的孩子享受同样的阳光。

鲍:陶行知先生曾经强调:“一个好校长也就意味着一所好学校。”校长是学校之灵魂,是学校发展之关键,有怎样的校长,就有怎样的学校。面临“关门”的东庐中学,正是遇到了您,才改变了命运,成为全国名校!您是如何探索突破“困境”之路的呢?

陈:这还得从我刚做教师开始说起。刚走上讲台时,我脑子里就只有一个念头:一定要做一名好老师。我白天在校上课、改作业、见缝插针地进班辅导,晚上到家改讲义、刻讲义、做题目,天天如此。上课怎样讲好“开场白”,结尾如何才能事半功倍?我都总结设计了很多种方法。我这个人有一个特点,就是善于总结。在上了一两年的讲台后,我就将课堂45分钟概括成“五精”:教学内容精选,教学环节精简,教学用具精选,教学语言精练,教学板书精活。这可能就是我现在“讲学稿”的最早实践!另外,在课堂教学中,我还运用“导学卡”引导学生课前预习,减轻学生学习负担,真正让学生做学习的主人。我不分好生后进生,把每一名学生都当作自己深爱的孩子,用心浇灌。经过努力,1981年中考,我教的数学、历史成绩分别列全县第一、第三。由于成绩突出,1987年,我成为溧水县数学中心组成员,1991年被提拔为东庐中学副校长,1999年任东庐中学校长。

鲍:1978年,中国共产党的十一届三中全会,标志着我国改革的开始!陈校长,您1980年走上讲台就开始教学改革了!您是我国基础教育领域中“真正的改革的领跑者”!

陈:早期的教学改革,基本上都是我个人在课堂教学中的摸索。真正意义上的改革,还是我做了校长以后。1999年,我接手做东庐中学“一把手”,我心里没有半分喜悦,而是焦虑万分。由于历史的原因,学校底子薄、设备差、生源差、师资差,教育观念陈旧,教学质量一直很差,当地政府讨论乡镇区划调整方案时将学校初步确定为撤并学校。我苦苦思索,究竟该如何让这所濒临撤并的落后学校绝处逢生?我积极奔走,恳请有关部门和领导缓做决定,给我们一次机会。置之死地而后生，我认为，只有转变观念，深化教育教学改革，才是唯一的出路。我自费参加研究生进修等多项培训，组织教师到改革富有成效的学校取经。我们在考察学习中开阔了视野，学到了许多先进经验。在此基础上，我重新审视学校多年来习以为常的教学行为，进行反思。我深切地感到，教育改革必须走素质教育之路，"以人为本，教学做合一"的教学改革由此开始。

鲍：您的改革取得了理想的效果，开创了一条乡村教育的新路子，重塑了"乡村教育"的价值，让我们看到了"乡村教育"的真正价值！

陈：自1999年以来，我和同事们立足乡村，转变观念，坚定不移地推行并不断完善以"讲学稿"为载体的"以人为本，教学做合一"的教育教学改革，学校坚持以素质教育思想统领管理，追求全面、全员、全程的质量管理，着力培养爱生活、会学习、不缩水、营养全、有潜力的"庐中学生"。经过努力，我们使学校不仅逃脱了"险被撤并"的命运，还解决了"分数与素质共同提高"这个全国性的教育难题，破格通过了省级示范初中验收，获得了南京市"教育教学突出贡献奖""素质教育创新奖"等诸多荣誉。在短短的几年时间里，东庐中学由一所原来硬件差、师资差、生源差、质量差的"四差"学校，一跃而成为一所方向正、质量高、特色明，并在全国有良好影响的农村初中。

二、乡村教育的创造者

鲍：陶行知主张通过乡村教育，为中国当时乡村创造一个新生命，合起来造成中华民族伟大的新生命。他提出"教学做合一"的主张，活的乡村教育要有活的方法，活的方法就是教学做合一；事怎样做便怎样学，怎样学便怎样做。教与学都以做为中心，教学做是合一的。您发明的"讲学稿"与陶行知先生的"教学做合一"有着怎样的关系？

陈："讲学稿"与陶行知先生的"教学做合一"在本质上是一致的。我们东庐的"讲学稿"，是让广大教师充分地占有资料，利用寒暑假提前备课，根据各个教师的特点分工，一人主备，其他教师协助查找资料，每位教师上课前再根据班级个性备课，课后再备课形成"错题集"和教学案例。在课堂上，学生能做的，教师不讲。在课上教师主要讲重难点，进行检查、指导，然后放手让学生思考、提高、讨论。对每份"讲学稿"，教师做到有发必收，有收必改，有改必评。"讲学稿"的实行，减轻了学生的作业负担，学生可以不补课，不订资料，课后基本不留作业。

鲍:您是如何探索出“讲学稿”的呢?详细介绍一下。

陈:在传统的课堂教学模式中,教师主讲,学生参与不进来,学生提不出高质量的问题,为什么?没预习。学生不知预习什么,学生不会预习,学生不能预习,为什么?缺少帮助他们学习的拐杖。家长不能监督其预习,老师无法检查其预习,为什么?不能使预习作业具体化、显性化。学生合作不起来,没有讨论的课题,为什么?没有好的媒介使其合作。

于是,我们在总结、反思自己所进行的一系列实践研究的基础上,从抓备课组建设入手,进行集体备课研究;以培养青年教师为目的,实行“师徒结对制”;为提高学生的学业成绩,从 1996 年起数学和化学学科进行了“目标教学”实验;为提高学生的学习兴趣,进行了“数学教学中的期望教育”和在课堂教学如何“开好头、收好尾”“突破难点”的研究;为搞好预习,进行了运用“导学卡”预习的尝试,等等。试验一段时间后,教师之间教学水平的差距缩小了,整体教学质量明显提高了。

鲍:在操作层面应如何操作“讲学稿”呢?

陈:“讲学稿”的编写来自新的备课模式,这种备课模式可概括为:“提前备课、轮流主备、集体研讨,优化学案,师生共用”。

备课的过程是:让广大教师充分地占有资料,根据各个教师的特点对教学内容进行分工,每位教师轮流主备部分内容,其他教师协助查找资料,形成初稿。初稿形成后再由备课组全体教师讨论修改,然后由学校分管领导(把关教师)提出修改意见后修改定稿,形成包含年级、科目、执笔人、审核人、学习目标、重点难点、学习过程及探索提高等内容格式统一、师生共用的“讲学稿”。

“讲学稿”在编写中遵循以下基本原则:主体性、导学性、探究性、层次性、开放性、创新性、民主性、实践性。对“讲学稿”的具体要求是:有明确的学习目标;注意帮助学生梳理知识结构体系;提供适当的学习方法和学习策略的指导;提供检测学习效果的适当材料;注意讲学稿与一般教案和讲义的区别,不能将讲学稿写成类似学习辅导用书的模式;不同学科、不同课型的讲学稿都有各自不同的特色。“讲学稿”编印完成,教师将“讲学稿”提前发至学生,学生预习后交给老师,教师批阅后课前再发给学生,然后师生共用这一文稿实施课堂教学。课堂上,学生能做的教师不讲。教师主要讲重点、难点、迷惑点、易混点,然后进行适量的练习,教师引导全体学生边练习边订正错误,放手让学生思考、讨论、提高。课后,教师要在“讲学稿”上填写“课后记”，针对课堂教学情况形成“错题集”，用作下次集中备课交流时的补充；学生填写“学后记”，当作复习时注意的问题。另外，对每份“讲学稿”教师做到有发必收，有收必改，有改必评。

鲍：“讲学稿”确实是发挥了学生的主体性，点燃了孩子学习的激情，有利于培养孩子的自主学习、合作精神和创造力！

三、乡村教育的未来

鲍：十八届三中全会提出，实现发展成果更丰富更公平惠及全体人民，必须加快社会事业改革，解决好人民最关心最直接最现实的利益问题，更好满足人民需求。乡村教育的发展将会得到进一步重视。您这么多年的乡村教育经历，您有什么体会？

陈：乡下的孩子与城里的孩子面对的教育环境差异很大。就乡村教育而言，我最大的体会是：不让一个乡村孩子失学，让乡村孩子生活在希望之中。这些年，东庐中学没有拒绝过一个年龄大的、智力发展慢的或是被视为“后进生”的孩子，并且做到了十几年没有一个学生流失。做到这些靠的是：让学生生活在希望之中。我们办教育的出发点和落脚点都是为了让学生健康成长，教育的理想就是让所有的学生成为幸福的人。现实中曾有人高喊“一切为了学生，为了一切学生，为了学生的一切”，眼睛却只盯着领导和家长，而把孩子给忘记了，“办人民满意的教育”往往成了“办领导和家长满意的教育”。现行教育撕毁了孩子的幸福：考试后疯狂撕书的行为就是对现行教育发泄不满的最直观的注解。我觉得：办让每一个孩子满意的教育是我们最大的良知。

鲍：您在学校中是如何做到这些的呢？

陈：我让每一个孩子的名字都充满神圣和庄严。我们设计建设身边的希望工程，营造亲情校园；不分好差班，实行“班内走课制”；善待“问题”孩子，杜绝找借口将其推给社会；让校园生活回归常态；激励孩子自信；让每个孩子学有所得；实现课程面前，门门平等；国家课程校本化；促校本课程精品化；让德育和综合实践活动课程化；让实践课程生活化；让每个孩子学有奔头。

鲍：陶行知先生在20世纪早期提出“乡村学校做改造乡村生活的中心、乡村老师做改造乡村的灵魂”的乡村教育观，对我国教育产生过重要影响。陶行知认为传统和当时的农村教育脱离农村现实，培养的人都是面向城市的，因此主张改变这种教育模式,改变的起点在于培养能改造农村的教师。1927 年 3 月,他在南京创办晓庄试验乡村师范学校。我认为,陈校长的教育教学实践,就是陶行知先生“乡村教育”在现代的实践和传承。特别是听了您的介绍,我对乡村教育的未来充满了信心。也希望陈校长的经验在全国的广大乡村生根开花,让全国的农民的孩子都能享受到像东庐中学的孩子们一样的优质、快乐、幸福的教育!

(采访后记:走进东庐校门,迎面一块巨石上镌刻的校训“至博至淳”显得格外醒目。让我们看到了与生俱来的乡土气和充满书卷气的校园文化,培养学识广博、气质淳厚、可持续发展的人才,这是东庐中学,也是我国乡村教育的使命所在。)

(本文原载于《生活教育》2014 年第 1 期)

中国乡村教育宝贵的思想财富

田正平*

在中国近代教育史上，20世纪20年代后期至30年代中期是一个特别值得关注的时段。在经历了由新文化运动和五四运动拉开序幕，在沿海、沿江口岸地区和大中城市轰轰烈烈地开展的教育改革之后，大批知识分子和教育界人士经过深刻的反思，认识到中国的教育走错了路，提出“教育必须下乡”的主张，把目光投向广大乡村，纷纷脱下西装，换上布鞋，到乡村办小学、中学，办职业教育机构，办乡村师范学校，开展各种乡村教育、乡村改造和乡村建设试验活动，形成了持续十年之久的乡村教育改造运动和此呼彼应、影响深远的乡村教育思潮。1937年，抗日战争全面爆发，日本帝国主义的侵略打断了中国教育早期现代化的正常进程，也使方兴未艾的乡村教育改造运动难以继续深入。在抗战中，开展乡村教育改造试验活动最多的山东、江苏、河北、河南、浙江等地先后沦陷，众多参与乡村教育改造运动的知识界、教育界人士不得不以其他形式投入抗日救国的行列中。乡村教育改造运动经历了十余年的轰轰烈烈之后，已是不绝如缕。

1940年1月，著名科学家、教育家，时任国立浙江大学校长的竺可桢，为了浙江大学的再次搬迁，从广西宜山来到贵阳，风尘仆仆地到处寻找可供浙江大学师生安置的新校址。在《竺可桢日记》中有如下一段记载：

1940年1月14日：“晨七点起。七点半彭百川偕青岩乡村师范学校校长黄同义即黄质夫来。黄，镇江人，曾在栖霞办乡村师范多年，现将长乡村师范于青

* 田正平，男，浙江大学教育学院教授、博士生导师，曾兼任中国教育学会教育史分会理事长、教育部全国教育科学规划领导小组教育史学科组成员、浙江省教育学会副会长等职。

岩。去冬改成国立,以收苗民为目的,有学生二百人,拟迁往榕江,以该处苗民较多,且生活低也。青岩房屋家具可以移交与浙大接收,将于明日出发,故今日特来拜访。"(《竺可桢全集》第7卷,276页,上海科技教育出版社2005年版)

《竺可桢日记》的上述记载,不仅披露了一段鲜为人知的两位教育家相遇、黄质夫在浙江大学极端困难的情况下慷慨给予支持的佳话,而且,透露出黄质夫此时仍在贵阳办乡村师范学校,并且为了让更多的苗民子弟有机会上学,正在准备将学校迁往苗、侗族聚居的黔东南地区的榕江县继续办学的信息。

在20世纪二三十年代,投身乡村教育的知识界、教育界人士可以说为数众多,但是,像黄质夫这样,认定一个目标数十年始终如一地坚持在乡村教育第一线的确实不多。从1924年国立东南大学毕业应邀担任江苏高邮界首乡村师范分校主任,到1927年后历任南京中学乡村师范科主任、栖霞乡村师范学校校长、浙江湘湖乡村师范学校校长、贵阳乡村师范学校校长……他一生中精力最充沛、最富创造性的美好时光,都与"乡村师范"这四个字紧紧地联系在一起。每到一地,每办一校,他总是告诫自己:"乡村教育,不仅以学校为范围,须以乡村为范围;受教育者不仅以学生为对象,乡村之农民,皆应为教育者之对象;必使'野无旷土、村无游民、人无不学、事无不举'",默默地、一步一步地实践着"救百万村寨的穷,化万万工农的愚,争整个民族的脸"的宏伟抱负。

收集在《黄质夫乡村教育文集》中的文章,是质夫先生长期从事乡村教育的思想结晶,字字句句都来自他的亲身实践与体验。阅读这些大多成文于七八十年以前的文字,常常被他那炽热的感情、深沉的思考、良苦的用心所感动。质夫先生离开我们已近半个世纪,他的遗愿、他的抱负远未完全实现。《黄质夫乡村教育文集》的编辑出版,既是对质夫先生为乡村教育事业所做贡献的怀念和敬重,更是为我们留下一份关于中国乡村教育的宝贵思想财富,相信每一位从事教育工作的人,阅读之后都会从中受到启迪和鼓舞,得到教益和鞭策。

(本文原载于《生活教育》2017年第10期)